LA SAINTE ROBE

DE NOTRE SEIGNEUR JÉSUS-CHRIST

RECHERCHES RELIGIEUSES ET HISTORIQUES

SUR CETTE RELIQUE

ET SUR LE PÈLERINAGE D'ARGENTEUIL,

PAR

M. L.-F. Guérin

Auteur de plusieurs Ouvrages religieux, Rédacteur en chef
du MÉMORIAL CATHOLIQUE,
Membre de la Société littéraire de Saint-Paul, etc.

PARIS

CHEZ P.-J. CAMUS, LIBRAIRE, RUE CASSETTE, 20

ET A LA SACRISTIE

d'ARGENTEUIL

—

1844

LE MÉMORIAL CATHOLIQUE

REVUE MENSUELLE

SPÉCIALEMENT DESTINÉE AUX PERSONNES PIEUSES ET AUX BIBLIOTHÈQUES PAROISSIALES.

Ce Recueil, qui va commencer sa QUATRIÈME ANNÉE, et qui a reçu l'accueil le plus favorable de plusieurs Évêques, d'un grand nombre d'ecclésiastiques et de pieux fidèles, a pour BUT PRINCIPAL DE FAIRE CONNAITRE LE CATHOLICISME PAR LES OEUVRES QU'IL INSPIRE, et contient des articles apologétiques de la religion ; l'Analyse des ouvrages se rapportant à l'Église ; des notices sur les Pères, les Docteurs, les Saints ; des articles d'art chrétien ; des légendes ; des renseignements sur les missions et les progrès du catholicisme ; des notices sur les institutions catholiques, les associations pieuses ; les nouvelles religieuses, les faits édifiants, ET EST SEUL A MÊME DE FAIRE CONNAITRE LES GUÉRISONS OPÉRÉES PAR LA VERTU DE LA SAINTE ROBE DE NOTRE-SEIGNEUR JÉSUS-CHRIST.

Paraissant du 15 au 20 de chaque mois, par livraison de deux à trois feuilles d'impression avec couverture imprimée, et formant à la fin de l'année un beau volume grand in-8.

On ne peut pas s'abonner pour moins d'une année, laquelle commence au 15 juin et finit au 31 mai de l'année suivante.

PRIX DE L'ABONNEMENT

10 fr. par an, pour Paris et les Départements.
12   pour l'Étranger.

Bureau à Paris, chez M. P.-J. CAMUS, Libraire, 20, rue Cassette.

Impr. DE H. VRAYET DE SURCY ET Cⁱᵉ, rue de...

LA
SAINTE ROBE
DE NOTRE-SEIGNEUR JÉSUS-CHRIST

LA SAINTE ROBE
DE NOTRE SEIGNEUR JÉSUS-CHRIST

RECHERCHES RELIGIEUSES ET HISTORIQUES
SUR CETTE RELIQUE
ET SUR LE PÈLERINAGE D'ARGENTEUIL

PAR

M. L.-F. Guérin

AUTEUR DE PLUSIEURS OUVRAGES RELIGIEUX, RÉDACTEUR EN CHEF
DU MÉMORIAL CATHOLIQUE,
MEMBRE DE LA SOCIÉTÉ LITTÉRAIRE DE SAINT-PAUL, ETC.

Habet in vestimento suo
scriptum : Rex regum, et
Dominus dominantium.
(Apoc., chap. xix, 16.)

PARIS
CHEZ P.-J. CAMUS, LIBRAIRE, RUE CASSETTE, 20
ET A LA SACRISTIE D'ARGENTEUIL.

1844

INTRODUCTION.

Si le simple souvenir des Instruments de la Passion de Notre-Seigneur Jésus-Christ touche nos cœurs et les porte à méditer sur les souffrances d'un Dieu mort pour nous, combien plus leur vue et leur possession doit exciter notre ferveur, enflammer notre amour, pénétrer vivement notre âme !... Nous possédons à Argenteuil la Tunique du Fils de Dieu ; sa présence et le récit de son histoire sont bien capables de nous remettre en mémoire les scènes douloureuses du Golgotha, et de nous prêcher l'amour le plus ardent, l'attachement le plus solide, et le dévouement le plus inviolable envers notre divin Sauveur ; il était donc important pour la piété d'en raconter la gloire et les merveilles.

D'ailleurs, une semblable Relique pourrait-elle ne pas être chère aux fidèles ? Pourraient-ils ne pas aimer et vénérer tout ce qui appartient à Jésus-Christ ? Pourraient-ils rester indifférents devant sa Tunique sacrée qui a touché son corps adorable, et qui a reçu son sang précieux ? Non ; et cette Relique ne fût-elle pas tout à fait à l'abri d'une critique sévère et rigoureuse, que la simple tradition qui en atteste la vérité suffirait pour nourrir la piété et satisfaire un cœur chrétien. Mais nous avons plus qu'une pieuse tradition ; nous possédons des preuves solides, des documents irrécusables qui établissent son authenticité, et qui sont bien propres à faire impression sur un esprit droit et impartial.

C'est à rassembler exactement ces preuves et à exposer fidèlement cette tradition que nous avons consacré nos veilles... Nous avons voulu faire avant tout, et nous prions qu'on veuille bien ne pas l'oublier, un livre de piété : pouvait-on parler de la Robe de Jésus sans que le cœur s'épanchât en pieux sentiments ? Mais, en même temps, nous n'avons pas négligé le côté scientifique de notre sujet ; si nous avons cherché à entretenir la foi, à parler au cœur, et si nous savons que la piété est le meilleur arome de toute Dissertation qui emporte ordinairement avec elle la sécheresse et l'aridité, nous avons tâché aussi que la critique y trouvât son compte. Nous n'avons donc épargné aucune recherche ; la patience et la persévérance, dans ces sortes de travaux historiques, ne nous ont pas manqué, nous pouvons le dire en toute simplicité ; nous nous sommes environné de tous les documents qu'il nous a été possible de nous procurer ; nous avons compulsé tous les livres, tous les commentateurs de l'Écriture qui pouvaient nous guider : nous n'en donnerons pas ici le détail, car nos pieux lecteurs les verront dans le cours de notre livre, et ils nous jugeront à l'œuvre.

Les savants ont posé des règles de critique pour ces sortes d'ouvrages. Le docte dom Mabillon, dont un de nos meilleurs amis, M. Chavin de Malan, vient d'écrire la vie avec un talent et une érudition remarquables [1], s'est occupé de ces règles dans ses *Études monastiques;* et le P. Honoré de Sainte-Marie, dans un ouvrage infiniment estimable, intitulé : *Réflexions sur les règles et sur l'usage de la critique*, 3 vol. in-4°, les a réduites à quatre principales.

En voici le résumé : I. La première est de remonter à la source la plus certaine et la plus incontestable que l'on a du culte d'une relique. II. La seconde, cette époque étant fixée et bien établie, il faut examiner la qualité des personnes qui ont reçu les premières cette relique et qui l'ont exposée au culte des fidèles. III. La troisième règle concerne les miracles que Dieu a opérés par le moyen de cette relique ; il en faut avoir de bons mémoires qui les puissent justifier, sans négliger les monuments érigés en leur honneur. IV. Enfin, il faut observer quelle a été la dévotion des peuples, les fêtes et les solennités instituées pour honorer ces reliques [2].

On le voit, la tradition joue un grand rôle en ce qui concerne l'histoire d'une relique, comme, au reste, pour tout autre point d'histoire tant sacrée que profane. Mais cette tradition si nécessaire, et que l'on est souvent réduit à invoquer seule, à cause des malheurs des temps qui ont fait perdre la plupart des titres et des monuments ; cette tradition, disons-nous, a aussi, selon le savant et judicieux auteur des *Réflexions*, ses règles invariables. Il faut : I. Qu'elle soit établie par une longue suite d'années ; II. Qu'elle soit constante et continue ; III. Qu'elle ne soit pas combattue par des preuves d'une plus grande autorité, et qui méritent plus de croyance ; IV. Qu'enfin, elle soit approuvée par le consentement unanime des évêques qui se sont succédé [3].

Nous pouvons déclarer qu'il nous a été facile d'appliquer ces règles à l'histoire de la sainte Tunique de Notre-Seigneur. Nous ne pourrions pas le faire voir ici sans nous étendre beaucoup trop ; mais avec un peu d'attention le lecteur instruit le remarquera aisément dans le cours de l'ouvrage, et se convaincra, nous l'espérons, qu'il n'est guère de Relique aussi ancienne et aussi respectable qui puisse offrir encore des caractères plus satisfaisants de vérité et d'authenticité.

Il est vrai que quelques esprits ne voudront pas tout admettre, et qu'ils aimeront à se créer des difficultés. Mais qu'y faire? N'est-il pas aisé, dans un sujet de ce genre, de faire naître des doutes? Faites venir ici un Baillet, un Jean-Baptiste Thiers, et beaucoup d'autres de leur trempe, et vous verrez à quoi ils réduiront nos preuves, nos faits et les règles que nous avons suivies. Lorsqu'on ne marche pas avec une certitude absolue, voudrait-on avoir raison de tout? Cela est impossible. D'ailleurs « quand il se trouverait quelque particularité dont on ne pourrait pas rendre raison, dit un érudit [4], il serait fâcheux de rejeter pour cela tout le reste... Il n'est pas rare de trouver des impossibilités dans les histoires les plus certaines... Il se peut même trouver des absurdités apparentes dans les histoires les plus véritables, et la manière dont quelques personnes racontent ces choses, rend assez souvent suspectes et incroyables celles qui sont les plus vraies; ces fautes sont excusables et légères, puisqu'elles ne changent rien dans le fond; et enfin quand il y aurait quelque chose qui ne paraîtrait pas tout à fait dans les règles de la raison, Jésus-Christ a pu le permettre, pour le faire servir à la conversion de plusieurs personnes. »

Mais, diront d'autres esprits difficiles, si l'histoire de cette Relique est aussi fondée que vous le dites, et si elle est appuyée sur des preuves irrécusables, pourquoi l'Église ne s'est-elle pas prononcée en une chose aussi importante, et ne l'a-t-elle pas déclarée véritable ? Remarquez d'abord que si l'Église s'était prononcée d'une manière formelle, les mêmes esprits s'empresseraient de l'en blâmer et de l'accuser de manquer de prudence. Ensuite, qui ne voit que « rien ne serait plus capable de détruire la société civile et tout le commerce des hommes entre eux, que de ne vouloir jamais céder qu'à des vérités décidées par une autorité infaillible, ou appuyées sur des démonstrations évidentes [5] ? » Où en serions-nous donc s'il ne fallait croire que ce que l'Église a déclaré croyable ? Il faut bien que nous nous persuadions d'une infinité de choses qui ne sont rien moins que des articles de foi ou des vérités absolument incontestables. Les principes d'une piété solide et éclairée nous obligent, au reste, à reconnaître que l'authenticité des saintes Reliques n'étant pas immédiatement révélée de Dieu, *ne fait point et ne peut même pas faire l'objet de notre foi* [6]; mais on doit comprendre, en même temps, que les traditions sur lesquelles elles sont fondées sont trop justement chères à la piété, pour qu'il soit permis de les regarder avec indifférence ou de les laisser tomber gratuitement [7].

S'il en est qui blâment l'Église de ne point se prononcer sur ces reliques vénérables de la Passion du Sauveur, que Bossuet appelle *le glorieux trophée de la plus insigne victoire qui fut jamais* [8], on en rencontre d'autres qui se laissent aller à un excès contraire, et qui lui reprochent amèrement d'en laisser subsister un culte qui scandalise les faibles, disent-ils, et qui détourne des devoirs essentiels du christianisme... Mais ces prétendus rigoristes qui, à force de vouloir réduire la dévotion au seul nécessaire, de lui retrancher les aliments propres à en piquer le goût et à en ranimer le sentiment, vont à l'éteindre [9], ne savent donc pas que puisque l'Église n'a pas fait de ces dévotions et de la croyance à ces reliques un *article de foi*, elle laisse chacun parfaitement libre de suivre, à cet égard, l'impulsion naturelle de son cœur et de sa piété. Au reste, de quelque manière que l'on considère ces glorieux trophées, il est certain que le culte des fidèles ne se rapporte pas au fer des clous, ni au bois de la croix et de la couronne d'épines, ni à l'étoffe de la Tunique, mais plutôt à Jésus-Christ et à sa Passion, dont les véritables Instruments, ou même simplement leurs images et leurs représentations, nous remettent en mémoire les souffrances du Sauveur, par lesquelles il nous a mérité la gloire éternelle.

Encore une fois, il était donc urgent pour la piété de retracer l'histoire de l'une de ces Reliques de Jésus-Christ, de sa Tunique sans couture, surtout aujourd'hui que ce divin Rédempteur, renouvelant ses anciennes miséricordes, accorde tant de grâces par le moyen de ce Vêtement sacré... Nous avons traité ce sujet avec amour et avec dévouement; et, si nous avons cherché à faire entendre le langage de la raison et d'une critique éclairée par les lumières des hommes doctes et vertueux qui ont touché ces matières, nous avons le plus souvent aussi laissé parler notre cœur, persuadé que nous nous adressions bien plus aux âmes pieuses et croyantes, qu'à ces esprits secs et ergoteurs toujours si difficiles à toucher et à convaincre.

Qu'on nous permette d'insister sur ce point : notre travail est pieux avant tout ; mais nous nous sommes efforcés de l'appuyer de preuves solides, et nous croyons pouvoir nous rendre le témoignage d'avoir poussé, aussi loin qu'il est possible, les recherches qu'il y avait à faire. D'autres pourront venir traiter après nous ce sujet, ils pourront le revêtir d'une autre forme; mais nous ne pensons pas qu'ils puissent découvrir d'autres documents que ceux dont nous nous sommes servi pour composer cet ouvrage ; et nous osons même dire qu'ils n'auront probablement qu'à profiter de nos matériaux laborieusement amassés. Au reste, nous sommes le seul qui ayons eu communication de pièces authentiques sans lesquelles il n'est guère possible de faire un semblable travail; et nous devons dire, tout en exprimant ici notre vive reconnaissance envers le respectable et digne curé d'Argenteuil et ses pieux vicaires, que ces MM. nous ont donné avec une constante et bien honorable bienveillance, tous les renseignements et tous les détails dont nous avons eu besoin; et que c'est notre ouvrage seul qu'ils ont bien voulu adopter, à l'exclusion de tout autre.

Cette histoire est divisée en cinq Livres; lesquels se subdivisent en plusieurs chapitres. Le premier Livre donne l'histoire de la sainte Robe, depuis les temps les plus reculés jusqu'à la mort de Notre-Seigneur; le deuxième, l'histoire de la sainte Robe pendant les premiers siècles; le troisième, depuis Charlemagne jusqu'à l'exaltation de cette Relique en 1156 (1); le quatrième, depuis son exaltation jusqu'à la fin du XVIIIe siècle; le cinquième enfin, depuis la fin du XVIIIe siècle jusqu'à l'époque présente...

(1) Nous prions ici nos lecteurs de remarquer que c'est par erreur que l'on a imprimé, en tête du TROISIÈME LIVRE (page 103), ces mots : HISTOIRE DE LA SAINTE ROBE, DEPUIS CHARLEMAGNE JUSQU'A LA FIN DU XVIIIe SIÈCLE ; il faut lire : HISTOIRE DE LA SAINTE ROBE, DEPUIS CHARLEMAGNE JUSQUES ET Y COMPRIS SON EXALTATION, EN 1156.

Il eût été plus juste d'intituler cet ouvrage LA SAINTE TUNIQUE, et de nous servir de cette expression toutes les fois que nous avons désigné ce sacré Vêtement du Sauveur; car c'est la TUNIQUE SANS COUTURE que nous possédons à Argenteuil, et non la ROBE, comme nous l'avons montré (Liv. v[e], chap. vi), et les plus anciens titres, ainsi que les plus anciennes gravures, images ou prières que nous ayons vus, portent le mot TUNIQUE : ce n'est donc que pour nous conformer à l'usage, à la pieuse habitude des fidèles qui ne parlent que de la SAINTE ROBE, et pour ne pas faire de confusion dans les esprits, que nous avons employé ce mot pour désigner la TUNIQUE SANS COUTURE du Fils de Marie. Nous prions bien nos lecteurs de ne pas oublier cette observation pour l'intelligence de beaucoup d'endroits de cette *Histoire*.

Nous savons que plusieurs personnes pieuses ont souvent manifesté le désir de voir paraître notre ouvrage. Nous les en remercions bien vivement. Cet empressement est déjà pour nous une douce récompense. Nous aurions bien voulu ne pas les faire attendre aussi longtemps ; mais de nombreux travaux, la Revue périodique que nous publions, et par dessus tout les soins que nous voulions apporter à ce livre, afin qu'il fût moins indigne du sujet, moins indigne des lecteurs, sont la cause d'un retard presque inévitable, et que cependant nous sommes le premier à regretter.

Attaché du fond de nos entrailles au Saint-Siège ; entièrement soumis à ses décisions, nous ne devons pas manquer de déclarer ici, qu'en exécution des décrets du Pape Urbain VIII [10], que toutes les fois que nous employons les mots *miracles*, *faits miraculeux*, nous ne prétendons en rien prévenir le jugement de l'Église Catholique, Apostolique, Romaine, à laquelle nous soumettons, sans aucune réserve, cette *Histoire*, comme nous nous sommes toujours empressé avec joie, de lui soumettre nos sentiments, nos écrits et notre personne.

Une bonne partie de cette *Histoire* a été écrite à Argenteuil même... C'est un souvenir que nous aimons à nous rappeler, et qu'il peut n'être pas inutile de consigner ici. Il nous a été donné de passer plusieurs mois dans ce béni endroit, et là, non loin du sanctuaire où repose la Tunique de notre divin Maître, nous étudiions la pieuse tradition de cette Tunique et nous en retracions l'histoire. Oh! qu'il y a de ces souvenirs qui font du bien à l'âme! Comme il y a de ces circonstances dans la vie auxquelles on s'arrête avec bonheur!... Celle-ci en est une, et nous ne pourrions oublier les consolations que Notre-Seigneur a daigné nous accorder auprès de son Vêtement sacré, auprès d'un clergé plein de zèle et de piété : heureux si la sainte influence de tant de suaves jouissances et d'édification s'est empreinte dans notre récit !

L.-F. GUÉRIN.

Paris, ce 25 mars 1844, fête de l'Annonciation de la très-sainte Vierge.

LA SAINTE ROBE
DE N.-S. JÉSUS-CHRIST.

LIVRE PREMIER.

HISTOIRE DE LA SAINTE ROBE, DEPUIS LES TEMPS LES PLUS RECULÉS JUSQU'A LA MORT DE NOTRE SEIGNEUR.

CHAPITRE PREMIER[*].

La sainte Robe figurée et prédite dans les saintes Écritures.

L'Éternel, dans sa miséricorde infinie, avait promis un Rédempteur à l'homme déchu[1]. Dès lors cet adorable Sauveur, qui était d'ailleurs au *commencement*, qui était le Verbe de Dieu[2], et sur le modèle duquel Adam avait été formé[3], devint le but de toutes les

[*] Toutes les notes et citations sont renvoyées à la fin de l'ouvrage.

œuvres divines, le principe et la fin de toute la loi[4], l'objet des vœux les plus ardents des patriarches, le centre de toutes les prophéties[5]. Rien de ce qui pouvait le concerner, aux cieux comme sur la terre, ne devait être oublié dans les saintes Écritures. Elles devaient le voir à la droite de son Père[6]; le contempler dans les conseils éternels; prédire son Incarnation dans le sein d'une Vierge[7]; fixer le moment de sa naissance et de son apparition dans le monde[8]; apprendre à ceux qui ne pouvaient que soupirer après le Désiré des nations les moindres circonstances de sa vie, leur tracer le sublime tableau de sa mission, de ses bienfaits, de ses miracles, de ses souffrances, de ses ignominies, de sa Passion; leur décrire exactement à l'avance la couronne d'épines, le roseau, les clous, la lance, la croix de l'Homme-Dieu[9]; en un mot les Écritures devaient être pleines de Jésus-Christ : *Tota lex gravida erat Christo* [10].

Les vêtements de ce divin Rédempteur, sa Robe tissue par les mains de sa très-sainte Mère, l'auguste Marie, pouvait-elle être oubliée? Destinée à couvrir ses membres sacrés, à être le témoin des merveilles qu'il devait accomplir parmi les hommes, à être touchée avec respect et amour par les malades et les infirmes, à être transfigurée avec lui sur le Thabor, et à avoir sa part de coopération dans l'œuvre de la Rédemption sur le Calvaire, elle fut nécessairement glorifiée dans les Livres saints.

Nous la voyons figurée dans l'histoire si touchante et si instructive du patriarche Joseph. « Israël, dit le texte sacré, aimait Joseph plus que tous ses autres enfants, parce qu'il l'avait eu dans sa vieillesse, et il lui avait fait faire une robe d'un tissu de plusieurs couleurs [1]. » Les frères de Joseph, comme nous le savons, étaient fort jaloux de lui. Un jour donc ils prirent la résolution de le tuer ; mais Dieu les détourna d'une action aussi criminelle. Toutefois ils voulurent s'en débarrasser, et le faire passer pour mort aux yeux de leur père. Alors, continue la *Genèse*, « ils prirent la robe de Joseph, et la trempèrent dans le sang d'un chevreau qu'ils avaient égorgé ; puis ils l'envoyèrent à leur père, lui faisant dire par ceux qui la lui portaient : Nous avons trouvé cette robe ; voyez si ce n'est pas celle de votre fils ? Et le père, l'ayant reconnue, dit : C'est la robe de mon fils ! Une bête sauvage l'a dévoré ; une bête a dévoré Joseph [1] » Oui, voilà bien, dans cette scène sanglante des anciens jours, la Robe de Jésus-Christ ; Joseph étant l'un des types les plus parfaits de ce divin Sauveur, il est naturel de voir ici une figure de la sainte Tunique.

Mais ne nous contentons pas des figures ; voici venir les prophètes. David, Isaïe, Jérémie nous retracent, dans toutes ses circonstances, la Passion du Rédempteur. On croirait lire l'Évangile : c'est son langage simple et sublime, énergique et concis; écoutons :

« Dieu ! mon Dieu ! s'écrie le prophète royal, jetez vos regards sur moi : pourquoi m'avez-vous abandonné ? Ce sont les *péchés des hommes* qui ont éloigné ma délivrance... Je suis un ver de terre et non pas un homme; je suis l'opprobre des hommes et le rebut du peuple. Tous ceux qui m'ont vu m'ont fait l'objet de leurs dérisions ; leurs paroles m'ont insulté, et leur mépris a secoué la tête. Ils ont dit : *Cet homme a espéré en Dieu: eh bien ! que Dieu le délivre : que Dieu le sauve, s'il est vrai qu'il soit aimé de Dieu...*

Des taureaux furieux m'ont environné ; leurs forces et leur multitude m'ont investi. Mes ennemis ont ouvert contre moi une bouche avide de sang, comme le lion qui déchire et qui rugit. Je me suis écoulé comme l'eau ; tous mes os ont été disloqués ; mon cœur a défailli au dedans de moi comme la cire fondue ; j'ai séché comme l'argile au feu, et vous m'avez réduit à la poussière du tombeau. Des chiens affamés se sont jetés sur moi ; les méchants se sont assemblés pour m'assiéger. Ils ont percé mes pieds et mes mains : ils ont compté tous mes os...[13] » Est-ce là prédire ? n'est-ce pas plutôt raconter ? ne voilà-t-il pas l'histoire du sacrifice sanglant de la Croix, et ne pourrait-on pas mettre David au nombre des Évangélistes ? Mais poursuivons. Le saint roi va voir, à travers les siècles, notre précieuse relique. La Robe de Jésus-Christ va lui apparaître teinte de son sang, et il la verra entre les mains impures de ses cruels bourreaux : « Ils se sont appliqués, dit-il, à me regarder et à considérer mes tourments : ils ont partagé mes vêtements entre eux, et ils ont tiré ma Robe au sort : *Diviserunt sibi vestimenta mea, et super vestem meam miserunt sortem* [14]. »

Le prophète Isaïe n'est pas moins explicite sur la passion du Sauveur, et sur le précieux objet qui nous occupe spécialement. « Qui est celui-ci qui vient d'Edom ? se demande ce sublime interprète des secrets de Dieu ; qu'est-il ce conquérant qui vient de Bosra, avec sa Robe teinte de sang, qui éclate dans la beauté de ses vêtements, et qui marche avec tant de force ? — C'est moi qui parle dans la justice, qui viens pour défendre et pour sauver. — Pourquoi donc, continue Isaïe, votre Robe est-elle toute rouge, et pourquoi vos vêtements sont-ils comme les habits de ceux qui foulent le vin dans le pressoir ? » Et le Verbe dont le prophète perçoit la conception dans le sein virginal, lui répond : « J'ai été seul à fouler le raisin, sans qu'aucun homme d'entre toutes les nations fût avec moi. Je les ai foulés dans ma fureur, je les ai foulés aux pieds dans ma colère, et leur sang a rejailli sur ma Robe, et tous mes vêtements en sont tachés. Car j'ai dans mon cœur le jour de la vengeance ; le temps de racheter les miens est venu [15]. »

Jérémie, le prophète des douleurs, gémit sur les maux qui vont fondre sur Jérusalem. Il voit la Cité sainte plongée dans le deuil, ses habitants réduits à la plus affreuse détresse, ses filles dans la désolation et dans l'angoisse, ses prêtres muets et leurs robes teintes de sang !... [16] N'avait-il pas en vue la sainte Tunique de notre divin Sauveur ?

Assurément, il n'est pas possible de désirer des paroles plus claires, plus formelles que celles de David et d'Isaïe. Nous verrons l'accomplissement littéral de la prophétie du chantre divin; et le disciple bien-aimé, saint Jean, nous redira les mêmes paroles. Quant au Conquérant dont parle Isaïe, c'est bien Jésus-Christ qu'il désigne ici, et qu'il voit dans la gloire de son Ascension. Les Anges, surpris de l'éclat de ce Roi puissant, se demandent avec étonnement : « Qui est ce héros qui vient tout couvert de sang et tout brillant de majesté ? » Ainsi voit-on les mêmes esprits bienheureux s'écrier au Livre des Psaumes : « Quel est ce Roi de gloire qui se fait ouvrir les portes du céleste séjour [17] ? » Le *vin foulé dans le pressoir*, est une comparaison familière aux écrivains bibliques, pour marquer le carnage ou le sang répandu. Tel, par exemple, l'Apocalypse nous représente un Ange qui ordonne de faire la vendange, et d'amasser le *raisin dans le pressoir* de la colère de Dieu [18]. Or Isaïe ne peut avoir eu en vue, dans le passage que nous avons cité, que la mort de Jésus-Christ, et son Sang adorable coulant de la Croix, autel du sacrifice, pour racheter le monde.

O vêtement sacré de notre Sauveur ! nous vous saluons donc avec les prophètes ; nous sommes heureux de vous trouver dans leurs récits inspirés, et nous vous rendons d'avance nos hommages. Quand vous couvrirez l'humanité sainte du plus beau des enfants des hommes [19], et, que pleins de consolation et d'espérance, nous nous attacherons aux pas de ce doux Sauveur, nos yeux vous contempleront et nos cœurs vous témoigneront leur vénération profonde.

CHAPITRE II.

Intérieur de la maison de Nazareth : La sainte Robe est faite par Marie.

Tout ce qu'avaient prédit les prophètes allait recevoir son accomplissement. Le Rédempteur promis était né, et le monde allait être racheté...

Un touchant et sublime spectacle était offert aux hommes dans une petite ville de la Judée. Une douce Vierge avec son saint époux et son Fils que les nations avaient désiré, qui avait été célébré en termes magnifiques par les écrivains inspirés du peuple élu, et que les Anges avaient salué à sa naissance [1], habitait à Nazareth une humble maison, qui devait être aussi plus tard l'objet de la vénération et de l'amour des générations à venir [2]. Là, cette sainte famille, qu'on a si bien appelée la *trinité de la terre*, servait le Seigneur dans le calme et dans la paix. Joseph travaillait pour gagner l'existence commune ; Marie soignait l'intérieur, et Jésus enfant, croissant en âge et en grâce, obéissait à son père et à sa mère [3].

Qui pourrait redire tout ce qui se passait dans ce sanctuaire, l'objet des complaisances du Très-Haut ? Qui pourrait répéter les entretiens de la sainte Famille, et les discours de cet Enfant divin, paroles ineffables dont ses parents étaient avides et qu'ils aimaient à repasser dans leurs cœurs [4] ? Qui pourrait peindre cette union céleste entre l'auguste Vierge et son chaste époux, entre ces deux parfaites créatures et leur Créateur, habitant sous leur toit ? Nulle langue humaine n'a reçu le don de raconter ces merveilles : elles sont encore cachées dans les secrets divins. Heureux les cœurs purs, parce qu'il leur sera donné de les contempler un jour !

Cependant, et en attendant cet heureux jour où les élus de Dieu verront toutes choses à découvert [5], ne pouvons-nous pas, avec un cœur aimant, avec une foi vive et simple, avec une piété tendre envers la plus douce et la plus aimable des mères, ne pouvons-nous pas, en quelque sorte, pénétrer dans cette demeure sacrée, et nous représenter l'humble Vierge dans ses oraisons sublimes, dans ses prières ferventes, dans ses occupations habituelles ? Nous le pouvons, pieux enfants de Marie ; il est donné à l'âme chrétienne d'entrevoir les choses du ciel, et, à cette pensée, nos cœurs tressaillent de bonheur et d'espérance.

Entrons donc dans la maison de Nazareth... Nous voyons le divin Enfant obéir à Marie[6], et lui être tellement soumis que saint Bernard voit dans cette conduite du Fils la haute dignité de la Mère. « Admirez d'avantage, dit ce grand docteur, celle que vous voudrez de ces deux choses, ou l'étonnante humilité du Fils, ou l'éminente dignité de la Mère. Pour moi, l'une et l'autre m'étonnent, et sont à mes yeux de grands miracles. Qu'un Dieu obéisse à une femme, c'est une humilité sans exemple ; qu'une femme commande à un Dieu, c'est une dignité si sublime, qu'on ne peut pas en imaginer de pareille[7]... » Mais Marie, l'humble Marie, ne songe pas à cette dignité, et son autorité est pleine de respect, car elle sait que son Fils est son Dieu. Elle l'environne de tendresse et elle lui prodigue tous ses soins [8]. Elle passe son temps entre la prière, la méditation et le travail, et même, au milieu de ses occupations, elle se livre à une oraison continuelle. Elle est véritablement la femme forte dont parle Salomon, et on ne peut douter que ce sage ait eu devant les yeux cette divine Vierge, lorsqu'il traçait le portrait de cette femme vertueuse « qui se lève de grand matin pour louer et bénir Dieu, qui s'est pourvue de laine et de lin, afin de les tisser d'une main industrieuse ; qui veille sans cesse, et qui jamais n'est rebutée par les travaux les plus fatigants [9]. » Ainsi agissait la très-sainte Vierge ; et c'est au doux souvenir de ces vertus cachées en Dieu que nous l'honorons sous l'un de ses plus beaux titres, celui qui lui est sans doute le plus agréable : NOTRE DAME D'HUMILITÉ.

La pieuse tradition qui nous rapporte que Marie a tissu elle-même la Robe de Jésus-Christ est donc respectable. Comment, en effet, l'humble Vierge qui s'occupait avec tant de tendresse et de sollicitude de tout ce qui concernait la vie temporelle du Sauveur, ne lui aurait-elle point fait cette Robe qui devait couvrir ses membres sacrés? Pouvait-elle négliger ce soin principal d'une bonne mère? Une mère peut-elle ne pas habiller son fils? et n'est-elle pas heureuse de travailler elle-même à ses vêtements? Ce sont là ses occupations les plus douces.... et qu'elle mère peut être comparée à la Mère du bel amour?

Certes, les cœurs fidèles ne doutent nullement de cette pieuse croyance; et si nous rapportons quelques-unes des autorités qui l'appuient, c'est moins pour chercher à les convaincre davantage, que pour leur offrir la consolation de voir qu'elle peut être aussi confirmée par d'autres preuves que par des preuves de sentiment.

Et d'abord nous voyons dans l'antiquité sacrée, que c'étaient les femmes qui faisaient les étoffes et la toile de leurs propres habits, de ceux de leurs maris et de leurs enfants. « Le jeune Samuel, lisons-nous au Livre des Rois [10], servait devant le Seigneur..., et sa mère lui faisait une petite robe qu'elle lui apportait aux jours solennels, lorsqu'elle venaît avec son époux, offrir le sacrifice ordinaire. » La femme forte, dont nous parlions tout à l'heure, est encore un exemple de ce que nous avançons : « Ses doigts, est-il écrit dans les *Proverbes*, savent tourner le fuseau : *Manum suam misit ad fortia, et digiti ejus apprehenderunt fusum* [11] ! » C'était donc l'usage parmi les femmes juives de faire les vêtements des hommes.

Si maintenant nous passons à l'antiquité profane, nous trouvons le même usage, même chez les femmes de la plus haute naissance. Ainsi la reine Pénélope travaillait aux habits d'Ulysse [12] ; Caïa Cæcilia, femme de Tarquin l'Ancien, faisait de même [13] ; Alexandre le Grand [14], Auguste [15] portaient des habits faits de la main de leurs mères, de leurs femmes ou de leurs filles ; chez nous, nous voyons Brunehaut s'occuper du travail des mains [16], sainte Radégonde faire elle-même les habits de saint Junien [17], enfin les vêtements de Charlemagne étaient l'ouvrage de ses filles [18].

Mais, sans trop nous arrêter à cette coutume bien certaine, et qui est déjà une forte présomption en faveur de notre pieux sentiment, nous avons des témoignages directs qui l'appuient.

Nous citerons en première ligne Eutymius, savant interprète des Écritures, qui dit que « les fidèles avaient appris par tradition de leurs pères que cette sainte Tunique était l'ouvrage de la Mère de Dieu : *Hanc Tunicam a traditione patrum accipimus, opus fuisse Dei Matris* [19]... » Or Euthymius vivait au commencement du XIIe siècle, et il avait reçu cette tradition d'auteurs plus anciens que lui. Vient ensuite Rupert, qui écrivait au milieu de ce même siècle. En expliquant les mystères que la Robe sans couture renferme, ce docte interprète assure aussi que la très-sainte Vierge a mis ses soins, ou plutôt son affection et son art à la travailler : *Qualem dilecta ejus Maria sua arte diligenter contexuerat...* [20] Nous citerons encore Sinnichius, autre savant commentateur, qui, s'attachant à rechercher tous les rapports qui peuvent se rencontrer entre le prophète Samuel et notre Seigneur, en trouve un à propos de la sainte Robe : « De même, dit-il, que la Mère de Samuel lui avait fait une Tunique, ainsi la sainte Vierge a fait à son Fils une Robe sans couture [21] ; » Salmeron, théologien, l'un des premiers disciples de saint Ignace de Loyola, auquel il était attaché, qui avance formellement, dans ses *Dissertations* sur les Évangiles [22], que la Robe de Jésus-Christ est l'ouvrage de sa divine Mère, et qu'elle la lui fit lorsqu'il était encore enfant : *Virginem, Christo parvulo existente, illam contexuisse.*

Après ces autorités, nous pouvons ajouter le témoignage, bien aussi grave, d'Albert le Grand, de Maldonat, de Dom Calmet [23], qui s'appuie sur Euthymius, de Carthagena [24], et de Baronius. Ce savant cardinal n'adopte pas seulement le sentiment que la sainte Robe est l'ouvrage de Marie, mais il prouve encore qu'il n'y a rien en cela qui ne soit digne de la tendresse et de la piété de cette auguste Mère [25].

Oh ! oui, Vierge sainte et immaculée, ce fut un travail bien digne de votre amour pour le divin Jésus ! Nous pourrions rapporter encore d'autres autorités qui confirmeraient cette croyance ; mais pourquoi tant insister sur une chose aussi simple et aussi naturelle ? N'est-ce pas vous faire injure, et méconnaître votre tendresse maternelle ? Pardonnez-nous donc, ô notre bonne Mère! Nous croyons. Nos cœurs, tournés vers la sainte Maison de Nazareth, vous voient occupée à faire cette Robe précieuse. Ils vous contemplent tenant dans vos chastes mains ce vêtement mystérieux... et cette vue les rejouit saintement. O Mère admirable, ô Mère du bel amour, priez pour nous !

CHAPITRE III.

La sainte Robe est tissue sur un métier par la très-sainte Vierge : ce qu'était ce précieux vêtement.

———

Il paraît indubitable que l'humble Vierge de Nazareth a tissu au *métier* la Robe de son divin Fils. A la vérité, les interprètes sont fort partagés sur ce point ; mais il suffit de mettre en présence le sentiment des uns et des autres pour se ranger du côté de ceux qui disent que ce saint vêtement a été fait sur un métier.

Plusieurs commentateurs prétendent qu'il est impossible de faire une tunique entière sur le métier [1]. Saumaise croit que la Tunique de notre Seigneur était cousue à l'aiguille, mais qu'elle n'avait ni agrafes, ni boutons qui l'attachassent sur les épaules, comme en avaient certaines tuniques dont se servaient les anciens, et qu'ils appelaient *tuniques fendues* [2]. Vossius adopte le même sentiment [3]. D'autres [4] pensent qu'elle était cousue avec tant d'art, que la couture n'y paraissait point. Saint Chrisostôme [5], Théophylacte [6] et Théophanes [7] croient qu'elle était composée de deux pièces jointes ensemble, non par la couture, mais par un tissu pareil à celui dont on fait les bas à l'aiguille. On reprenait, suivant eux, ces deux pièces par de la laine, et on n'en formait qu'une seule qui paraissait de la même tissure. Théophylacte, qui copie saint Chrysostôme, ajoute seulement qu'au lieu de couture on faisait une rentraite sur les deux pièces, de sorte que la jonction n'était pas sensible. Il en est d'autres enfin [8], parmi lesquels nous citerons Euthymius [9] et saint Isidore de Péluse [10], qui supposent que la Sainte Robe a été travaillée et tissue avec deux grandes aiguilles, comme celles dont on se sert pour nos bas et nos bonnets de laine.

Les commentateurs qui soutiennent que la Tunique du Sauveur n'était ni cousue, ni rentraite, ni faite à l'aiguille, nous paraissent mieux fondés. Les premiers donnent leur sentiment sans citer aucune autorité qui serve de base à leurs conjectures, tandis que ceux-ci invoquent les usages de l'antiquité et apportent des exemples à l'appui de ce qu'ils avancent.

Braunius [11], qui a épuisé cette matière, et quelques autres, montrent que les anciens avaient l'art de faire sur le métier des habits de toute grandeur et de toute forme, qu'ils appelaient *tuniques droites*, sans doute parce qu'on les travaillait étant debout : c'est du moins ce que fait entendre saint Isidore : *Recta vestis, quam sursum stantes texunt* [12]. Le même savant assure que l'usage de faire de ces tuniques au métier et d'une seule pièce se conserve encore dans certains endroits de l'Orient. Il nomme quelques Hollandais de ses amis qui en possédaient, et il dit qu'il en avait lui-même une qu'il avait achetée par curiosité. Il ajoute, de plus, qu'il fit faire exprès un métier sur lequel on tissa de ces sortes de tuniques avec des manches, et tout à fait telles que devait être celle de Notre-Seigneur [13]. Dom Calmet, qui cite beaucoup Braunius, dans son *Commentaire* sur saint Jean, partage tout à fait son sentiment et dit qu'on ne peut douter que la Sainte Robe n'ait été faite sur le métier [14]. Fleury dit « que les Israélites avaient l'art de faire sur le métier des robes à manches tout d'une pièce, sans couture, comme la Tunique de Jésus-Christ l'était [15]. » La Bible de Vence [16] dit la même chose. Mais nous ne croyons pas devoir multiplier davantage les autorités en faveur de ce sentiment.

Nous avons d'ailleurs, indépendamment de la coutume des anciens et de l'usage des Orientaux modernes, des preuves que nous regardons comme décisives :

La tunique du Grand-Prêtre dont Moïse [17], Flavius Joseph [18] et Philon [19] nous donnent la description, avait été faite au métier. Elle était sans couture, couvrait tout le corps et n'avait qu'une ouverture au haut pour passer la tête. Moïse dit expressément que c'était un ouvrage fait au métier : *Opus textoris* [20]. Mais quel texte plus formel et plus positif pourrions-nous invoquer en faveur de l'opinion qui soutient que notre saint vêtement a été fait au métier, que celui de l'évangéliste saint Jean : « La Tunique, dit-il, était sans couture et d'un seul tissu depuis le haut jusqu'en bas : *Tunica erat inconsutilis, desuper contexta per totum* [21]. » Or, il n'est guère possible qu'un tel habit soit fait autrement que sur un métier.

Maintenant quelle était la matière et la forme de cette Tunique ? Notre-Seigneur Jésus-Christ avait-il plusieurs vêtements ? Pour répondre à ces questions il est nécessaire de voir quel était l'usage, touchant les vêtements, chez les Hébreux.

Tous les commentateurs s'accordent à dire que les Hébreux n'avaient communément pour habits que la tunique, nommée en hebreu *chetonet*, et le manteau appelé *mehil*. La tunique était l'habit de dessous [22] qui couvrait immédiatement la chair ; le manteau était l'habit de dessus. Mais il y avait une autre espèce de tunique dont nous parlerons tout à l'heure.

Ordinairement la tunique était de lin ou de coton ; nous en voyons la preuve dans Moïse, où il est parlé de l'une et de l'autre sorte, à propos de la description qu'il fait des habits des prêtres et des lévites [23]. Nous ne doutons pas qu'on n'employât aussi la laine pour ces habits. D'ailleurs Fleury en fait mention dans ses *Mœurs des Israélites* [24]. Les tuniques étaient sans couture et faites au métier. Elles n'avaient aucune ouverture ni sur la poitrine, ni sur les côtés, mais simplement au haut pour passer la tête. Telle était la tunique du Grand-Prêtre dont nous venons de parler ; telles étaient aussi celles des prêtres dont il est écrit au Livre de l'*Exode* : « Vous ferez en haut une ouverture au milieu pour passer la tête, et autour de cette ouverture un bord tissu, comme on a coutume de le faire aux extrémités des vêtements, de peur qu'ils ne se rompent [25]. »

La couleur la plus ordinaire et la plus estimée pour la tunique était le blanc. Salomon, dans l'*Ecclésiaste*, conseille à celui qui veut vivre agréablement d'avoir toujours des habits bien propres et bien blancs : *Omni tempore sint vestimenta tua candida* [26]. Flavius Josèphe rapporte que ce prince, le plus magnifique des rois de Juda, paraissait habituellement vêtu de blanc dans son chariot [27]. Et notre divin Sauveur dit, dans l'Évangile [28], que Salomon, dans toute sa gloire, n'approchait pas de la beauté des lys, qui, comme on sait, sont d'une blancheur éclatante. Les anges apparaissaient aux hommes avec des habits blancs [29]. Enfin, nous voyons le législateur des Hébreux ordonner au peuple de laver ses habits et de se purifier lorsqu'il doit paraître devant le Seigneur [30]. Cependant on peut dire que cette couleur n'était pas la seule qui fût choisie pour les tuniques. On en voyait quelquefois de couleur de pourpre et de brunes [31]. Il n'y avait probablement que les personnes riches et de distinction qui portaient des tuniques blanches.

Nous venons au manteau ; il était d'étoffe et d'une seule pièce non taillée. Pour distinguer les Israélites des autres peuples, le Seigneur leur avait ordonné de porter aux quatre coins de leurs manteaux des houpes [32], ou franges de couleur hyacinthe, ou bleu céleste, et une bordure ou galon sur les bords du même habit. Les Pharisiens, pour se distinguer des autres, portaient ces franges plus longues [33]. Ils croyaient par là s'attirer du respect, et prendre un air de gravité qui contentait leur orgueil. On sait que Notre-Seigneur leur reprocha cette affectation [34].

Outre ces deux vêtements, c'est-à-dire la

tunique et le manteau, il est fait mention dans l'Écriture d'une autre tunique ou robe traînante [35] que l'on mettait, sans doute, pardessus la tunique qui couvrait immédiatement la chair. Ce qui nous porte d'ailleurs à croire que les Israélites avaient plus de deux vêtements, c'est qu'il est marqué dans l'Évangile de saint Marc que le Grand-Prêtre Caïphe, ayant entendu les prétendus blasphèmes de Jésus-Christ, *déchira ses tuniques* [36]. Et Notre-Seigneur aurait-il pu donner ce conseil : « A celui qui veut disputer en jugement avec vous, et vous enlever votre tunique, abandonnez encore votre manteau [37], » si on n'avait pas eu une tunique, une robe et un manteau ?

L'usage était de garder la tunique, ou robe, traînante et sans ceinture dans la maison. Mais lorsqu'on allait en campagne, ou qu'on était obligé de marcher et d'agir, on se ceignait et on retroussait la tunique. « De là, dit Fleury, vient cette phrase si fréquente dans l'Écriture : Lève-toi, ceins tes reins, et fais cela. » On portait toujours avec soi, en voyage, deux tuniques, afin de pouvoir en changer au besoin. Ceci est confirmé par l'Évangile [55] et par les commentateurs.

Si tels étaient les usages pour l'habillement chez les Hébreux, et nous avons rapporté à cet égard l'opinion des plus habiles interprètes, il est certain que Notre-Seigneur Jésus-Christ, lui qui était venu pour accomplir toute la loi, dût se conformer aux coutumes établies par la loi de Moïse elle-même. En effet, ouvrons le Livre où se trouve toute vérité, et nous en verrons des preuves.

De même que les Israélites, Jésus-Christ avait une Tunique, une Robe et un Manteau. Étant sur le point de laver les pieds à ses apôtres, cet adorable Sauveur quitte ses vêtements, et ceint sa Tunique avec un linge [39]. Et lorsqu'il est attaché sur la Croix, les soldats partagent ses vêtemens, excepté sa Tunique.

Cette Tunique était *sans couture*, comme celle du Grand-Prêtre et des autres Lévites : saint Jean le dit formellement dans les paroles suivantes, que nous avons déjà citées : « La Tunique était sans couture et d'un seul tissu, depuis le haut jusqu'en bas [40]. » Or, c'était celle qui touchait immédiatement la chair. De plus, ce saint vêtement était de laine et d'une couleur brune, selon l'usage des plus pauvres d'entre les enfans d'Israël, comme le témoignent saint Chrysostôme [41] et saint Isidore [42]. Un Dieu humilié et né dans une étable aurait-il voulu qu'il en fût autrement? Il devait être vêtu pauvrement et souffrir toutes les privations. Néanmoins ce divin Sauveur permit une fois que ses habits parussent de la couleur la plus estimée parmi les personnes de distinction, ainsi que nous l'avons remarqué, et ce fut sur le Thabor, où ils devinrent blancs comme la neige [43].

Quant à la forme de cette Tunique, on juge assez ce qu'elle devait être, puisque c'était le vêtement qui touchait la chair. Ouverte par le haut, elle s'étendait également sur le dos et sur la poitrine, et elle descendait assez bas pour couvrir tout le corps. C'est la description que nous en donne saint Chrysostôme [44]. Un sectaire, que nous regrettons de mentionner en un si pieux sujet, voulut contester cette forme; mais Calvin fut convaincu d'imposture par du Saussay [45], et nous croyons inutile de reproduire ici cette réfutation. On sait assez de quoi sont capables les hérétiques qui voudraient anéantir le culte des reliques, et qui n'élèvent autour d'eux que des ruines. Nous continuons donc notre rapprochement.

Tel que les Hébreux, notre Sauveur avait des franges au bas de son Manteau : « Si je touche seulement la frange de ses habits, dit la femme malade, je serai guérie [46]. »

Enfin nous voyons Jésus-Christ se conformer à la coutume de garder la tunique traînante et sans ceinture dans la maison, lorsqu'il accomplit la touchante et admirable cérémonie du lavement des pieds [47].

Cependant il est un seul point où notre divin Maître ne se conforma point à l'usage, et ce fut pour donner une preuve de son détachement. On portait, avons-nous dit, deux tuniques en voyage, afin d'en changer au besoin. Mais Jésus-Christ défend à ses apôtres d'emporter deux habits [48], voulant qu'ils se reposassent de tout sur sa Providence.

Il faut donc conclure de tout ce qui précède, que la très-douce Vierge Marie a fait, sur un métier, la Robe de son divin Fils. Renfermée dans son intérieur, la tendre Mère tissait d'une main industrieuse, *manuum suarum*, cette Robe sainte, et elle se réjouissait de l'offrir bientôt à Jésus. Telles on avait vu Sara, Rebecca, Ruth, Rachel, se livrer aux travaux des mains, et être heureuses de faire elles-mêmes les habits de leurs enfants. Il résulte en outre du rapprochement que nous venons d'établir, entre les coutumes des Hébreux et ce que nous apprend l'Évangile touchant la vie commune de Jésus-Christ, que cet adorable Sauveur avait pour vêtements un Manteau, une Robe, une Tunique, comme le pensent d'ailleurs Euthymius et Maldonat, et que cette Tunique, l'objet de notre vénération, était sans couture, tissue de laine, de couleur brune et de forme allongée...

Tunique sacrée! vous nous devenez de plus en plus chère : vous avez été tissue par les chastes mains de la plus aimable des Vierges ; vous couvrez l'humanité sainte du Rédempteur..., et bientôt les hommes éprouveront les effets de la vertu dont le céleste Médecin doit vous enrichir!...

CHAPITRE IV.

La sainte Robe guérissant l'hémorroïsse et plusieurs autres malades.

Cependant, le Rédempteur avait quitté l'humble maison de Nazareth. Le moment de se donner au monde était venu. Il commençait sa mission divine, et il allait accomplir tout ce que les prophètes avaient annoncé de lui.

Douce Marie ! voici le jour des épreuves arrivé; votre saint époux a quitté cette terre d'exil et attend sa délivrance du Sauveur, qu'il eut la gloire de porter dans ses bras. Hélas ! vos joies maternelles sont passées. Adieu, maison de Nazareth ! Jésus n'y est plus ! Il parcourt la terre pour annoncer la bonne nouvelle du salut. « Oh ! qu'ils sont beaux les pieds de celui qui annonce l'heureuse nouvelle, et qui prêche la paix sur les montagnes, s'était écrié Isaïe en voyant Jésus dans le cours de sa mission ; qu'ils sont beaux les pieds de celui qui annonce la bonne nouvelle, qui prêche le salut, qui dit à Sion : Votre Dieu est entré en possession de son règne. *Quàm pulchri super montes pedes annuntiantis et prædicantis pacem, annuntiantis bonum, prædicantis salutem, dicentis Sion : Regnabit Deus tuus*[1] ! » Et vous, ô tendre Mère ! vous suivez les traces de ce divin Sauveur ; vous voulez partager ses fatigues ; vous ne pouvez renoncer à entendre ses paroles, et votre âme veut toujours s'en nourrir...

Notre-Seigneur avait déjà révélé au monde sa doctrine sublime, dont le *Sermon sur la montagne* nous offre le plus magnifique résumé ; il avait prononcé des paroles qui étonnaient les hommes et qui comblaient d'admiration ceux qui avaient le bonheur de les entendre. Jamais homme n'avait parlé comme lui, et n'avait opéré de tels prodiges... Déjà il avait parcouru toute la Judée, et chacun de ses pas avait été marqué par des bienfaits dignes de son amour et de sa tendresse pour les hommes : *Pertransiit benefaciendo* [2]. A sa voix la nature reconnaissait son Créateur. Il commandait aux flots de la mer, et ils lui obéissaient. Un seul mot sorti de sa bouche adorable guérissait les malades et les infirmes. A sa volonté sainte les aveugles recouvraient la vue; les boiteux, les paralytiques marchaient; les sourds entendaient. Au simple attouchement de sa Robe, ceux qui avaient perdu l'espoir de guérir, trouvaient la santé. Les affligés étaient consolés en entendant ses discours. Il commandait, et les morts sortaient du tombeau...

Un jour donc un prince du peuple s'approcha de ce céleste Médecin; il l'adora et lui dit : « Seigneur, ma fille vient de mourir; mais venez, mettez votre main sur elle, et elle vivra. Et Jésus, se levant, le suivait avec ses disciples. Mais voilà qu'une femme, affligée d'une perte de sang depuis douze ans, vint derrière lui et toucha la frange de son vêtement; car elle disait en elle-même : *Si je touche seulement son vêtement, je serai guérie.* Et soudain son sang qui coulait fut arrêté, et elle sentit dans son corps qu'elle était guérie de ce mal. Et Jésus aussitôt, connaissant en soi-même la vertu qui était sortie de lui, se tourna vers la foule, et dit : Qui a touché mes vêtements? Et ses disciples lui répondirent : Vous voyez que la foule vous presse, et vous dites qui m'a touché? Et il regardait autour de lui pour voir celle qui l'avait touché. Or, cette femme craignant et tremblant, parce qu'elle savait ce qui s'était passé en elle, vint et se jeta à ses pieds, et lui avoua toute la vérité. Et Jésus lui dit : Ma fille, votre foi vous a sauvée; allez en paix, et soyez guérie de votre maladie[3]. »

Tel est le premier miracle opéré par la Robe de Notre-Seigneur Jésus-Christ. Un orgueilleux sectaire, Calvin, qui craignait avec raison que cet exemple ne tirât à conséquence pour les reliques, trouve un zèle indiscret et mêlé de superstition dans l'action de cette femme. Voilà bien les incrédules! Ils taxent de petitesse d'esprit ce qui gêne leurs passions ou ce qui blesse leur orgueil. Quand vous entendez un prétendu esprit fort se récrier sur quelque fait extraordinaire, soyez certain d'avance qu'il a intérêt à le faire... Mais ne perdons pas de vue ce qui doit le plus toucher nos cœurs... Jésus-Christ trouve beaucoup de foi dans l'action de cette femme, et il la loue hautement; c'est au mérite de cette foi qu'il accorde la guérison, et cette foi, au rapport de trois Évangélistes, est celle qui a fait dire à notre pauvre malade : *Si je touche seulement le bord de sa Robe, je serai guérie.*

Que d'instructions sont renfermées dans la foi de cette femme affligée ! que de lumières ! que d'humilité ! que de modestie ! Hélas ! que ces exemples de foi forte sont rares de nos jours ! Est-il rien de plus éclairé que sa foi ? Après de sérieuses réflexions, elle se dit à elle-même avec assurance : « Si je touche seulement les bords de sa Robe, je serai guérie : *Si tetigero tantùm vestimentum ejus, salva ero.* » Elle a trop de foi pour exiger que Jésus-Christ la vienne visiter. Elle ne demande pas que cet adorable Sauveur parle pour articuler l'oracle de sa guérison ; elle ne désire même pas qu'il la regarde pour obtenir ce qu'elle souhaite si ardemment. La foi a formé son raisonnement dans elle-même, bien sûre qu'elle serait entendue de Celui à qui rien n'est caché, et ce raisonnement a porté certitude et conviction dans son esprit : *Il suffit que je touche sa Robe, et je serai guérie.* En même temps quelle prodigieuse humilité dans la foi de cette femme ! Elle se cache, se croyant indigne des regards du Messie ; elle ne veut pour tout partage que le bas de sa Robe, et par derrière : c'est assez pour elle, elle est contente, sa foi n'en demande pas davantage. Enfin quelle retenue et quelle modestie ! Elle prend toutes les précautions imaginables pour n'être point aperçue ; elle garde un profond silence ; elle n'ose se faire entendre ni de Jésus-Christ, ni de ceux qui l'accompagnent ; elle ne parle qu'en elle-même ; elle substitue, par un esprit de foi et de confiance, la parole de l'esprit et du cœur à celle de la langue, convaincue que le Sauveur, qui voit tout et qui pénètre tout, démêlerait bien ce langage secret. Aussi ne fut-elle pas trompée dans son espérance. Jésus-Christ connut son désir, et, se tournant vers elle, il lui dit avec une tendresse et une bonté de père : « Ma fille, ayez confiance, votre foi vous a guérie : *Confide filia, fides tua te salvam fecit.* »

Mais Notre-Seigneur permit que son saint

vêtement opérât beaucoup d'autres miracles. L'Évangile en fait mention en quelques mots.

Ce divin Maître venait de marcher sur les eaux ; tous les peuples, dans l'admiration de sa doctrine et des merveilles qu'il accomplissait, voulaient le suivre, et tous l'adoraient en s'écriant : « Vous êtes vraiment le Fils de Dieu : *Verè Filius Dei es* [4]. » Alors ce doux Sauveur se rendit avec ses disciples dans la terre de Génézareth. « Et les hommes de ce lieu l'ayant reconnu, dit le texte sacré, envoyèrent dans tout le pays, et ils lui présentèrent tous les malades, et ils le prièrent, afin de toucher seulement la frange de son vêtement ; et tous ceux qui la touchèrent furent guéris [5]. »

Quelle touchante bonté de la part du Fils de Marie ! Il vient dans une terre de Génézareth, et c'est pour y faire le bien. Les habitants envoient des exprès dans les environs pour donner avis de l'arrivée du grand prophète et du thaumaturge de la Galilée. Tous les malades profitent de l'occasion : ceux qui peuvent marcher se rendent auprès de lui ; les autres s'y font porter dans leurs lits. Le premier spectacle qui venait frapper le Sauveur lorsqu'il se montrait en passant dans un village, dans un bourg, dans une ville, était une troupe d'infirmes étendus dans la place publique, qui imploraient son secours. Les plus beaux triomphes des grands de la terre n'ont rien de comparable à ces entrées miséricordieuses d'un homme pauvre, et suivi par des malheureux dont toutes les acclamations sont des vœux ardents qui sollicitent des miracles, ou des actions de grâces qui les publient. Et ces pauvres malades, dont la misère attendrit le cœur de Jésus, et dont la foi mérite ses bienfaits, voyant qu'il ne fait que passer, le prient de souffrir qu'ils puissent seulement toucher la frange de sa Robe. Il le leur permet avec une bonté ineffable ; il se laisse approcher et presque accabler, tant sa douceur inspire à tout le monde de confiance et de liberté. Le succès des uns anime les autres, et aucun n'use de sa condescendance sans obtenir l'accomplissement de ses désirs[6] : *Et quicumque tetigerunt eum, salvi facti sunt.*

Admirons en même temps la foi extraordinaire de ces peuples. Dès que Jésus paraît au milieu d'eux ils le reconnaissent, soit parce qu'ils avaient eu déjà le bonheur de le voir, soit à cause du bruit que ses miracles faisaient dans toute la terre ; ils viennent au-devant de ce divin Rédempteur ; ils ne se contentent pas de demander la guérison des malades qui étaient présents, mais ils envoient dans les autres villes d'alentour pour les avertir de la venue du Sauveur, afin, dit saint Jérôme, qu'ils accourent tous à ce médecin suprême : *Qui omnes currant ad medicum*[7] ; enfin ils implorent la guérison de leurs infirmes et de leurs malades, mais ils ne croient pas que Notre-Seigneur Jésus-Christ ait besoin de les toucher avec sa main toute-puissante, ou de faire entendre sa parole divine pour commander aux maux de disparaître ; ils lui demandent seulement, dit saint Chrysostôme, la faveur de toucher le bord de sa Robe ; cela leur suffit. Comme la pieuse Hémorroïsse, ils sont convaincus que s'ils obtiennent seulement cette grâce ils seront guéris. Et le divin Maître le leur permet ; et aussitôt leur foi vive est récompensée, car « tous ceux qui touchent la frange de son vêtement sont guéris : *Quicumque tetigerunt eum, salvi facti sunt.* Avons-nous cette foi entière? avons-nous cette confiance filiale? Oh ! que les temps sont changés !

Et pourtant, ô Tunique sainte! il nous est aussi donné de vous toucher. Nous voulons nous approcher de vous ; ne nous guérissez pas seulement de nos maladies corporelles, mais délivrez-nous de nos infirmités spirituelles ; abritez-nous sous votre ombre tutélaire. Nous désirons ne jamais nous écarter des préceptes du divin Sauveur, dont vous avez eu la gloire de revêtir les membres sacrés ; nous voulons appartenir toujours à ce céleste Médecin des âmes, à qui soit bénédiction et amour !

CHAPITRE V.

La sainte Robe participe à la gloire de la Transfiguration sur le Thabor, et a sa part de coopération dans le sacrifice sanglant du Calvaire.

Ainsi que nous l'avons dit en peu de mots, Notre-Seigneur *passait sur la terre en faisant le bien;* il n'était occupé qu'aux œuvres de miséricordes; le bonheur des hommes, leur salut éternel, voilà ce qui le touchait uniquement.

Et au milieu de ces occupations divines, les jours du Seigneur Jésus s'accomplissaient; il s'avançait de plus en plus vers l'autel du sacrifice, où il devait, victime pure, sainte et sans tache [1], être immolé pour sauver le monde plongé dans les ténèbres de l'erreur;... mais avant, il voulut que quelques disciples choisis aperçussent les rayons de sa gloire; car sa vie commune et sa bassesse extérieure étaient un état étranger sa nature, tellement qu'il fallait un miracle continuel pour suspendre le rejaillissement de sa gloire et de sa majesté divine, tandis que, pour sa Transfiguration sur le Thabor, il n'eut besoin que de laisser agir les causes naturelles pour se montrer tel qu'il était en effet.

Toutefois Jésus voulut avoir peu de témoins de sa Transfiguration. « Il prit donc avec lui, dit l'Évangile, Pierre, Jacques et Jean frère de Jacques, et les conduisit à l'écart sur une montagne élevée. Et il se transfigura devant eux, et son visage resplendit comme le soleil, et ses vêtements devinrent éclatants comme la neige. Et en même temps Moïse et Élie leur apparurent, parlant avec lui. Or, Pierre dit à Jésus : Seigneur, il nous est bon d'être ici ; si vous voulez faisons trois tentes ; une pour vous, une pour Moïse et une pour Élie. Il parlait encore lorsqu'une nuée brillante les couvrit ; et tout à coup on entendit une voix sortant de la nue disant : Celui-ci est mon Fils bien-aimé en qui j'ai mis toutes mes complaisances ; écoutez-le [2] ? »

Ainsi Jésus-Christ accomplit la promesse

qu'il avait faite à ses disciples, de leur montrer la gloire de sa Majesté[3], et il les affermit dans la croyance qu'il était le vrai Messie[4]. Ainsi ce divin Sauveur les prémunit contre le scandale de sa Passion et de sa croix, et les prépare aux travaux de l'apostolat. Heureux disciples! quelle faveur vous fut accordée!

Tout, au reste, est à remarquer dans cette admirable circonstance; mais nous ne pouvons pas nous y arrêter beaucoup.

C'est à l'écart et sur une haute montagne que Jésus apparaît dans toute sa splendeur à ses disciples les plus fidèles et les plus vertueux. Ainsi se découvre-t-il encore tous les jours aux âmes fidèles, qu'il attire dans la retraite, et qui, plongées dans une oraison continuelle, s'élèvent au-dessus des choses créées. Sa divinité éclate sur son visage, et la béatitude dont il jouissait habituellement rejaillit sur tout son corps. Sa face divine est environnée de rayons de lumière. Ses habits, sa Robe surtout que lui a donnée sa douce Mère, et qui touche de plus près sa chair sacrée, participent à sa Transfiguration.

Ils paraissent, ces habits précieux, blancs et brillants comme un feu qui étincelle ou un éclair qui éblouit, dit saint Luc [5]; brillants et blancs comme la neige, en sorte qu'il n'y a pas de foulon sur la terre qui en puisse faire de si blancs, ajoute saint Marc[6]; tandis que plusieurs manuscrits grecs de saint Matthieu disent que les habits de Jésus-Christ, pénétrés des rayons et de la lumière qui rejaillissaient de son corps, parurent comme une nuée mince et transparente, pénétrée des rayons du soleil [7]... Que cette auréole d'honneur qui environne aussi la Tunique de Jésus, doit nous pénétrer d'admiration ! Il faut que ce vêtement mystérieux soit appelé à de grandes choses, puisqu'un Dieu ne dédaigne pas de le faire participer à une telle gloire.

Les heureux disciples admis à ce spectacle, éblouis, ravis jusqu'à l'extase de ce qu'ils voient, voudraient toujours demeurer sur cette montagne. Mais il ne peut en être ainsi, le Seigneur ne console les siens que pour un temps. Souvent, après nous avoir fait sentir sa divine présence, et goûter en quelque sorte les douceurs du ciel, il se cache, il ne nous parle plus qu'au travers de la nue, et nous laisse dans la route ordinaire et obscure de la foi [8]. Ce sont alors les moments d'épreuves et de peines : heureux qui sait les supporter avec calme, et qui ne dévie pas de la voie du Seigneur !

Ces mauvais jours étaient arrivés pour les disciples témoins de la Transfiguration... Ils descendent de la montagne du Thabor où ils avaient goûté de si ineffables délices, et ce ne fut plus que pour suivre Jésus dans des courses pénibles, pour l'entendre parler de ses profondes humiliations, prédire ses douleurs, ses angoisses, sa mort sur une Croix.

De la gloire du Thabor à la scène ignominieuse et sanglante du Golgotha, il ne se passa pas en effet beaucoup de temps. L'heure suprême était sonnée... Jésus, entre les mains de ses ennemis, commence sa douloureuse Passion. Nous le voyons dans le jardin des Olives, luttant, en quelque sorte, entre l'horreur des supplices qui l'attendent et l'amour du salut des hommes qui le presse de les accepter, et répandant cette sueur qui découle comme des gouttes de sang jusqu'à terre et sur sa Robe... Condamné devant Pilate, les soldats frappent le divin Sauveur, le déchirent à coups de verges et font jaillir son sang innocent sur sa Tunique sacrée. Traîné par les rues de Jérusalem jusqu'au Calvaire, le Fils de Marie, faible et couvert de blessures, tombe à chaque pas... et ces chutes rouvrent ses plaies adorables, et sa Tunique est de nouveau ensanglantée. Enfin cet Agneau sans tache arrive sur la montagne du sacrifice. Là, sa Robe lui devient un instrument d'horrible supplice; collée à son corps à cause du sang dont elle était toute pénétrée, les soldats la lui enlèvent, et déchirent ainsi sa chair virginale... On l'attache à la Croix! Et ce grand Dieu, élevé entre le ciel et la terre, regarde dans les Écritures s'il lui reste encore quelque chose à accomplir; et, voyant qu'il a satisfait à la justice de son Père, il s'écrie : « Tout est consommé! *Consummatum est* [9]!... »

« Les soldats ayant donc crucifié Jésus, dit saint Jean, prirent ses habits et en firent quatre parts, une pour chaque soldat. Ils prirent aussi la Tunique; or la Tunique était sans couture, et d'un seul tissu depuis le haut jusqu'en bas. Ils se dirent donc les uns aux autres : « Ne la coupons point ; mais tirons au sort à qui elle sera, afin que cette parole de l'Écriture fût accomplie : Ils ont partagé mes habits entre eux, *et ils ont tiré ma Robe au sort* [40]. »

Ordinairement la dépouille du crucifié appartenait à ceux qui l'avaient attaché à la croix ; c'est pourquoi les soldats se partagèrent les habits de Jésus-Christ.

Nous voyons donc ici l'accomplissement des prophéties que nous avons rapportées plus haut. L'Évangéliste répète les paroles écrites plusieurs siècles d'avance par le prophète royal : *Diviserunt sibi vestimenta mea, et super vestem meam miserunt sortem.* La Robe de Notre-Seigneur est tachée de son sang, ainsi que l'avait vue Isaïe. Elle a participé au mystère de la Rédemption, comme la Croix qui sera désormais le signe du salut, et devant laquelle les nations se prosterneront. La cité déicide est plongée dans les ténèbres, et la malédiction est tombée sur elle, comme Jérémie l'a annoncé. Enfin tout est consommé, Jésus-Christ est le principe et la fin de toutes les Écritures :

Primus, et novissimus, principium et finis [11].

Vous êtes, ô Robe sainte et tachée du sang du Rédempteur ! vous êtes une figure de l'Église son épouse. Comme vous, cette sainte Église est une et indivisible, parce qu'elle se maintient toujours dans une même foi et dans une même charité. De même que les bourreaux de Notre-Seigneur vous ont tirée au sort, ainsi les hérétiques et les impies voudraient déchirer l'Église catholique. Mais combien sont vains leurs efforts ! qui pourrait lutter contre elle ? n'a-t-elle pas des paroles d'éternité ? O vous donc, vêtement sacré, qui nous offrez l'image parfaite de cette unité forte et puissante de l'Église, demeurez toujours parmi nous, comme le dépôt le plus précieux, comme notre plus cher trésor !

CHAPITRE VI.

La sainte Robe faite par Marie a grandi avec Jésus.

Jésus était remonté aux cieux... et déjà le prophète de Pathmos voyait, dans le séjour de la gloire, « Celui qui s'appelle le Verbe de Dieu, vêtu d'une Robe teinte de sang [1]; » voulant nous marquer par là la force et la puissance de Jésus-Christ sur tous ses ennemis qu'il réduira en poussière, car il est ce Conquérant dont a parlé Isaïe [2]...

Mais, en nous laissant dans la vallée des larmes, ce divin Sauveur nous a abandonné sa dépouille mortelle et les divers instruments de sa Passion : nous possédons la croix, les clous, la lance, la couronne d'épines, la Robe sans couture.

Oui, c'est bien la Tunique que nous avons

vénérée dans la maison de Nazareth, au Thabor, au Calvaire; ne la reconnaissez-vous pas, ô divine Marie? Nous vous dirons comme les envoyés qui présentèrent la robe de Joseph à Jacob : « Nous avons trouvé cette Robe, voyez si ce n'est pas celle de votre Fils : » voyez, ô tendre Marie! N'est-ce pas là en effet la Tunique que vous avez tissue de vos mains saintes, pour votre cher Fils? *Hanc invenimus; vide utrùm Tunica Filii tui sit, an non* [3]? Reconnaissez-la, ô notre bonne Mère! C'est bien cette Robe qui a été arrosée par les sueurs et par le sang précieux de notre divin Maître; c'est bien elle que des bourreaux jaloux et furieux se sont disputée, que les hérétiques voudront nous contester, et que les ennemis de la foi, dans leur aveuglement insensé, oseront tourner en dérision. Voyez et considérez, ô Mère de douleur! *Hanc invenimus; vide utrùm Filii tui sit, an non?* Oui, c'est la Robe de Jésus-Christ, de cruels bourreaux l'ont fait mourir et l'ont arraché à votre tendresse maternelle : *Tunica Filii mei est; fera pessima comedit eum, bestia devoravit Joseph* [4].

Cette pieuse croyance que la Robe de Jésus-Christ qui fut arrosée de son sang sur le Golgotha, et que les soldats la tirèrent au sort, est celle-là même que la très-sainte Vierge fit à ce divin Sauveur lorsqu'il était encore enfant, et qu'elle crut avec lui sans jamais s'user; cette croyance, disons-nous, n'est nullement dépourvue d'autorités.

Nous lisons au *Deutéronome* que les habits dont les Hébreux se servirent dans le désert ne s'usèrent point: « Voilà la quatrième année que vous êtes en chemin, dit Moïse, et les habits dont vous étiez couverts ne sont point rompus par la longueur de ce temps, et vos pieds n'ont point été foulés [5]. » Or, saint Justin, martyr [6], et quelques interprètes [7], après les rabbins, prennent ce passage à la lettre, et croient que non-seulement les habits des Israélites ne vieillirent et ne s'usèrent point, mais aussi que ceux des enfants croissaient avec eux et se proportionnaient à leur grandeur, à mesure qu'ils avançaient en âge : *Quorum vestimenta non modò attrita non sunt, sed juniorum quoque unà cum ipsis creverunt* [8].

Si donc le Tout-Puissant faisait ces miracles continuels en faveur de son peuple, pourquoi ne les aurait-il point renouvelés pour son Fils? Marie était pauvre, Jésus voulait vivre dans le plus complet dénûment : n'était-il pas naturel que Dieu permit que la Tunique que cette sainte Mère avait tissue grandît à proportion de l'âge de son divin Fils, et que ce doux Sauveur la portât toujours la même, depuis son enfance jusqu'à sa mort? Ici les miracles n'ont rien qui surprenne. Il n'y a pas moins de raison à les supposer qu'à les croire, et il y a toujours plus de religion à respecter une tradition aussi ancienne qu'est celle dont nous parlons, qu'à la mépriser.

C'est ce que concluent les auteurs que nous avons sous les yeux et qui appuient cette tradition : nous citerons, entre autres, Robert, abbé du Mont-Saint-Michel, au diocèse d'Avranches, qui en fait mention dan sa *Continuation de la chronique de Sigebert* [9]; Mathieu, bénédictin de l'abbaye de Westminster, qui dit formellement dans sa Chronique : *Mater ejus fecerat ei*, *et crevit ipso crescente* [10]; Salmeron, qui ajoute au passage que nous avons déjà cité de lui :

et ipso crescente, ipsum etiam crevisse [11].
Il nous semble que ces témoignages sont de quelque valeur ; et nous ne pouvons attribuer qu'à une inadvertance ce que dom Calmet avance dans son *Dictionnaire de la Bible*, lorsqu'il dit : « que cette tradition n'a aucun fondement dans l'antiquité [12]. » Cet érudit aurait dû y faire plus attention, et il n'aurait pas manqué de trouver quelques monuments respectables de cette pieuse croyance.

Mais ici nous voyons les prétendus esprits-forts sourire de pitié. Une Robe qui croît suivant l'âge de celui qui la porte et qui ne s'use jamais, est-il possible d'avancer une semblable *absurdité !* Ils ne comprennent pas comment cela se fait : donc cela n'est pas. Pauvres aveugles ! c'est ainsi qu'ils raisonnent, et combien de vérités ils croient renverser avec cette logique ! Eh ! que comprennent-ils plus que nous ? Savent-ils donc comment croissent les lis des champs et les violettes de la vallée ? peuvent-ils s'expliquer le son qui bruit dans nos oreilles, le paysage qui se réfléchit dans la prunelle de nos yeux, la volonté qui circule comme un fluide électrique par tous nos membres? Tout est mystère autour de nous, et ils n'en voudraient point dans l'ordre spirituel. Nous, nous appelons ce dont nous ne pouvons nous rendre compte, l'œuvre de la sagesse et de la toute-puissance de Dieu. Eux, au contraire, ce qu'ils ne comprennent pas, ils déclarent que c'est une *absurdité* (or, ils ne se comprennent pas eux-mêmes!) et les merveilles dont ils sont chaque jour les témoins, mais qu'ils ne peuvent s'expliquer, ils les appellent les effets du hasard! De quel côté sont les esprits faibles et les insensés?...

Pour nous, pieux fidèles, nous croyons que la sainte Robe que Notre-Seigneur nous a laissée en montant sur la Croix, est celle que sa divine Mère lui avait faite, et qu'elle grandit avec lui sans s'user; nous le croyons, parce que ce n'est pas faire injure à Dieu, et qu'il n'y a rien en cela qui ne soit digne de sa toute-puissance, qui suspend aussi bien la goutte de rosée au brin d'herbe, qu'elle fait croître d'une petite graine un grand arbre; nous le croyons, parce que cette abnégation de n'avoir que le même vêtement était digne d'un Dieu humilié et réduit volontairement à la plus grande pauvreté ; enfin nous le croyons, parce qu'un Fils aussi tendre et aussi dévoué que le Seigneur Jésus ne pouvait que garder précieusement la Robe que lui avait faite sa très-sainte Mère. Combien donc notre relique doit nous être chère ? Ouvrage des mains de Marie, vêtement sacré de Jésus, quel cœur pourrait ne pas battre plus fortement en votre présence? Mais n'anticipons point.

Nous vous suivrons Robe mystérieuse du divin Sauveur ! Nous vous vénérerons dans chacun des lieux où il a plu à Dieu de vous conduire, et nous marcherons à votre suite, jusqu'à ce que, semblable à l'Arche d'alliance, la gloire et la force d'Israël, et qui suivait le peuple de Dieu dans le désert, vous vous arrêtiez enfin au milieu de nous, pour être notre joie et notre consolation dans le désert de cette vie.

LIVRE DEUXIÈME.

HISTOIRE DE LA SAINTE ROBE PENDANT LES PREMIERS SIÈCLES.

CHAPITRE PREMIER.

La sainte Robe de Notre-Seigneur pendant les premiers siècles de l'Église.

S'il est quelque chose qui doive affliger les pieux fidèles et le narrateur chrétien, c'est bien assurément l'ignorance où l'on est obligé de les laisser touchant le sort de la Sainte Tunique, depuis la mort du divin Rédempteur jusqu'aux jours où l'Église catholique, sortant des catacombes, put enfin respirer à l'aise, faire connaître ses richesses et déployer la majesté et la grandeur de son culte.

La piété voudrait savoir ce qu'est devenu ce précieux trésor entre les mains du soldat qui l'eut en partage, quelle ville, quelle bourgade fut assez heureuse pour le posséder, si on lui rendit des honneurs, ou bien s'il fut exposé à de nouvelles dérisions ou profanations sacriléges de la part de quelques ennemis du Sauveur. Et malheureusement l'histoire se tait sur tous ces points.

On rapporte bien que la sainte Tunique fut achetée du soldat par Pilate ; que celui-ci l'emporta à Rome, et qu'étant cité à comparaître devant le tribunal de Caïus Caligula, successeur de Tibère, il crut qu'il ne pouvait pas mieux couvrir les crimes dont on l'accusait, qu'en se revêtant de cette Tunique sacrée ; qu'en effet il s'en revêtit, et qu'il ne put être convaincu ni condamné tant qu'il la porta ; mais que cette ruse ayant été découverte par la Véronique, on dépouilla Pilate de cette Robe et on l'exila à Vienne, où il se tua lui-même.

Mais quelle confiance peut-on avoir dans cette histoire que rapportent Matthieu, bénédictin de Westminster, et Stangelius, et que copie, après eux, Dom Gerberon[1]? Sur quelle autorité ces auteurs appuient-ils ce récit? Sur aucune. Stangelius s'efforce bien de l'étayer du témoignage de *quelques auteurs*, mais on ne les nomme point ; et d'ailleurs que nous apprend d'important cette histoire ? Rien. Quand il serait vrai que Pilate eût possédé la sainte Tunique, ce ne serait pour des cœurs chrétiens qu'un nouveau sujet de peine de voir ce précieux trésor entre les mains du juge inique qui persécuta le Sauveur, et cela ne ferait de plus que les jeter dans une plus grande inquiétude, puisqu'on ne dit point ce que la Robe est devenue après qu'on l'eut retirée des mains profanes de Pilate ; mais indépendamment de cette considération, comment concilier ce que rapporte le bénédictin de Westminster touchant l'action de la Véronique qui découvrit le stratagème de Pilate, avec le sentiment de tant d'auteurs graves qui pensent que la Véronique n'a même pas existé, et que c'est le nom de la sainte Face, ou vraie image (*vera icon*) de Notre-Seigneur Jésus-Christ que l'on a donné, par erreur, à une femme ? Cette histoire ne peut donc avoir pour nous aucun fondement, et ne saurait satisfaire une pieuse et légitime curiosité.

Il a plu au Seigneur d'environner de mystères son saint vêtement pendant les premiers temps de son Église, voilà tout ce qu'on peut dire, et nous devons respecter ce mystère. Cependant ne nous est-il pas permis, tout en rejetant les faits apocryphes et dépourvus d'autorités, de nous livrer à de pieuses et justes conjectures ? Saint Grégoire de Tours semble nous y autoriser lorsqu'il dit que la Sainte Relique ne put être longtemps en possession des infidèles et que les chrétiens s'empressèrent de la retirer [2]. Qui pourrait croire en effet que Notre-Seigneur permit que le vêtement que lui avait fait sa divine Mère, et qui l'avait suivi dans tous ses travaux, demeurât longtemps entre les mains de ses ennemis ? Ne voulut-il pas plutôt qu'il revînt aux premiers fidèles, qu'il leur appartînt et qu'il les consolât, en quelque sorte, de son absence ? Aussi aimons-nous nous arrêter à cette pensée que les fervents chrétiens, témoins de la scène du Calvaire et de l'avidité des soldats pour se partager la dépouille du Sauveur, dûrent solliciter ses vêtements de ses cruels bourreaux, et qu'ils les obtinrent à prix d'or. Chargés alors de ces précieuses dépouilles, ces fidèles les apportèrent avec joie dans leurs maisons pour les vénérer, y imprimer leurs baisers, les serrer sur leurs cœurs brûlants d'amour pour le Sauveur Jésus, et animés d'une sainte ardeur pour la gloire et la propagation de sa doctrine. Heureux fidèle à qui la Sainte Tunique fut remise, quel dût être votre bonheur de la posséder! Comme vous fûtes glorieux de lui donner un abri, et de la montrer à l'Église naissante! Ah! sans doute que les apôtres et les saintes femmes qui avaient suivi le Sauveur, allèrent visiter, en secret, ce trésor. Sans doute, ô pieux fidèles! que vous vous plûtes à lui élever un oratoire, à l'environner d'honneur, et que là vous vîntes souvent vous reposer des travaux du jour, vous consoler de l'absence de votre divin Maître par l'espoir de le revoir bientôt dans le ciel, méditer les grandes vérités qu'il était venu apporter sur la terre, et puiser enfin les forces nécessaires pour résister aux attaques de vos ennemis et à leurs persécutions!

Voilà, selon nous, ce qu'à défaut de monuments certains, la piété peut conjecturer. Au reste, n'y a-t-il pas dans tout ceci une grande vraisemblance? Quoi de plus naturel et de plus raisonnable que de penser que les premiers chrétiens s'empressèrent de recueillir les vêtements du Sauveur, et que c'est à leurs soins pieux et à leur zèle que nous devons le bonheur d'en posséder encore une grande partie? Ne sommes-nous pas, d'ailleurs, témoins chaque jour encore de ce que firent les fidèles de la primitive Église, guidés qu'ils étaient par la foi et par l'amour? En Chine, au Japon, quand nos prêtres cueillent la palme du martyre, qui s'empresse de recueillir leurs dépouilles? Les quelques chrétiens de la contrée. Et, quand par hasard ce sont les bourreaux qui s'en emparent, ou qui les dérobent à la vénération, ne sont-ce pas encore les fidèles qui bravent tous les dangers, et qui emploient tous les moyens pour les obtenir? N'achètent-ils pas, souvent même par le sacrifice de tout ce qu'ils possèdent, le plus minime objet qui appartînt au glorieux martyr, un morceau de linge, un vêtement, un livre? Et lorsqu'ils ont le bonheur de posséder ces objets, comme ils les honorent, comme ils les conservent précieusement! Pourquoi donc voudrait-on que les premiers chrétiens, dont la foi était si vive et si ardente, et dont la plupart avaient vu le Sauveur Jésus, n'aient pas mis tout leur zèle à se procurer et à nous transmettre avec les vérités de l'Évangile les reliques, non d'un martyr ou d'un saint, mais du premier des martyrs, du Saint des saints?

Nous savons bien que la critique, plus sévère et plus positive, voudra des preuves, des autorités, des monuments. Mais comment lui en fournir? Dans les premiers siècles les chrétiens n'avaient pas le temps d'écrire. Persécutés, outragés par les païens ou par les Juifs, et souvent par les deux à la fois, ils étaient obligés de se cacher pour vaquer aux cérémonies sacrées. Poursuivis comme des insensés, tournés en dérision, bafoués à l'exemple de leur divin Maître, ils devaient dérober à tous les regards, et même enfouir, les objets précieux qu'ils vénéraient, sous peine de les voir profaner; on les épiait, leurs moindres démarches et toutes leurs actions étaient indignement travesties. Dans ce combat continuel, dans cette lutte acharnée de l'erreur contre la vérité, du vieux monde ébranlé contre la société naissante, en un mot du paganisme contre les vives clartés de l'Évangile, quels écrits auraient donc pu nous laisser les disciples du Sauveur? Prier, annoncer l'Évangile, se sacrifier pour le prochain, voler à la mort, telles étaient leurs occupations. Ils n'aspiraient qu'après le ciel, but unique de leurs ardents désirs. Et quand le moment de l'heureuse délivrance était arrivé, ils léguaient à leurs frères leurs plus précieux trésors, c'est-à-dire les reliques qu'ils possédaient et qui avaient fait leur consolation dans l'exil; ceux-ci, à leur tour, les léguaient à d'autres frères, qui se reposaient du soin de les mettre en honneur, et de les transmettre aux générations à venir, sur la bonté et la puissance de Dieu.

Après cela, combien de faits dans l'histoire que nous croyons, que nous attestons, et dont cependant l'origine n'est pas parfaitement établie, soit par défaut de preuves, soit par la difficulté de s'en procurer à cause des vicissitudes des temps et de l'incurie des hommes? Combien de choses ignorées et qui se révèlent tout à coup dans la suite des âges? La Croix, qui fut arrosée du sang adorable du Sauveur comme notre précieuse

Tunique, ne demeura-t-elle pas dans l'oubli pendant trois siècles, c'est-à-dire jusqu'au temps où il plut à Dieu de permettre à l'impératrice Hélène d'avoir la gloire de la découvrir, d'en enrichir l'Église, et d'offrir aux chrétiens la joie et la consolation de l'adorer? Les vêtements de la très-sainte Vierge et les différents objets qui servirent à cette auguste Reine du ciel, dont plusieurs églises revendiquent le bonheur d'en posséder quelqu'un,[3] ne demeurèrent-ils pas aussi dans l'oubli pendant un certain temps? D'ailleurs qui peut sonder les desseins de Dieu : *Quis cognovit sensum Domini, aut consiliarius ejus fuit*[4]? Ce grand Dieu voulait peut-être que ces vénérables Reliques, qu'il réservait dans les trésors de sa bonté pour d'autres temps, restassent ignorées et sans honneur public à une époque où des hommes encore plongés dans les ténèbres du paganisme, et toujours attachés à la lettre de la loi de Moïse qui était pourtant accomplie, auraient pu se méprendre sur la véritable doctrine, et croire que les chrétiens rendaient un culte de latrie à des objets matériels et vils en apparence. Et déjà ne les accusait-on point de se livrer à toutes sortes d'abominations superstitieuses? Or, il fallait prendre garde d'entraver la propagation de l'Évangile chez des hommes qui, étant encore remplis de préjugés et portés, par une pente naturelle à l'idolâtrie, n'auraient vu que le côté extérieur de notre sainte Religion, et n'en auraient pas pénétré l'esprit. Nous devons donc voir ici un dessein tout particulier de la profonde sagesse de Dieu, et respecter ce qu'il lui a plu de nous cacher et que notre raison bornée ne saurait sonder : « Si nous ne comprenons qu'avec peine les objets qui sont sur la terre, dit l'Écriture, si nous ne découvrons qu'avec difficulté ce qui frappe nos regards, qui pourra rechercher ce qui est dans les cieux [5] ? »

Maintenant, du défaut de monuments, sur notre sainte Tunique, pour les premiers siècles, l'impiété et la mauvaise foi voudront-elles inférer qu'elle est perdue et que c'est une chimère de prétendre la posséder encore aujourd'hui ? Mais d'abord l'impiété croit-elle seulement qu'elle ait existé ? Et en second lieu, si nous lui montrons, pour la suite du temps, des autorités solides, irréfragables, sera-t-elle satisfaite et se rendra-t-elle à l'évidence? Pas davantage. Les incrédules ne veulent que contredire, et les preuves ne leur servent à rien. Ne nient-ils pas les faits les plus importants et les mieux établis? ne trouvent-ils pas toujours de misérables subterfuges derrière lesquels ils cherchent à se retrancher et à tranquilliser une conscience qu'ils ne peuvent parvenir à étouffer, et qui, malgré tout, leur fait sans cesse entendre qu'ils se mentent à eux-mêmes, que c'est en vain qu'ils veulent s'aveugler, que la vérité est plus éclatante que le soleil qui les éclaire, et qu'elle les condamnera un jour? Nous n'avons donc pas à nous inquiéter de leurs sarcasmes. Malheureux insensés! ils renouvellent les scènes de dérision et d'outrages du Calvaire. Gémissons sur leur aveuglement, et rappelons-nous que notre divin Maître, attaché sur la croix, pria pour ses bourreaux : *Pater, dimitte illis; non enim sciunt quid faciunt*[6].

Notre-Seigneur a veillé sur vous, Tunique sacrée! Il n'a pas dû permettre que vous restassiez entre les mains de ses ennemis ni que vous fussiez profanée : cela nous suffit, et que son saint nom soit à jamais béni ! Heureux de vous posséder maintenant, toute notre ambition doit être de vous rendre de dignes hommages, et de vous vénérer toujours au milieu de nous, comme l'ouvrage des mains de Marie, comme le vêtement de son glorieux Fils, Notre-Seigneur.

CHAPITRE II.

La sainte Robe vénérée ostensiblement dans une ville de Galatie au VIe siècle.

En bonne critique, quand un fait, dont on ne connaît pas d'ailleurs positivement les commencements, se trouve appuyé plus tard par l'autorité d'auteurs graves et dignes de foi, on peut supposer, pour ce qui regarde le temps où il n'en est fait mention nulle part, ou que les monuments se sont égarés, ou que Dieu a eu un dessein tout particulier de tenir secret ces commencements, pour les révéler ensuite, lorsqu'il le jugerait nécessaire pour la gloire de son nom et le bien de ses enfants.

C'est ce que nous avons cherché à établir, avec quelque raison ce nous semble, dans le chapitre précédent, pour expliquer le silence des premiers siècles sur notre sainte Relique... Mais si le Seigneur a voulu tenir dans le secret, pour un certain temps, sa Tunique sacrée, nous le voyons la mettre en honneur après que son Église fut sortie triomphante des persécutions, et que maîtresse du monde, et le couvrant déjà de ses bienfaits, elle eut affermi ses fondements.

Ainsi, dès le ve siècle, la lumière se fait sur le point d'histoire qui intéresse notre piété. Une autorité grave et puissante va nous parler de notre précieux trésor; cette voix ne *peut se taire*, parce qu'elle n'est que l'écho fidèle d'autres voix qui se sont plu à célébrer la gloire de la Tunique du Sauveur, et cette voix est celle de saint Grégoire de Tours.

« Je ne puis taire, dit-il au *Livre des Miracles*[1], ce que certaines personnes m'ont appris touchant la Tunique de l'Agneau sans tache. Elles assurent qu'elle se conserve dans une ville de Galatie, dans l'église qu'on nomme les Saints-Archanges. Cette ville est à cinquante lieues, ou environ, de Constantinople, et il y a dans cette église une crypte fort secrète, où l'on garde avec beaucoup de dévotion ce vêtement qui est enfermé dans une châsse de bois que la piété des fidèles révère avec tout le respect qu'on doit à cette Robe, qui a l'avantage d'avoir touché de plus près le corps de Notre-Seigneur. »

On voit, d'après ce passage, qu'antérieurement à Grégoire de Tours, la sainte Robe était vénérée, puisqu'il déclare qu'il *ne peut pas taire ce que certaines personnes lui ont appris,* mais qu'elle l'était dans le *secret,* puisqu'elle était encore, en ce temps-là, renfermée dans une crypte fort cachée de cette église.

Le cardinal Baronius mentionne plus tard ce fait, et il s'appuie sur le témoignage de saint Grégoire de Tours.

Mais ici il s'élève une difficulté au sujet de la ville de Galatie, l'une des provinces de l'Asie-Mineure, dont parle saint Grégoire, et du nom de l'église qui possédait la sainte Robe. Voici cette difficulté.

L'historien Sozomène fait mention, dans son *Histoire ecclésiastique*[2], d'une église qui, dit-il, était sous Constantin un temple de Vesta, et qui fut dédiée, dans la suite, à saint Michel, et appelée de ce nom parce que l'archange saint Michel y apparaissait souvent et y opérait des miracles. Or, Gabriel de Gaumont, qui a donné une *Dissertation sur la sainte Tunique de Notre-Seigneur*[3], s'est cru autorisé à inférer de là que cette Église est précisément la même que celle dans laquelle Grégoire de Tours dit que notre Relique était conservée. Mais Dom Gerberon ne veut point admettre ce sentiment, et il donne pour raisons que l'église dont parle Sozomène n'était pas dans la Galatie; qu'il est surprenant que cet historien, qui s'est attaché à décrire les merveilles de cette église, n'ait rien dit de la sainte Robe; et qu'enfin il n'est guère probable que les fidèles aient placé une si précieuse relique dans un temple consacré à une fausse divinité[4].

Et après cette négation, le bénédictin voulant, dit-il, rechercher qu'elle est cette Église des Saints-Anges, où la sainte Robe a été cachée, jusqu'au commencement du VIe siècle, trouve que, dès la naissance de l'Église et dès le temps des apôtres, les chrétiens bâtirent plusieurs oratoires ou chapelles en l'honneur des Saints-Anges, et sous le nom de saint Michel; que dans la ville des Colossiens, proche de Laodicée, et qui s'appelle Cona, on avait une si grande dévotion aux Anges, que saint Paul fut obligé de leur en écrire pour en modérer l'excès ; que ces peuples, au dire de Théodoret, avaient bâti plusieurs Églises en l'honneur des Saints-Anges; et enfin il conclut à croire que c'est dans une de ces églises de la ville des Colossiens que dût être déposée et vénérée depuis la mort de Jésus-Christ, sa sainte Tunique.

Mais il nous semble que dom Gerberon n'éclaircit pas la difficulté, et qu'il ne fait que proposer un autre sentiment à la place de celui de Gabriel de Gaumont. D'abord, il ne prouve pas que l'église dont a parlé Sozomène n'appartenait point à la Galatie ; ensuite, si cet historien n'a pas parlé de la sainte Relique, c'est qu'elle n'y était sans doute point encore de son temps, et qu'elle n'y fut déposée qu'à l'époque de saint Grégoire de Tours, qui existait longtemps après Sozomène, et ceci détruit ce que semble faire entendre le bénédictin, que la Relique est demeurée dans le même lieu depuis le commencement de l'Église jusqu'au VIe siècle, car si elle n'était point dans cette église de Galatie du temps de Sozomène, il est évident qu'elle était ailleurs, et que ce fut une nouvelle translation lorsqu'elle y fut apportée à l'époque de Grégoire de Tours ; quant à ce qui est d'avoir déposé ce précieux trésor dans un temple consacré aux idoles, on peut bien penser que la sainte Robe n'y fut placée que lorsque ce temple, purifié des souillures du paganisme, eut été consacré au Dieu vivant et véritable.

L'auteur de la *Dissertation* nous paraîtrait donc fondé dans son sentiment. Et, après tout, pourquoi ne nous arrêterions-nous pas tout simplement au texte de saint Grégoire de Tours? Au reste, la dissidence qui existe entre nos deux auteurs n'est pas bien importante, puisque l'un, s'appuyant sur le récit de Grégoire de Tours, parle d'une ville de Galatie qu'il ne nomme pas, tandis que l'autre veut que ce soit une ville appartenant aux Colossiens, située dans la Phrygie, qui était voisine de la Galatie. Ainsi, que cette église ait été dans la Galatie, ou proche de cette contrée de l'Asie-Mineure, il n'y a pas grande difficulté ; et tout en nous résignant à ignorer le nom de la cité qui posséda notre sainte Relique, nous nous en tenons à ce que nous rapporte le docte et saint annaliste de Tours.

Ce qui importe le plus dans tout ceci, c'est d'avoir la certitude que notre sainte Relique était vénérée publiquement dès le commencement du VIe siècle : or, le passage que nous avons cité plus haut ne saurait permettre d'en douter...

Oui, ô Tunique sacrée ! vous suivre dans les diverses translations que le Seigneur vous a fait subir, ne jamais vous perdre de vue, voilà ce qui doit intéresser vivement notre piété. Que nous aimons à vous honorer dans cette Eglise des saints Archanges ! Combien les esprits célestes qui considéraient l'auguste Marie lorsqu'elle vous tissait de ses chastes mains, durent vous environner de gloire dans ce lieu béni qui leur était consacré !

CHAPITRE III.

De la ville de Galatie, la sainte Robe est transportée à Zaphat, et de là elle est solennellement transférée à Jérusalem.

Cependant la sainte Tunique ne fut pas longtemps conservée dans cette ville de Galatie ; semblable à la sainte Maison de Nazareth, que les Anges portèrent dans divers lieux avant que le Seigneur l'eût définitivement fixée dans les États Romains[1], notre précieuse Relique fut transférée dans plusieurs endroits, sans doute pour les bénir et les protéger.

Saint Grégoire de Tours nous rapporte encore[2], comme le tenant d'un évêque emmené captif, que le roi des Perses fit une invasion dans l'Arménie, vers l'an 590; qu'il brûla les villes, saccagea et pilla les églises, et que la ville de Galatie, dont nous avons parlé, fut aussi comprise dans ces ruines.

Heureusement que l'on eut le temps de sauver, du milieu de cette cruelle irruption, la Robe du Sauveur. On la transporta, au dire de Sigebert[3], dans une petite ville de la Palestine, nommée Zaphat, et qui n'est autre que celle que l'on appelle aujourd'hui Jaffa, où elle demeura cachée dans un coffre de marbre, et inconnue jusqu'à l'année 594.

A cette époque Dieu voulut de nouveau qu'elle fût glorifiée, et qu'elle sortît de l'oubli : à cet effet, Celui qui commande à la nature, et à la voix duquel toutes choses obéissent, permit un miracle.

Un nommé Simon, Juif de nation, tenait cachée, nous ne savons trop pour quel motif, la sainte Relique. Pris tout à coup de violentes douleurs, cet infortuné ne savait que faire pour en obtenir la cessation. Elles lui duraient depuis quinze jours, et elles devenaient intolérables, lorsqu'il songea à découvrir sa fraude. Il écouta en effet cette voix intérieure, déclara que la sainte Robe était renfermée dans un coffre de marbre, et sur l'heure ses douleurs le quittèrent.

Ce fait est attesté par un grand nombre de témoignages. Nous citerons Fredegaire[4], qui écrivit sa *Chronique* vers l'année 760, et qui le rapporte fort au long ; Aimoin[5], qui nous apprend que cette nouvelle se répandit dans toute la France : *Fama per totos Francorum divulgavit fines Tunicam Domini Nostri Jesu-Christi ;* Herman et Sigebert, dans leurs *Chroniques*[6]. Le cardinal Baronius n'a pas omis ce fait : il dit seulement qu'il ne l'a vu dans aucun auteur plus ancien que Sigebert, ce qui est une grande erreur de la part d'un si savant homme, puisque, ainsi que le remarque justement Dom Gerberon[7], Fredegaire, Aimoin et Herman en avaient fait mention avant Sigebert.

Nous arrêterons-nous davantage sur un fait aussi bien appuyé, et qui cependant scandalisera certains esprits rebelles ? Mais de quoi ne se scandalisent point nos prétendus raisonneurs ? Nous ne saurions pas plus douter de ce prodige que des autres, surtout lorsque nous nous rappelons cette parole de l'Ange : « Rien n'est impossible à la puissance de Dieu[8]. »

Toujours est-il constant que cette découverte miraculeuse donna lieu à une assemblée des prélats de l'Orient, et qu'on y décida que le saint Vêtement serait solennellement transporté à Jérusalem.

On se prépara à cette cérémonie par un jeûne de trois jours ; lorsque ce temps fut écoulé, Grégoire, patriarche d'Antioche, Thomas, patriarche de Jérusalem, et Jean, patriarche de Constantinople, s'assemblèrent ; d'autres évêques se joignirent à ces vénérables pontifes, et cet illustre cortége, suivi d'une foule innombrable de peuple, se rendit à Zaphat ou Jaffa, et de cette ville il transporta, en chantant les cantiques sacrés, la Tunique du Sauveur jusqu'à Jérusalem. Elle était enfermée dans ce coffre de marbre dont nous venons de parler, et au rapport de tous les auteurs qui font mention de cette translation solennelle [9], il paraîtrait que, par un miracle insigne, ce coffre fut aussi léger, pendant ce trajet, que s'il eût été de bois : *Ipsamque marmoream arcam, tam levem esse redditam ac si fuisset lignea* [10].

Arrivés à Jérusalem, les évêques déposèrent, avec beaucoup de respect, la sainte Tunique dans le lieu où l'on adore la Croix de

Jésus-Christ : *In loco crux dominica veneratur, posuerunt cum ipsâ in quâ priùs fuerat arcâ marmoreâ* [11]. Et après avoir accompli cette pieuse mission, ils se retirèrent, louant et bénissant Dieu, qui leur avait accordé la faveur de placer en lieu sûr et convenable la Robe sans tache du divin Rédempteur.

Cité de David, quelle dut être votre joie, lorsque vous revîtes le saint Vêtement du Sauveur! Quand ce bon Maître, plein de mansuétude, traversait vos rues, qu'il guérissait vos malades par le simple attouchement de ses habits, qu'il faisait marcher vos paralytiques, qu'il ressuscitait vos morts, qu'il consolait vos pauvres et vos affligés, et que, semblable à la poule remplie de sollicitude, qui appelle ses petits sous ses ailes pour les réchauffer, il voulait rassembler tous vos enfants pour leur procurer la paix et le salut [12], vous ne le vouliez pas, et vous méprisiez ses bienfaits! Vous le vîtes un jour passer, et il était couvert d'ignominie, et sa Robe était couverte de son sang, et vous ne trembliez point! et aucun de vos enfants ne se levait pour venger les outrages faits au

plus aimable et au meilleur des maîtres !..
Mais aujourd'hui, ô sainte Cité ! instruite
des grandes vérités de la foi, touchée par vos
malheurs, vous ouvrez avec joie vos portes
pour laisser entrer cette même Robe ; vos
enfants poussent des cris d'allégresse, ils
veulent tous vénérer le trésor qu'on leur
apporte, et ils placent notre glorieuse Tunique avec honneur auprès de la Croix de Jésus-Christ, auprès de cette Croix adorable,
dont elle fut la compagne lorsqu'il était sur
la terre !

Soyez donc bénie, ô Jérusalem, soyez bénie ! Vous êtes la plus riche d'entre les cités ;
vous possédez les glorieuses dépouilles du
Roi des Rois, du Seigneur des Seigneurs ; ce
sont là les trophées de sa victoire, ce sont les
précieux gages de notre salut. Réjouissons-nous ! Un jour nous verrons cette Croix environnée de splendeurs, cette Robe plus éclatante que les rayons du soleil : *O Mirandum vestimentum ! O crux ! ave, spes unica !* Ce
sera le séjour de la céleste patrie, où règnent
tous les Saints !

CHAPITRE IV.

Dans quel lieu la sainte Tunique fut-elle déposée à Jérusalem ?

———

Les trois patriarches de l'Orient déposèrent la sainte Tunique *dans le lieu* où l'on adore la croix de Jésus-Christ : lieu vénérable et cher aux fidèles, lieu auguste qui possédait le signe de notre rédemption, et où la Robe de l'Agneau sans tache était bien digne d'être placée.

Ce fait est tout naturel, et il semble que l'on devrait s'en tenir à cette version : En quel lieu plus convenable pouvait-on déposer le Vêtement du Sauveur ? N'est-il pas d'une piété vive et éclairée, d'honorer, le plus possible, une Relique précieuse ? Et quel objet était plus cher aux chrétiens, après la Croix, que la Tunique sans couture ?... Cependant, comme ces mots : « Elle fut déposée, avec le coffre de marbre, dans lequel elle avait été auparavant : *Cum ipsâ in quâ priùs fuerat, arcâ marmoreâ*, peuvent s'interpréter de différentes manières, et que certains auteurs en ont inféré que la sainte Tunique, toujours renfermée dans ce coffre de marbre, avait été simplement déposée dans le *trésor* (c'est-à-dire lieu où l'on renferme les objets précieux, les vases sacrés, les reliques), à côté du reliquaire qui contenait la vraie Croix, nous devons nous arrêter un peu sur ce point, et chercher à l'éclaircir.

Nous pensons que cette expression :« la Tunique *fut placée avec le coffre de marbre où l'on adorait la sainte Croix,* » doit s'entendre du reliquaire même de la croix, et non du *trésor :* voici les raisons que nous apportons en preuve de ce sentiment.

Le mot *avec* fait assez entendre, nous semble-t-il, que la Tunique était retirée du coffre de marbre dans lequel on l'avait apportée solennellement après un jeûne de trois jours ; et, comme il n'est fait mention nulle part qu'on lui fit une châsse particulière, il s'ensuit qu'elle dut être placée dans le reliquaire où était la sainte Croix. Il est probable, sans doute, que l'on garda le coffre de marbre avec respect parce qu'il avait touché le saint Vêtement, et qu'on le plaça dans le trésor : c'est, au reste, ce que fait entendre Grégoire de Tours [1].

Quant au reliquaire, il ne contenait pas la Croix tout entière. Depuis sainte Hélène, plusieurs églises s'étaient enrichies de quelques parcelles de cet instrument du supplice de Notre-Seigneur. Mais la plus considérable partie y était renfermée, ainsi que le rapporte Nicéphore dans son *Histoire ecclésiastique* [2]; et cette partie n'était pas d'une seule pièce, selon Suidas [3], mais de plusieurs morceaux, en sorte que ce reliquaire pouvait bien être un coffre dans lequel on put aisément placer la précieuse Tunique.

En second lieu, ce qui prouve surtout notre assertion, c'est que, lors de la prise de la cité sainte par Chosroès II, vers l'an 614, ainsi que nous allons le dire, on ne fait point mention de notre Relique parmi toutes celles qui furent emportées, et que, quand la sainte Croix fut rendue, l'empereur Héraclius ne la réclama point. Or, d'où vient ce silence sur un objet aussi précieux, et qui était assez considérable pour n'être point oublié, si ce n'est parce que la Croix et la Tunique étaient ensemble? Le sceau qui était apposé sur le reliquaire n'avait point été brisé [4] pendant la prise de Jérusalem et durant la captivité ; et si après ces épreuves terribles que le roi persan fit subir à la cité déicide et aux fidèles chrétiens, on ne parla que de la Croix, c'est qu'elle était la principale relique, et que plusieurs pouvaient bien ignorer, au reste, que la Tunique du Fils de Dieu lui avait été unie.

Si maintenant nous invoquons la liturgie qui concerne la sainte Relique, et dont nous parlerons un peu plus loin d'une manière spéciale, nous trouverons dans le Graduel de la messe que l'on chantait au jour de la translation de la glorieuse Tunique, la confirmation de ce qui précède. Voici le texte de ce Graduel que nous traduirons à la fin de ce chapitre, et que nous aimerons à redire à la louange de notre sacré Vêtement :

Laudes jubilationis divinitati unica resonemus harmonice in die translationis inconsutilis Tunicæ : nam salutis condimentum et iter est sanitatis, claritatis dat argumentum; comes quoque fuit Crucis [5].

Oui, elle fut aussi la compagne de la Croix, la Tunique du sauveur Jésus : *comes quoque fuit Crucis.* Non-seulement elle fut apportée au même lieu où a été la Croix, et déposée avec ce signe de notre rédemption dans le même reliquaire, mais encore elle fut réellement la compagne de la Croix lorsque le Fils de Marie monta au Calvaire : *comes quoque fuit Crucis ;* c'est au pied de la Croix que ce divin Rédempteur fut dépouillé de sa Robe sans tache ; c'est de cet autel du sanglant sacrifice qu'elle fut enlevée par les soldats : *comes quoque fuit Crucis ;* enfermée avec la Croix, elle eut à subir les mêmes vicissitudes, et le Seigneur la protégea également ; elle suivit ce bois sacré dans tous les lieux où il fut porté : *comes quoque fuit Crucis ;* comme la Croix, on la déroba à la fureur et à l'aveuglement des infidèles et des ennemis de la foi ; comme la Croix, on la garda religieusement pour des temps meilleurs et plus calmes : *comes quoque fuit Crucis.* Aussi l'Église a-t-elle toujours gardé le souvenir de cet heureux accompagnement, et nous voyons [6] que, lors d'une procession solennelle qui fut faite dans Paris à neuf siècles de là, c'est-à-dire en l'année 1534, on fit apporter la Tunique pour être, avec le bois de la vraie Croix, la Couronne d'épines, et beaucoup d'autres reliques que possédait alors la Sainte-Chapelle, portée triomphalement et exposée à la vénération des peuples. Heureuse cité qui pouvait montrer au monde les trésors dont on l'avait enrichie ! Heureux fidèles qui pouvaient environner de respect et d'amour ces chers trophées de la victoire du divin Vainqueur, faire entendre leurs cris de joie, et dire avec le prophète : *Exultemus Domino : jubilemus Deo salutari nostro. Præoccupemus faciem ejus in confessione, et in psalmis jubilemus ei.* Réjouissons-nous dans le Seigneur : chantons la gloire de Dieu, notre Sauveur. Présentons-nous devant lui en célébrant ses louanges, et chantons avec joie des cantiques à son honneur [7] ! »

Toutefois ces preuves si simples que nous venons d'apporter pour établir que la Tunique fut renfermée *avec* la Croix, ont été rejetées par dom Gerberon [8]. Il allègue pour motifs qu'il n'est point fait mention de cette translation commune de la Tunique avec la Croix dans tous les lieux où cette dernière fut transportée, et qu'il est plus sûr de croire que la Relique demeura dans Jérusalem, jusqu'à ce qu'elle fut apportée en France.

Mais il nous semble qu'ici encore le docte bénédictin ne fait que proposer un autre sentiment sans l'appuyer d'aucune autorité.

Nous avons déjà expliqué le silence que l'on a gardé sur la réunion de la Croix avec la Tunique. Si les annalistes n'ont point parlé de cette translation commune, c'est, encore une fois, qu'ils n'avaient à s'occuper que de la Relique principale. Ils n'ont pas mentionné les autres reliques, nous l'avouons, mais est-ce à dire que la Croix était seule ? Combien de faits, de détails, sont négligés par les écrivains, et qui n'en existent pas moins : l'histoire générale ne peut tout contenir, et c'est aux histoires particulières à relater les moindres circonstances qui peuvent intéresser le sujet dont elles s'occupent spécialement.

Mais, outre que l'hésitation de dom Gerberon est sans fondement, elle tend à nous obscurcir la connaissance de la Relique pendant un espace de temps assez considérable. En effet, il est certain, au rapport de Zonare [9], qu'à l'époque de la prise de Jérusalem par Chosroès II, en l'année 614, les saints lieux furent cruellement ravagés, les reliques et les vases sacrés enlevés. Or, si la Tunique n'avait point été réunie à la Croix, et emportée avec elle, comment savoir ce qu'elle devint pendant ces ravages, et comment expliquer qu'elle fût rendue et rapportée à Jérusalem ? Si elle est demeurée dans cette ville, elle a été nécessairement enveloppée dans ses ruines, et alors, dans cette hypothèse, elle aurait été à jamais perdue...

Le sentiment de dom Gerberon n'est donc pas soutenable. Il ne ferait que jeter dans de graves embarras sur ce point, et c'est bien plutôt lui qui *entraînerait dans des suites qu'il ne serait pas aisé de développer.* Nous n'hésitons donc pas à dire avec Gabriel de Gaumont, qui réfute dans sa *Dissertation* [10] le savant bénédictin, que la Tunique ne fut point séparée de la Croix; et nous prenons ces mots : *comes quoque fuit Crucis* dans le sens littéral. D'ailleurs la suite des faits nous le fera comprendre, et nous confirmera dans cette interprétation.

Nous vous saluons, ô Robe sainte! comme la compagne de la Croix du Sauveur. Chrétiens! « faisons retentir harmonieusement les louanges de Dieu ; glorifions-le avec joie en ce jour solennel de la translation de la sainte Tunique sans couture ; regardons-la comme le symbole de notre bonheur, et comme une marque précieuse de notre rédemption : elle peut nous servir efficacement pour la santé du corps et de l'âme ; elle est une livrée d'honneur pour nous ; on l'a aussi précieusement conservée avec le sacré bois de la Croix, elle en a été la compagne. »

CHAPITRE V.

De Jérusalem la sainte Robe est emportée en Perse; elle est rapportée dans la Cité sainte, et transférée deux fois à Constantinople.

Reprenons les faits dont nous avons interrompu l'exposé pour rechercher dans quel lieu la Tunique de Notre-Seigneur Jésus-Christ avait été déposée à Jérusalem.

Ce fut donc en l'année 594 que Grégoire d'Antioche, Thomas de Jérusalem et Jean de Constantinople la transportèrent solennellement dans la ville royale, où elle demeura renfermée dans le *trésor* avec la vraie Croix, jusque vers le commencement du VIIe siècle.

Alors les rois barbares ravageaient la terre. Ils étaient, sans le savoir, entre les mains de Dieu, les instruments de sa justice ou de sa miséricorde. Ils punissaient les coupables, et ils éprouvaient les fidèles par les maux dont ils les accablaient : leurs conquêtes ouvraient les voies à la civilisation et aux vérités de l'Évangile. Nous devons toucher rapidement aux points de l'histoire profane et de l'histoire ecclésiastique qui sont liés à notre sujet.

Chosroès II ou Khosrou était assis sur le trône de Perse. Héraclius, empereur chrétien, qui avait détrôné Phocas, tyran d'Orient, homme débauché, cruel et sanguinaire, était en de mauvais rapports avec Chosroès. Cependant l'empereur romain lui fit demander la paix, en lui représentant qu'il n'avait aucun juste sujet de faire la guerre. Pour toute réponse, le roi Perse envoie une armée formidable en Palestine ; ses troupes prennent Jérusalem, brûlent les églises, massacrent les clercs, les moines, les religieuses et les vierges, vendent aux juifs tous les chrétiens qu'ils font prisonniers, et emmènent captif le vénérable patriarche Zacharie [1] !

Dans toutes ces ruines que deviennent la vraie Croix, les autres reliques et notre saint

Vêtement ? Ces précieux objets sont enlevés et emportés en Perse; et l'impitoyable vainqueur jure qu'il « n'accordera la paix à l'empereur et à ses sujets, qu'à la condition qu'ils renonceront à Jésus-Christ et qu'ils adoreront le soleil, la divinité des Perses! » Ceci arriva en l'année 614.

Nous ne savons pas quel fut le sort de la Croix et de la Robe du Sauveur dans le pays des infidèles : ce qu'il y a de certain, c'est que Dieu veilla sur ces reliques.

En effet, Héraclius indigné des ravages du prince barbare et ne pouvant plus supporter ses insolences, marcha contre lui et le défit en plusieurs rencontres, depuis l'année 622 jusqu'en 627. A cette époque Chosroès poursuivi jusque dans ses États, y trouva Syroès son fils aîné, qu'il avait voulu déshériter. Syroès l'ayant fait enfermer dans une dure prison, juste châtiment de ses cruautés, fit la paix avec Héraclius et lui rendit le bois de la vraie Croix et les autres reliques.

Le pieux empereur, plein de joie, emporta en la même année 627 [2], ces précieuses dépouilles à Constantinople, où il fit son entrée avec la plus grande magnificence. Mais, pensant que le véritable lieu où devaient être déposées ces reliques était la ville qui les avait déjà possédées, et où le Sauveur les avait consacrées par son sang, Héraclius s'embarqua pour la Palestine, dans les premiers mois de l'année 629, ayant le dessein de venir rendre à Jérusalem ses trésors. Il voulut environner cette cérémonie de la pompe la plus éclatante, et se charger lui-même du précieux fardeau de la Croix. Mais il se sentit arrêté tout à coup, et dans l'impossibilité d'avancer. Le patriarche Zacharie de retour en Perse, lui ayant représenté que cette pompe ne s'accordait pas avec l'état d'humiliation où était le Fils de Dieu lorsqu'il porta sa Croix dans les rues de Jérusalem, l'empereur quitta aussitôt ses vêtements d'honneur, sa couronne, sa chaussure, et dans cet état d'humilité et de pauvreté, il accomplit sans peine son pieux dessein.

Notre Tunique, compagne inséparable de la Croix : *comes quoque fuit Crucis*, fut, de même, reportée solennellement à Jérusalem. On célébra comme un jour de fête celui où l'instrument de notre salut avait été remis à sa place : c'est l'origine de la fête de l'*Exal-*

tation de la sainte Croix, célébrée par les Grecs et les Latins le 14 septembre[3]. Un jour la Tunique sans couture doit être aussi vénérée publiquement, et reposer enfin dans un lieu stable : ce sera le privilége d'une église, heureuse et fière entre toutes, de posséder cette sainte Tunique. C'est, d'un côté, la célébration du triomphe général de la Croix, sur toutes les pompes et les puissances du monde, et qui rappelle cette époque si glorieuse à l'Église, où les empereurs si longtemps acharnés contre la Croix s'avouèrent à la fin vaincus, déposèrent les armes, et devinrent les défenseurs et les adorateurs de cette même Croix[4]. De l'autre côté, ce sera, dans la suite des âges, une fête continuelle en l'honneur de la Tunique, un pèlerinage cher aux pieux chrétiens à cause du trésor qu'il possédera, et qui y sera environné d'honneur et de gloire. Le triomphe de la Croix a été célébré dès les premiers siècles, il est célébré chaque année dans toutes les églises, et ce n'est qu'à certaines époques que la Croix est présentée à notre adoration : maintenant que les desseins de Dieu sur le saint Vêtement de son divin Fils sont accomplis, c'est tous les jours, c'est à tous les instants que nous pouvons aller au béni pays d'Argenteuil, nous reposer à l'ombre de cette Robe et lui rendre nos hommages.

Mais n'anticipons pas sur les récits de l'histoire... Héraclius était satisfait d'avoir restitué à la cité de David les reliques que d'aveugles barbares en avaient arrachées. Malheureusement sa joie toute chrétienne et qui est un des beaux titres à sa louange, fut de courte durée. Ce prince, ayant lieu de craindre que d'autres ennemis ne vinssent de nouveau assiéger Jérusalem, reprit ces saintes reliques, et les rapporta, pour la seconde fois, à Constantinople. Il ne s'était point trompé dans ses appréhensions, car l'infortunée Jérusalem, que Dieu voulait toujours punir, fut prise par les Sarrasins vers l'an 633, et demeura en leur pouvoir jusqu'à la fin du xie siècle.

Que seriez-vous devenue, Robe sans tache, si, au milieu de ces guerres et de ces ravages continuels, le Seigneur n'avait permis qu'un prince pieux eût soin de vous conserver? Béni soit ce prince! Il ne vous a point séparée de la Croix ; vous l'avez suivie dans toutes ces vicissitudes; vous avez été renfermée avec le bois sacré sur lequel est mort notre divin Maître. *O mirandum vestimentum ! O crux ! ave, spes unica !* Ah ! puissions-nous aussi suivre la voie royale de cette Croix glorieuse ; puissions-nous nous y attacher avec amour, et nous écrier, dans nos peines et dans nos épreuves, avec saint André : « O douce Croix ! si longtemps désirée, et préparée maintenant pour cette âme qui la souhaitait ardemment ! »

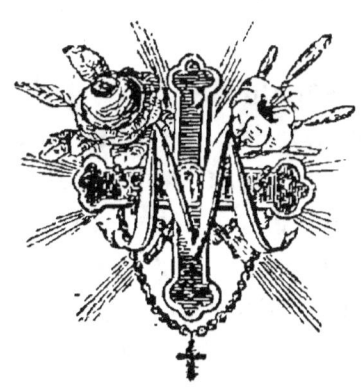

CHAPITRE VI.

La sainte Robe est conservée à Constantinople jusqu'au commencement du IXe siècle.

Tout nous porte à croire que la sainte Tunique apportée pour la seconde fois à Constantinople par Héraclius, en 632, y demeura tranquille l'espace d'un siècle et demi, et qu'elle y reçut, avec les autres reliques que l'on gardait précieusement, les hommages des pieux fidèles.

Nous ne lisons nulle part qu'après cette deuxième translation à Constantinople, les saintes reliques dont nous nous occupons aient été emportées ailleurs avant les IXe et Xe siècles. Il est incontestable qu'à ces époques plusieurs églises s'enrichirent de quelqu'une de ces reliques; mais puisque les historiens ne font pas mention de nouvelles translations pendant la fin du VIIe siècle et les commencements du VIIIe, il nous semble que nous pouvons, en bonne critique, conclure de leur silence que les reliques qu'Héraclius avaient transportées à Constantinople, y demeurèrent un long espace de temps, c'est-à-dire jusqu'au IXᵉ siècle; d'ailleurs, une charte de concession de reliques faite au roi saint Louis, en l'année 1247, pour la Sainte-Chapelle, nous montre qu'il y en avait une grande quantité dans Constantinople à l'époque dont nous parlons, et qu'elles y avaient été conservées longtemps.

On peut inférer du silence des annalistes, que ces saintes reliques demeurèrent plus d'un siècle à Constantinople. Mais la Tunique de Jésus était-elle réellement parmi ces reliques ? Comment pourrait-on en douter encore ? Il est vrai que les historiens, en mentionnant les différentes translations, ne parlent que de la Croix ; mais outre qu'ils ne pouvaient parler que de cette Relique, parce qu'elle était la principale, et celle dont ils avaient à s'occuper spécialement, ainsi que nous l'avons déjà fait remarquer au chapitre IV de ce 2ᵉ livre, il n'est pas possible de supposer que le pieux Héraclius, dans l'appréhension où il était de voir bientôt la ville de Jérusalem de nouveau prise et saccagée, ait négligé et abandonné tout ce qu'il y avait de précieux dans le *trésor*, pour n'emporter que le bois de la vraie Croix. Sans doute c'était là l'objet le plus précieux; mais la Tunique du Sauveur, mais les clous, la couronne d'épines et les autres reliques pouvaient-elles être indifférentes au cœur d'un prince chrétien, et pouvait-il les oublier lorsque d'ailleurs elles étaient *réunies?* Faire une semblable supposition, ce serait proposer un sentiment plus difficile à admettre que toutes les pieuses conjectures que l'on pourrait avancer, ce serait vouloir nous disputer la possession du sacré Vêtement du Sauveur et soutenir que ce divin Maître n'a point veillé à sa conservation, ce qu'il n'est pas permis de penser un seul instant.

Une autre considération, qui nous confirme dans la croyance que la Tunique sans couture (nous n'avons à parler que de cette Relique) demeura plus d'un siècle à Constantinople, c'est que l'espace de temps dont nous parlons était l'époque des plus beaux jours de l'Église en Orient. C'était l'époque des grands saints, des illustres solitaires. De saints conciles s'assemblaient pour régler les choses spirituelles ; les lumières de l'Évangile pénétraient partout ; les plus sages et les plus utiles institutions se fondaient ; le culte pouvait déployer ses pompes majestueuses ; les richesses de l'Orient étaient employées à orner les temples, et nul doute que les Chrétiens n'aient décoré le sanctuaire où reposait la Robe du sauveur Jésus, et qu'ils se soient empressés à lui rendre leurs hommages : nouvelle preuve, pour le dire en passant, de l'antiquité du culte des reliques.

Il y avait longtemps au reste qu'on les honorait dans l'Église de Jésus-Christ ; et, pour répondre aux protestants qui ne craignent pas de nier ce fait, et qui nous font un crime du culte que nous rendons aux reliques, nous leur rappelerons que le saint concile de Trente a décidé, contre eux, qu'elles doivent être honorées par les fidèles, et qu'il fonde sa décision sur l'usage établi depuis les premiers temps du christianisme, sur le sentiment des Pères des premiers siècles, et sur les décrets des conciles[1] ! Mais si l'on rendait des hommages aux reliques dès les premiers siècles de l'Église, il est juste d'ajouter que les fidèles étaient obligés de se cacher et de refouler dans leurs cœurs les pieux élans qu'ils auraient voulu manifester hautement. Les chrétiens de Constantinople, au contraire, pouvaient, à l'époque où nous sommes, donner un libre cours à leur piété, et témoigner leur amour au saint Vêtement que Marie avait fait elle-même. Ils pouvaient rendre raison de leur foi et de leur espérance, suivant le conseil de l'Apôtre : *Dominum Christum sanctificate in cordibus vestris*, dit saint Pierre; *parati semper ad satisfactionem omni poscenti vos rationem de eâ quæ in vobis est spe* [2]; ils pouvaient enfin honorer publiquement les vénérables dépouilles de la foi. Aussi, heureux des reliques qu'ils possédaient, ils les environnaient de respect; préposés, en quelque sorte, à leur garde, ils les auraient défendues au prix de leur propre vie... Il n'y eut que l'ardente charité dont ils étaient saintement animés, qui put les déterminer à les abandonner et à les laisser partir pour d'autres contrées, car « la charité est généreuse : *caritas non quærit quæ sua sunt* [3] ?... »

Que de saints trésors nous ont légués nos frères d'Orient, guidés qu'ils étaient par ces nobles sentiments ! C'est d'eux que nous tenons les reliques dont la plupart de nos églises sont enrichies aujourd'hui. Ce sont eux qui nous ont donné ces précieux restes des martyrs, des vierges, des illustres confesseurs, de tous les âges et de tous les siècles de l'Église, et dans lesquels le Très-Haut se plaît à manifester sa puissance et sa gloire : *mirabilis Deus in sanctis suis* [4]. Enfin c'est de Constantinople que la Robe de Notre-Seigneur Jésus-Christ va nous être généreusement envoyée.

Nous vous attendons, Tunique sacrée ! venez au milieu de nous ; vous êtes toute belle, et il n'y a point de tache en vous : *Tota pulchra es... et macula non est in te* [5] ? Venez du Liban, vous serez couronnée ; venez du mont d'Amana, du haut des monts de Sanir et d'Hermon. Vous avez été entre les mains des infidèles. Oh ! fuyez, fuyez ces contrées, ces cavernes des lions, et les montagnes des léopards ; venez au milieu de nous : *Veni de*

Libano, veni : coronaberis, de capite Amana, de vertice Sanir et Hermon : de cubilibus leonum, de montibus pardorum [6] ; nous vous attendons ; venez illustrer cette terre de France ; la Croix y viendra un jour, vous serez environnée d'honneur, et le divin Jésus renouvellera, par vous, les merveilles de son infinie bonté.

LIVRE TROISIÈME.

HISTOIRE DE LA SAINTE ROBE DEPUIS CHARLEMAGNE, JUSQU'A LA FIN DU XVIIIe SIÈCLE.

CHAPITRE PREMIER.

De Constantinople la sainte Robe passe dans les Gaules; — Charlemagne; — Monastère d'Argenteuil.

La Tunique de Notre-Seigneur Jésus-Christ eut à subir, comme nous l'avons vu jusqu'ici, plusieurs translations. Abritée à l'ombre de la Croix, elle partagea ses honneurs et ses humiliations; elle la suivit de Jérusalem au pays des infidèles, de la Perse à Constantinople, de là encore dans la cité sainte, et enfin jusqu'à ce qu'elle fût déposée de nouveau et placée en lieu sûr, dans la ville de Constantin par l'empereur Héraclius. Mais au milieu de ces vicissitudes, et malgré les inondations des barbares et les ravages de la guerre, nous avons vu notre sainte Relique conservée intacte et presque toujours honorée. Assurément cette conservation ne fut point l'ouvrage des hommes ; elle ne put avoir lieu que par un miracle de la toute-puissance divine : « *A Domino factum est istud, et est mirabile in oculis nostris... Digitus Dei est hic* : C'est le Seigneur qui a fait ces merveilles que nous admirons : le doigt de Dieu est évidemment ici[1] ! »

De Constantinople la sainte Robe passa au pays des Gaules, suivant une tradition solidement établie, et c'est à Charlemagne que nous devons de posséder ce trésor. Ici les faits se pressent et vont redoubler d'intérêt. Mais avant de les retracer, nous devons consacrer quelques lignes au héros immortel qui joue un si grand rôle dans l'histoire de notre Relique.

La civilisation chrétienne allait aussi s'étendre jusque dans l'Occident. L'Éternel donna à cette contrée un homme au puissant génie, à l'âme grande et magnanime, qui devait tout renouveler, et être redevable de ses conquêtes et de toute sa gloire à la religion de Jésus-Christ dont il devait écouter et suivre fidèlement les salutaires et sublimes inspirations... Cet homme est Charlemagne.

Il naît vers l'an 742. Après la mort de son père, la Neustrie, la Bourgogne et l'Aquitaine lui échoient en partage, et après celle de Carloman, son frère, en 771, il est reconnu roi de toute la monarchie française. Les premières années de son règne sont employées à faire la guerre. Maître de la France, de l'Allemagne et de l'Italie, il marche en triomphe vers Rome, se fait couronner empereur d'Occident par le pape Léon III, l'an 800, et renouvelle l'empire des Césars, éteint en 476 dans Augustule. On le déclare César et Auguste ; on lui décerne les ornements des anciens empereurs romains, surtout l'aigle impériale. Depuis Bénévent jusqu'à Bayonne, et de Bayonne jusqu'en Bavière, tout est sous sa puissance. Aussi est-il l'admiration de tous les princes, la terreur des ennemis de la vérité. Irène, impératrice d'Orient, cherche à l'épouser dans l'intention de réunir les deux empires ; mais une révolution subite, ayant précipité du trône cette princesse, fait évanouir ses espérances.

Vainqueur partout, Charlemagne s'applique à policer ses états, à faire fleurir les lettres, les sciences et les arts; il établit dans toutes les églises des écoles et des séminaires, et il s'adonne lui-même à l'étude. « Son exemple, dit un auteur moderne [2], ranima, vivifia tout, et chacun s'empressa d'acquérir des connaissances. Cette émulation devint générale, et avança beaucoup les progrès des études; celle de la religion surtout, qu'il fallait puiser dans les sources de l'Écriture sainte, et dans les écrits des premiers Pères de l'Église, fut couronnée par les plus grands succès. A mesure que la vérité répandait sa lumière, les belles-lettres et les bonnes mœurs qui en sont la suite, reprenaient leur vigueur; car, malgré des traits impies lancés de nos jours contre le Christianisme par une audacieuse philosophie, elle est forcée d'avouer en secret que c'est cette religion sainte qui nous a tirés de la barbarie, en adoucissant nos mœurs; qui a éclairé nos esprits, en soumettant notre raison, et qui unit tous les hommes, non par les nœuds vains et légers d'une orgueilleuse bienfaisance, mais par les liens si doux et si chers de la charité. »

Les églises sont surtout l'objet de la sollicitude de ce grand prince. Il s'applique à les orner, à régler les cérémonies du culte, et à faire revivre la magnificence du chant. Ses immortels *Capitulaires* et ses *Lettres* témoignent de sa sagesse profonde et de sa haute piété. Sa plus douce satisfaction est de recueillir avec soin et amour les reliques, et d'en enrichir les temples du Seigneur, et les monastères qu'il dote aussi de revenus, et dont il encourage la fondation [3]. Rien n'échappe à son génie : ni les besoins spirituels, ni la gloire temporelle de son empire. Maître absolu de ses peuples, il met son bonheur à en être le père, et il goûte le plaisir de voir qu'il en est aimé. Vaste dans ses desseins, simple dans l'exécution, personne ne possède à un plus haut degré l'art de faire les plus grandes choses avec facilité, et les plus difficiles avec promptitude. Encore plus redoutable aux ennemis de la religion qu'à ceux de l'État, il est l'implacable fléau de l'hérésie et du vice, le protecteur le plus zélé aussi bien que l'enfant le plus soumis et le bienfaiteur le plus libéral de l'Église. Ses victoires sont pour elle des conquêtes, et le fruit le plus doux qu'il recueille de tant de combats, c'est d'étendre le royaume de Jésus-Christ à proportion qu'il étend le sien [4].

Tel fut Charlemagne. Sans doute que quelques taches ternirent les commencements de sa vie, mais il sut ensuite les effacer par la pratique de toutes les vertus. Il mourut en 814, comblé de gloire et riche devant Dieu des plus éminentes qualités. Plusieurs églises l'honorent comme un saint [5], et l'authenticité de ses précieux restes qui vient d'être constatée à Aix-la-Chapelle, réjouit les amis de la religion et de la patrie [6].

Un prince aussi pieux ne pouvait que propager autour de lui la foi dont il était rempli. Plusieurs hauts seigneurs, suivant ses inspirations, se retirèrent dans la solitude pour y servir Dieu plus fidèlement; et il eut même la consolation de voir des membres de sa famille embrasser l'état religieux. Théodrade sa fille, et Gisèle sa sœur s'étaient consacrées à Dieu dans le monastère d'Argenteuil. « Charlemagne, est-il dit dans l'*Histoire de Navarre* [7], n'avait qu'une sœur, laquelle, dès ses jeunes ans, se voua du tout au service de Dieu en l'abbaye d'Argenteuil, à deux lieues de Paris, où elle vécut religieuse, et mourut saintement, ainsi que nous l'apprenons d'Eginhar, en sa Chronique : *Erat ei soror unica, nomine Gisla, a puellaribus annis religiosæ conversationi mancipata, quam ut matrem magnâ coluit pietate, quæ etiam paucis ante obitum illius annis in eo, in quo conversata est, monasterio obiit* [8]. »

Ce monastère, ou abbaye, avait été fondé, vers l'an 660, par un riche seigneur nommé Ermenry et Numma sa femme, tous deux d'une éminente piété; ils l'avaient affilié à l'abbaye de Saint-Denis, que le roi Dagobert avait fait bâtir en l'année 636 [9], et le roi Clotaire III en approuva l'établissement vers l'an 665. Une ancienne charte nous apprend que ce monastère était placé sous le vocable de saint Pierre et saint Paul et de la très-sainte Vierge, sous le titre de Notre-Dame-d'Humilité. Nous n'avons trouvé nulle part la raison pour laquelle on invoqua Marie sous ce titre au monastère d'Argenteuil ; mais quel plus beau nom pouvait-on donner à l'abbaye qui devait posséder la Tunique d'un Dieu pauvre et humilié, la Tunique sacrée de Jésus, faite par son humble mère ! *Respexit humilitatem ancillæ suæ : ecce enim ex hoc beatam me dicent omnes generationes* [10] !

Il n'y avait dans ce monastère que des religieuses appartenant à la famille royale ou à la haute noblesse. Gisèle, sœur de Charlemagne, l'habitait déjà depuis un certain temps, lorsque Théodrade, sa nièce et l'une des filles du puissant empereur, voulant se consacrer à Dieu, manifesta le désir d'entrer dans cette abbaye. Alors Charlemagne demanda à l'abbé et aux religieux de Saint-Denis, desquels l'abbaye d'Argenteuil dépendait, la permission d'y placer sa fille en qualité d'abbesse ; ce qui lui fut accordé, à condition expresse cependant qu'après la mort de la princesse, ou bien dans le cas où elle se retirerait, le monastère redeviendrait dépendance de l'abbaye de Saint-Denis.

Depuis cette époque, le monastère d'Argenteuil prospéra et devint de plus en plus célèbre, soit par le nom de ceux qui le gouvernèrent, soit aussi à cause des vicissitudes qu'il eut à subir dans la suite, et surtout parce qu'il eut la gloire de posséder la sainte Robe de Notre-Seigneur. Mais nous n'avons point à retracer l'histoire d'Argenteuil, ni celle de son abbaye, après ce qu'en ont écrit Fleury dans son *Histoire ecclésiastique* [11], l'abbé Lebeuf dans son *Histoire du diocèse de Paris* [12], et dom Gerberon dans une *Notice sur le monastère royal de Notre-Dame d'Argenteuil*, qu'il a placée en tête de son *Histoire de la Robe sans couture de Notre-Seigneur Jésus-Christ*.

Il nous suffisait, vêtement sacré de notre Sauveur! d'indiquer le pieux asile où vous allez être déposé. Vous serez placée, ô Robe vénérable! au milieu de saintes religieuses, de vierges fidèles qui veilleront à votre conservation. Venez donc, vous dirons-nous encore; venez, *le lieu est prêt ;* venez attirer sur nos contrées les grâces et les bénédictions de Dieu.

CHAPITRE II.

Irène donne la sainte Robe à Charlemagne; ce prince en fait présent à sa fille Théodrade, qui la place dans son monastère d'Argenteuil.

Théodrade avait donc quitté les grandeurs du siècle pour se donner à Dieu : elle était abbesse du monastère d'Argenteuil, et elle avait emmené avec elle plusieurs filles de la cour. Ainsi avait agi longtemps avant, Radégonde. Elle avait déposé sa couronne de reine pour donner l'exemple du plus complet détachement et de la plus parfaite sainteté, et plusieurs personnes de distinction l'avaient suivie dans sa retraite.

L'impératrice Irène se trouvait être en rapports avec Charlemagne, et aurait désiré contracter une alliance avec lui, dans le but de réunir les deux empires d'Orient et d'Occident, et d'avoir un puissant protecteur dont elle avait alors grand besoin, ainsi que l'histoire nous l'apprend [1]. Pour arriver aux fins de sa politique, cette princesse envoyait de riches présents au puissant roi ; mais elle savait qu'il n'y avait rien qui pût toucher davantage un pieux monarque et lui faire plus de plaisir, que l'offrande de saintes reliques. Or, comme il y en avait beaucoup à cette époque à Constantinople, elle lui en envoya; et parmi ces reliques dont nous parlerons tout à l'heure, il s'en trouva une insigne... c'était la Robe sans couture de Jésus-Christ. Nul ne sut mieux apprécier la valeur de ce trésor, que Charlemagne, et sa joie fut extrême.

Mais où placera-t-il cette sainte relique ? Quel temple, quel oratoire, quel lieu aura le bonheur de la posséder? Charlemagne, qui aimait beaucoup sa fille, songea à lui donner ce vêtement glorieux ; vers le 12 ou le 13 août de l'an 800, il en fit faire la translation, et la pieuse abbesse le reçut avec non moins de bonheur, et le plaça dans son monastère.

Ici quelques narrateurs s'épuisent en descriptions pompeuses, et donnent sur cette cérémonie des détails dont il n'est fait aucune mention dans les auteurs que nous avons sous les yeux, lesquels ne font que constater la translation, sans en rapporter les circonstances. Il est bien probable sans doute que le grand roi dut vouloir que l'on donnât toute la pompe possible à cette fête ; mais autre chose est d'exprimer ceci en général, et autre chose est d'entrer dans des particularités qu'on ne connaît nullement. La piété autorise bien quelques conjectures vraisemblables, mais elle ne saurait admettre des suppositions qui ne sont pas fondées. Tout en rejetant donc les descriptions inexactes des narrateurs que nous avons en vue, et ne voulant point néanmoins passer sous silence cette circonstance glorieuse à notre Relique vénérée, nous rapprocherons les cérémonies de la translation de l'Arche par le saint roi David, de celles qui durent avoir lieu pour la translation de la sainte Robe par Charlemagne. Les faits positifs de celle-là nous donneront une idée de ceux que nous ignorons pour celle-ci : aussi bien sera-ce plus respectueux pour notre sujet, et nos lecteurs sauront-ils faire les applications que la piété leur suggérera au souvenir de ces deux solennités qui ont tant de rapports entre elles.

Le prophète royal, après avoir consulté le Seigneur, prit donc la résolution, nous dit le Livre des Paralipomènes, de transporter l'Arche de la maison d'Obédédom dans sa citadelle de Sion. Il fit faire de grands préparatifs pour cette cérémonie, et dresser un pavillon magnifique et convenable à la majesté du saint dépôt.

Quand tout fut prêt, David assembla le peuple dans la ville de Jérusalem, et en particulier les prêtres et les lévites, auxquels il dit : « C'est aux lévites que le Seigneur a choisis pour ses ministres, qu'il appartient de porter l'Arche, à l'exclusion de tous ses autres serviteurs, qu'il n'a pas destinés aux saints ministères. Vous donc qui êtes les chefs de familles lévitiques, sanctifiez-vous, afin que vous soyez en état de porter l'Arche du Seigneur, et de la placer dans la maison que je lui ai destinée... Ayez soin, de plus, de marquer entre vous les chantres, les joueurs d'instruments, les musiciens, afin que la cérémonie se fasse avec magnificence et dévotion... » Et le saint roi ordonna que, dans la marche qu'on allait commencer, on offrirait, de six pas en six pas, un sacrifice au Seigneur, pour expier d'un moment à l'autre toutes les fautes d'ignorance qui pourraient échapper, malgré les précautions qu'on prenait pour les éviter toutes.

On se mit en marche dans l'ordre le plus parfait : tout le peuple, les anciens, les officiers de l'armée, les prêtres et les lévite sc- compagnaient la sainte Arche ; ceux-ci étaient revêtus de fin lin ou de byssus, aussi bien que les chantres. David avait quitté les ornements royaux : il était revêtu, comme les enfants de Lévi, d'une robe de byssus, et pour toute distinction il portait l'éphod de lin par un privilége attaché à sa personne. A la tête des Israélites et tenant sa harpe à la main, accompagné de sept chœurs de musique, et ayant toujours à ses côtés une victime toute prête à être immolée, il animait par ses chants l'allégresse publique. Toutes les voix et tous les instruments lui répondaient. On chantait les psaumes qu'il avait composés exprès pour la cérémonie [2], et dont nous ne pouvons résister à la pieuse satisfaction d'appliquer quelques beaux passages à notre translation même ; car, en transportant le glorieux Vêtement de

Jésus, on dut chanter aussi les louanges de Dieu.

« Qui montera sur la montagne du Seigneur? Qui demeurera dans son sanctuaire? — Celui qui a les mains innocentes et le cœur pur, qui n'a pas reçu son âme en vain, qui n'a pas été trompeur et parjure envers son prochain; celui-là recevra la bénédiction de Dieu, et la miséricorde du Dieu son Sauveur...

« Princes, ouvrez vos portes; exhaussez-vous, portes éternelles, et le Roi de gloire entrera. — Quel est-il ce Roi de gloire? — C'est le Dieu fort et puissant, le Dieu qui triomphe dans les combats. Princes, ouvrez vos portes; exhaussez-vous, portes éternelles, et le Roi de gloire entrera. — Quel est-il ce Roi de gloire? — C'est le Dieu des armées; c'est lui qui est le Roi de gloire [3]... »

Voilà ce que disaient ceux qui précédaient l'Arche d'alliance... Cette apostrophe aux portes, et ce commandement qu'on leur fait de s'élever et de s'agrandir, ont quelque chose de grand et de majestueux qui convient admirablement à une pompe de triomphe. Princes de Sion, premiers officiers du temple, princes des prêtres, ministres de la maison de Dieu, ouvrez les portes : voici le Roi de gloire qui va faire son entrée dans son temple. Elle arrive, cette Arche si respectable, qui est le siége de la majesté du Très-Haut. Tout ceci s'adresse littéralement aux princes des prêtres, pour faire entrer l'Arche, et figurément aux puissances célestes, aux Anges, pour recevoir Jésus-Christ que le prophète voit dans le ciel *revêtu d'une Robe teinte de sang* [4]... Et vous, portes éternelles, portes sacrées, qui devez subsister éternellement, élevez-vous et ouvrez un espace assez vaste pour introduire le char de triomphe de ce Dieu des armées, accompagné de tout Israël qui suit son char par honneur. Rehaussez-vous, dilatez-vous, élargissez-vous, afin que rien ne l'arrête [5]. Tel est le magnifique langage de la religion : telles sont les hautes pensées qu'elle inspire. Mais écoutons toujours. Israël chantait encore, et ceux qui portaient notre sacrée Tunique répétaient les cantiques de David :

« Que Dieu se lève, et que ses ennemis soient dissipés ; que ceux qui le haïssent fuient à son aspect. Que les pécheurs disparaissent à la vue de Dieu, comme s'évanouit la fumée, comme la cire fond à l'approche du feu. Que les justes, au contraire, tressaillent de joie à la présence du Seigneur, et qu'ils soient rassasiés de délices et de l'allégresse des festins.

« Chantez Dieu, chantez son nom sur vos instruments ; préparez la route à celui qui monte au-dessus des cieux : son nom est le Seigneur. Réjouissez-vous en sa présence ; mais que ses ennemis tremblent à la vue du père des orphelins et du défenseur des veuves. Dieu est ici dans son sanctuaire ; il rassemble dans la même demeure ceux qui n'ont qu'un même esprit.

« La montagne de Dieu est fertile. Pourquoi regardez-vous d'autres montagnes ? Y en a-t-il comme celle de Sion ? C'est là que le Seigneur se plaît à faire sa demeure ; c'est là qu'il a fixé son séjour à jamais. Le char de Dieu y est porté sur des millions d'esprits célestes qui chantent des cantiques de joie : le Seigneur est là dans son sanctuaire, comme sur les sommets du Sinaï...

« O Dieu ! votre peuple a vu votre marche ; il a vu la marche de mon Dieu, de mon roi, qui habite dans le Saint des saints. Les princes des tribus s'avançaient les premiers, suivis de chantres avec leurs instruments, et de jeunes vierges avec leurs tambours. Ils chantaient : *Bénissez le Seigneur notre Dieu dans vos assemblées ; bénissez-le, vous qui êtes descendus des sources d'Israël*[6]. »

Et tous répétaient : *Bénissez le Seigneur, le Dieu d'Israël !...* Et l'Arche suivait, portée, selon la loi, avec des leviers sur les épaules des lévites qui s'étaient sanctifiés à cet effet. Immédiatement devant l'Arche, on voyait les deux chefs de familles sacerdotales, Sadoc et le grand prêtre Abiathar. Quelques pas auparavant, sept prêtres, tenant à la main des trompettes d'argent, annonçaient par intervalles la marche triomphante du saint dépôt. Aux côtés de l'Arche étaient quatre lévites qui faisaient l'office de portiers, parmi lesquels était Obédédom, chez qui, pour le bonheur de sa famille, l'Arche était demeurée durant trois mois.

Elle arrive enfin, en peu de temps, à la vue de sa nouvelle demeure, cette Arche glorieuse... Les prêtres la retirent de dessus les épaules des lévites, et ils la placent avec grand respect sous le voile qu'on lui avait préparé. David fait offrir, sur l'autel qu'on avait bâti à l'entrée du nouveau tabernacle, une grande multitude d'holocaustes et d'hosties pacifiques; et il congédie le peuple, après lui avoir donné sa bénédiction [7].

A plusieurs siècles de là, un autre prince, grand aussi par son génie et par sa sainteté, accomplissait donc une mission analogue... Charlemagne transportait, dans un lieu disposé exprès, la Tunique qui avait couvert l'humanité sacrée du divin Rédempteur, du Roi d'Israël, et il déploya dans cette cérémonie la même magnificence, car les inspirations de la religion sont partout les mêmes : c'est partout la même vénération, le même respect pour les choses saintes; la même grandeur, la même pompe dans les cérémonies; la même joie, le même bonheur parmi les peuples. Et le roi, ayant donné ce précieux Vêtement à sa fille et lui en ayant confié la garde, se retira en louant et glorifiant Dieu, comme avaient fait autrefois les trois patriarches d'Orient, après avoir déposé la Tunique du Sauveur à Jérusalem.

Robe sainte ! vous voici au milieu de filles

de rois, de puissants seigneurs, qui se sont humiliées pour mieux servir le divin Epoux ; leur monastère appartient à Marie, il est placé sous l'aimable protection de cette douce Vierge... Il nous semble que c'est là le lieu que vous dûtes préférer à tout autre. Il n'est point de temple si magnifique, de basilique si resplendissante que l'on aurait pu vous donner pour asile, qui vous fût plus cher que ce lieu d'où la prière monte si pure vers les cieux, et où croissent toutes les vertus sous la bénigne influence de Notre-Dame d'Humilité, comme les lis et les fleurs des champs s'épanouissent aux premiers rayons d'un doux soleil de printemps. Oui, voilà bien la demeure que vous avez préférée ; comme le divin Sauveur choisit l'auguste Marie conçue sans péchés pour sa demeure : *Elegit eam Dominus in habitationem sibi* [8] ; ainsi, vous avez choisi cette demeure pour en faire le lieu de votre repos ; vous vous y fixerez, ô Vêtement sacré ! pour nous protéger, et nous rappeler les merveilles de la puissance et de la miséricorde de Jésus.

CHAPITRE III.

La tradition qui nous apprend que de Constantinople la sainte Robe vint dans les Gaules, et que Charlemagne la donna à sa fille Théodrade, est fondée.

Cette tradition, que l'impératrice Irène a donné à Charlemagne la Robe de Notre-Seigneur, et que ce prince en fit la translation dans le monastère d'Argenteuil dont sa fille était abbesse, nous paraît tellement avérée par les auteurs les plus dignes de foi, et s'accorde si bien avec les annales contemporaines, et les usages, les circonstances de temps, de lieux et de personnes, qu'elle peut passer, selon nous, à l'état de fait historique.

Rapportons d'abord le témoignage des auteurs... Helgaudus, religieux du xie siècle, et Robert, abbé du Mont Saint-Michel, qui vivait au xiie, ont mentionné ce fait : le premier, dans sa *Vie du roi Robert* [1], qui a été imprimée pour la première fois, en 1527; le second, dans sa *continuation de la Chronique de Sigebert* [2]. Werner de Rollevink en parle également dans son *Fasciculus temporum* [3] : c'est une *Chronique* qui va jusqu'en 1480, et qui a été traduite en français par Pierre Farget, de l'ordre de Saint-Augustin, sous le titre de *Fleurs des temps passés*. Prateolus, docteur en Sorbonne, qui écrivait au XVIe siècle, dit dans son *Elenchus* [4], que la Robe de Jésus-Christ qui fut jetée au sort, trouvée à Zaphat et portée à Jérusalem, a été transportée de l'Orient en France, et placée à Argenteuil près Paris, et il s'appuie, pour soutenir ce fait, sur le *Fasciculus temporum* de Werner de Rollevink. Du Tillet, qui se distingua par son érudition et par son zèle pour la religion catholique, le confirme dans sa *Chronique des rois de France depuis Pharamond jusqu'en 1547* [5], et dans d'autres endroits de ses ouvrages. L'auteur de l'*Histoire de Navarre*, André Favin, dit formellement que « Charlemagne plaça dans le monastère d'Argenteuil la Robe sans couture de Notre-Seigneur, faite par la Vierge sa mère, qu'il la tenait, avec plusieurs autres reliques, de l'impératrice Irène ; que l'ayant reçue, il la donna à sa sœur Gisèle (qui, comme nous l'avons dit, était dans le monastère avec Théodrade, sa nièce), et que la relique demeura en ladite abbaye, en grand honneur et révérence [6]... » Enfin l'abbé Le Fèvre, cité par Moréri [7], rapporte dans sa *Description des curiosités des églises de Paris et des environs*, que la sainte Robe fut envoyée en France à Charlemagne par l'impératrice Irène, et que l'on montra longtemps à Argenteuil le coffre d'ivoire dans lequel cette relique fut envoyée, et sur lequel on voyait en relief la très-sainte vierge Marie qui travaillait au Vêtement de son cher Fils [8]. Nous pourrions grossir la liste de ces témoignages. Mais à quoi bon ? Nous y ajouterons néanmoins deux auteurs dont l'autorité en cette matière est bien de quelque valeur : nous voulons parler de dom Gerberon et de Gabriel de Gaumont, qui s'appuient sur la plupart des auteurs que nous venons de citer, et qui ne doutent nullement que la sainte Robe ait été donnée à Charlemagne par Irène, et que ce prince l'ait placée dans le monastère d'Argenteuil.

Il est intéressant de remarquer, avant de passer outre, ce que vient de nous apprendre ici l'abbé Le Fèvre, à savoir que ce fut dans un coffre d'ivoire qu'Irène envoya la sainte Robe à Charlemagne. Cette circonstance n'a point été notée par les auteurs qui se sont le plus étendus sur le don de l'impératrice d'Orient, et nous sommes d'autant plus satisfaits de nous y arrêter, que le relief qui se trouvait sur ce coffre vient confirmer ce que nous avons dit touchant la pieuse tradition qui rapporte que la très-sainte Vierge fit elle-même la Robe de son divin Fils. Au reste, ce relief n'est pas la seule preuve que l'art nous ait fournie : la gravure et la peinture nous ont souvent représenté le délicieux spectacle de l'auguste Marie travaillant à la sacré Tunique [9]. On a dû aussi remarquer dans les paroles que nous avons citées plus haut d'André Favin, ces mots : « La Robe sans couture de Notre-Seigneur *faite par la Vierge sa mère...* » Mais passons maintenant aux faits généraux qui supposent le fait principal et particulier qui nous occupe.

Les historiens contemporains, Eginhar [10] et Théophane [11], nous apprennent que l'impératrice Irène fit secrètement tous ses efforts pour épouser Charlemagne, et qu'elle lui envoya plusieurs présents. Ces mêmes historiens nous rapportent encore que Charlemagne recherchait les reliques, et qu'il aimait à en enrichir les églises et les monastères. Il est certain aussi que l'empereur avait une sœur appelée Gisèle et une fille qui avait nom Théodrade, et qu'il les plaça dans l'abbaye d'Argenteuil. Or, tout ceci ne se rencontre-t-il pas parfaitement, et ne s'accorde-t-il point avec la donation de la sainte Robe par Irène, et sa translation à Argenteuil?

C'était d'ailleurs l'usage, parmi les princes, de se faire de tels présents. Alors que la religion régnait non-seulement dans les cœurs, mais qu'elle était assise sur les trônes, les rois n'avaient pas de choses plus précieuses à se donner que les reliques des martyrs ou les glorieux trophées de la foi. Ainsi vit-on les empereurs donner des parcelles de la portion de la Croix qui avait été déposée à Constantinople [12]. Ainsi vit-on

Justin II en envoyer à sainte Radégonde, femme de Clotaire Ier, qui en enrichit son monastère de Sainte-Croix à Poitiers [13]. Ainsi vit-on saint Grégoire le Grand, pape, en rapporter aussi quelques morceaux de Constantinople où il avait été nonce du pape Pélage II, auprès des empereurs Tibère et Maurice, et en envoyer, comme un très-riche présent, à Reccarède, roi des Goths, en Espagne, nouvellement converti de l'arianisme à la foi catholique [14]. Et ce fut à l'occasion du présent que Julien II fit à Radégonde, que Fortunat, qui vivait alors auprès de cette sainte, et qui fut depuis évêque de Poitiers, composa ses hymnes magnifiques qui sont encore chantées dans toutes les églises d'Occident aux offices de la Passion et de la Croix, c'est-à-dire : le *Vexilla regis*, et le *Pange lingua, gloriosi prælium certaminis*. Il fit aussi un poëme sur le même sujet, pour remercier l'empereur Justin et l'impératrice Sophie du riche présent qu'ils avaient fait à Radégonde. Saint Grégoire de Tours, qui n'était encore que prêtre, fut présent à la réception de cette relique à Tours, où on l'a déposa avant de la transférer à Poitiers, et il parle comme témoin oculaire de quelques miracles qui s'y firent, et qui donnèrent lieu de bâtir, dans cette ville, une église en l'honneur de la sainte Croix [15]. Puisque tel était l'usage, ou pour mieux dire, puisque telle était la pieuse dévotion des princes de ce temps-là, pourquoi Charlemagne, qui s'appliquait à recueillir les reliques, n'aurait-il pas donné la sainte Robe à sa fille Théodrade ?

Il l'aimait beaucoup, et il avait en grande estime l'abbaye d'Argenteuil. Il fallait bien qu'il en fût ainsi, puisqu'il avait fait transférer les religieux qui occupaient cette abbaye, pour y placer des religieuses avec sa fille à leur tête, et qu'il la demanda comme faveur à l'abbé de saint Denis. Or, n'est-il pas naturel de penser que ce prince réserva ce qu'il avait de plus rare et de plus saint pour cette église, laquelle était d'ailleurs dédiée à la sainte Vierge, ce qui fut peut-être, selon la remarque de Gabriel de Gaumont [16], le motif pour Charlemagne d'y donner la relique que Marie a faite elle-même, et d'y placer Théodrade ?

Une autre preuve que nous invoquerons en

faveur de notre thèse, c'est l'usage où l'on était, de temps immémorial, de sonner une cloche, à une heure après midi, pour conserver la mémoire de la translation de la sainte Relique et de sa bienheureuse entrée, à cette heure-là, dans Argenteuil. Cet usage ne fut aboli que vers la fin du XVIIIe siècle, et il donna lieu, à différentes reprises, à des discussions assez fâcheuses entre les autorités, ce que nous n'avons pas à examiner, vu que ces faits appartiennent plutôt à l'histoire particulière d'Argenteuil, et que l'abbé Lebeuf les discute longuement [17]. Il nous suffisait de mentionner cette coutume, qui est certainement une forte preuve à l'appui de ce que nous soutenons : pieux et saint usage que nous voudrions voir rétabli ; car, si trois fois le jour la cloche tinte le doux *Angelus* pour rappeler aux fidèles le mystère de l'Incarnation de Jésus-Christ, combien ils aimeraient aussi entendre, une seule fois dans le jour, commémorer le touchant souvenir de l'entrée de la Robe de ce divin Sauveur dans l'Abbaye que protégeait d'une manière spéciale l'auguste Marie !...

Récapitulons. Plusieurs auteurs rapportent le fait de la donation de la sainte Robe à Charlemagne par l'impératrice Irène, et la translation qu'en fit ce prince au monastère d'Argenteuil. Ce fait s'accorde avec la piété du grand empereur, et avec l'usage où étaient alors les puissances de la terre de recueillir de saintes reliques. Gisèle et Théodrade ont réellement été placées dans une abbaye par Charlemagne ; cette abbaye était celle d'Argenteuil, et ce prince ne put que donner à cette église ce qu'il avait de plus précieux, parce qu'il chérissait sa fille et qu'il avait une grande vénération pour son monastère. De plus, un pieux usage a longtemps, et même presque jusqu'à nos jours, rappelé la translation de cette relique. On ne peut donc pas raisonnablement douter qu'elle soit venue de l'Orient en France, et que c'est à Charlemagne que nous sommes redevables du bonheur de la posséder à Argenteuil.

Un pieux roi dont le cœur appartint longtemps à Dieu, le sage Salomon, disait, en parlant de l'Arche d'alliance : « Nous avons entendu dire qu'elle a été dans Ephrata, et qu'on l'a trouvée dans un lieu couvert de bois... Je n'entrerai point dans l'intérieur de ma maison ; je ne monterai point sur le lit de mon repos ; je n'accorderai point le sommeil à mes yeux, ni l'assoupissement à mes paupières, ni le délassement à mon corps, jusqu'à ce que je trouve une demeure au Seigneur, un tabernacle à son Arche sainte [16]. » Ainsi parla Charlemagne ; ainsi en agit-il envers la glorieuse Robe du sauveur Jésus....

Vous avez été en Ephrata, ô Tunique sacrée ! on vous a trouvée dans des pays lointains, entre des mains étrangères ; *Ecce audivimus eam in Ephrata : invenimus eam in campis sylvæ*... Mais un prince pieux vous en a retirée, et nous nous réjouissons avec l'Église, et nous faisons retentir les louanges du Très-Haut pour célébrer ce jour de votre translation... Demeurez donc à jamais dans *le lieu de votre repos*, et de même que le Seigneur prenait la résolution d'habiter toujours dans Sion, restez, Robe sainte ! au milieu de nous : « J'ai choisi Sion ; je l'ai choisie pour ma demeure ; c'est pour toujours le lieu de mon repos ; et j'y habiterai, parce que je l'ai choisie : *Elegit Dominus Sion ; elegit eam in habitationem sibi. Hæc requies mea in seculum seculi : hic habitabo, quoniam elegi eam* [19]. »

CHAPITRE IV.

Des Reliques qui furent envoyées par l'impératrice Irène avec la sainte Robe, et particulièrement de celles de sainte Christine.

La sainte Robe ne fut point la seule Relique que l'impératrice Irène envoya à Charlemagne : elle avait joint à ce sacré Vêtement l'un des Clous qui avaient percé Notre-Seigneur sur la Croix, et les reliques d'une jeune Vierge martyre, du nom de Christine. Charlemagne donna le Clou aux religieux de Saint-Denis, en reconnaissance de la cession qu'ils lui avaient faite du monastère d'Argenteuil pour sa fille Théodrade[1]. Quant aux reliques de sainte Christine, il les plaça avec la Robe sans couture dans ce monastère : c'était un modèle que le religieux prince offrait aux vierges fidèles, en même temps qu'il leur avait donné une puissante protection dans la Tunique de Jésus-Christ.

Elle devait toujours être, comme on le voit, accompagnée d'autres reliques, cette Robe sainte ! Longtemps unie à la vraie Croix en Orient, elle eut encore à Argenteuil, dans le XVIIIe siècle, une parcelle de cet instrument du supplice du divin Rédempteur, pour compagne [2] ; et aujourd'hui ce sont les restes d'une épouse de ce Roi de gloire, que l'on vénère dans l'église où la Robe de Jésus-Christ est, cependant après la divine Eucharistie, l'objet le plus vénérable et le plus digne d'amour.

Sainte Christine, dont nous devons, par cela même, dire quelques mots, souffrit différentes tortures pour la foi, et offrit enfin sa vie en sacrifice dans une ville appelée Tyro et située près du lac de Bolsène, sous la persécution de Dioclétien et Maximin, qui fut l'une des plus atroces, et qui commença l'an 285 de Jésus-Christ pour finir vers l'an 305. C'est tout ce que nous apprennent de positif sur cette Vierge martyre Ueghelli [3] et Pinius [4]. On rapporte bien qu'elle était fille d'un officier romain nommé Urbanus, que son premier persécuteur fut son père ; mais comme nous n'avons pas assez de certitude sur ces faits, nous préférons nous abstenir d'entrer dans des détails qui pourraient n'être fondés que sur des récits ou légendes peu authentiques; quoique, remarquons-le bien, l'incertitude sur les *actes* d'un Saint, dit un critique [5], ne saurait rien conclure contre son existence, ni contre l'idée générale de ses vertus et de la constance de sa foi.

Est-il étonnant, après tout, qu'il ne nous reste aucuns détails sur la vie de sainte Christine? Comment, pour nous servir d'une considération que nous avons déjà faite, les chrétiens des premiers siècles, avec le secret dont ils enveloppaient leurs cérémonies et leurs mystères aux yeux des profanes, nous auraient-ils conservé l'histoire de cette jeune vierge? Dans les grandes persécutions, la multitude des victimes qui tombaient par hécatombes sous le fer des bourreaux, sous la dent des bêtes, dans les flots, dans les flammes, ne laissait pas le temps, à ceux de leurs frères chargés de leur rendre les devoirs suprêmes, de transmettre à la mémoire des hommes le nom de tant de héros morts en combattant pour la foi. Il fallait se hâter de confier à la terre ces précieux restes, pour les dérober aux profanations des impies [6]. Aussi, combien de ces victimes saintes ne sont connues et nommées que dans le ciel !

Il n'en est point de même pour notre martyre ; son nom est connu et honoré sur la terre : il est environné, surtout à Argenteuil, d'une brillante auréole ; et si nous manquons, sur sa vie, de ces détails que les pieux fidèles désirent pour leur édification, nous n'en sommes pas moins assurés que ses restes sont conservés dans cette bénite église.

« On prétend, dit l'abbé Lebeuf dans son *Histoire du diocèse de Paris*, que la sainte Robe avait été donnée à ce monastère par Charlemagne, en même temps que le corps de sainte Christine apporté d'Italie, lorsque sa fille Théodrade se renferma en ce couvent avec d'autres dames de la cour [7]. » — « Ce fut dans ce monastère, ajoute André Favin, que Charlemagne mit la Robe sans couture de Notre-Seigneur, faite par la Vierge sa mère, l'ayant reçue, avec plusieurs autres reliques, de l'impératrice Irène [8]. » A la vérité, cet historien ne fait pas une mention spéciale des restes de sainte Christine ; mais ne suffit-il pas qu'il ait parlé, en général, *de plusieurs reliques*, pour que nous en inférions, surtout après que d'autres auteurs ont nommé formellement sainte Christine, qu'il l'a eue en vue, et que, s'il ne l'a pas désignée, ce ne peut être que par oubli, ou parce que tel n'était pas son but.

Au reste, lors même que nous n'aurions aucun témoignage en faveur de cette possession séculaire des reliques de cette sainte, une bulle que l'on trouva dans le coffre qui les renfermait, ne laisserait aucun doute à cet égard. Cette bulle, émanée du pape Nicolas IV, et visée à Argenteuil, par Simon Matifas de Bucy, 83e évêque de Paris, l'an du Seigneur 1294, a pour but d'accorder, pendant un an et quarante jours, la rémission des pénitences imposées aux fidèles qui feront, chaque année, leurs dévotions dans l'église d'Argenteuil, aux fêtes de la très-sainte Vierge et à celle de sainte Christine, martyre, *dont les reliques*, dit expressément la bulle, *sont déposées dans cette église* [9].

Ces *indulgences* augmentèrent la piété des

fidèles envers la sainte martyre ; on venait de toutes parts pour lui rendre des hommages, et son culte semblait reprendre toujours une nouvelle vie, tant le Seigneur est véritable dans ses promesses : « Les justes germeront comme l'herbe verte : leur mémoire demeurera à jamais en bénédiction, et leurs os refleuriront dans leurs tombeaux [10] ! »

Voyant donc que ce culte s'affermissait de plus en plus, on voulut, en l'année 1711, placer les restes de notre sainte, *resserrés dans une ancienne châsse, en une nouvelle plus riche et plus convenable pour contenir de si précieuses reliques*. A cet effet, le curé du lieu, le R. P. dom Arnould de Loo, grand prieur de l'abbaye royale de Saint-Denis, et vicaire général du cardinal de Noailles, archevêque de Paris, et délégué par lui pour cette translation, s'assemblèrent avec plusieurs ecclésiastiques, et procédèrent, suivant toutes les formes usitées, à cette pieuse cérémonie, à laquelle ils donnèrent toute la pompe possible, comme il est rapporté dans un *procès-verbal* dressé exprès, et dans l'*Histoire du diocèse de Paris* par l'abbé Lebeuf [11].

Aujourd'hui encore, sainte Christine est fidèlement honorée dans l'église d'Argenteuil : son culte n'a point cessé de fleurir, et l'odeur des vertus de la jeune vierge ne s'est point affaiblie. Ses reliques ont été de nouveau visitées dans ces dernières années, et on a vu l'accomplissement de l'oracle du prophète : « Dieu est admirable dans ses Saints. Il garde leurs os ; pas un seul ne sera brisé, et leur mémoire est éternelle [12]. »

En 1841, le digne et respectable pasteur, M. l'abbé Millet, appela l'attention de Mgr Blancquart de Bailleul, évêque de Versailles, sur les restes précieux ; ce vénérable prélat en constata lui-même l'authenticité, et le *procès-verbal* dressé à cet effet constate que cette relique est bien « celle qui a été donnée par Charlemagne au monastère d'Argenteuil, au VIIIe siècle, sous le nom du corps de sainte Christine, martyre du lac de Bolsène, en Italie [13]. » Ainsi, par une chaîne non interrompue de plusieurs siècles, une jeune fille, qui eut le courage et la force de mourir pour le nom de Jésus-Christ, est toujours honorée dans le même lieu ! Que devient, en présence de cette continuité, la gloire d'un jour de nos conquérants et de nos grands hommes? Ah! qu'il est bien vrai que tout est vanité sur la terre, hors aimer Dieu et le servir lui seul : *Vanitas vanitatum, et omnia vanitas, præter amare Deum et illi soli servire* [14] !

Recevez donc nos hommages, illustre martyre! Bénissez-nous, bénissez ceux qui liront ces pages, et obtenez-nous la grâce d'aimer et de servir toujours le Seigneur!... L'église d'Argenteuil, déjà si heureuse de posséder le saint Vêtement du Sauveur, se glorifie encore d'être enrichie de vos reliques : elle les conserve avec amour, elle les offre avec joie à la vénération des fidèles; telle on avait vu Jérusalem, fière de ses souvenirs et de la possession des lieux consacrés par les mystères de l'Homme-Dieu, Jérusalem, grande relique elle-même des colères et des miséricordes du Seigneur, être heureuse de voir venir à elle, dès les premiers temps, des multitudes suppliantes, jalouses de visiter une terre de prodiges, et d'honorer jusqu'à la poussière où s'étaient imprimées les traces de Jésus-Christ, de sa très-sainte Mère, de ses premiers martyrs, de ses saints apôtres, de ses prophètes ; telle on avait vu Antioche et Smyrne garder, comme leur plus grand trésor, les os de l'incomparable Ignace et ceux du grand Polycarpe ; telle, enfin, nous vîmes Constantinople, s'estimer la première ville de l'univers à cause des reliques insignes qu'elle avait rassemblées dans ses riches sanctuaires, et montrer avec un saint orgueil, aux étrangers qu'une pieuse curiosité conduisait dans ses murs, la vraie Croix, la sainte Couronne, les Clous, la Robe de l'Agneau sans tache !

CHAPITRE V.

La sainte Robe sous le règne de Charles le Chauve; nouvelle preuve qu'elle fut donnée par Charlemagne à Argenteuil; une parcelle de cette relique est honorée en Angleterre.

L'authenticité des reliques de sainte Christine étant reconnue, on doit comprendre que nous ne nous sommes point écartés de notre sujet principal en parlant de cette Sainte, mais qu'au contraire, nous avons servi notre thèse; car, puisque les auteurs et les procès-verbaux dressés à différentes époques assurent que les restes de la jeune vierge de Bolsène ont été envoyés avec la plus précieuse relique qui soit au monde, après la sainte Croix, et que nous voyons ces restes encore vénérés aujourd'hui dans l'église d'Argenteuil, il est évident que leur existence actuelle est une forte présomption en faveur de tout ce que nous avons dit touchant la Robe de Jésus-Christ envoyée à Charlemagne et donnée, par ce prince, au monastère dont sa fille était abbesse.

Il nous semble bien qu'on ne saurait avoir aucun doute à cet égard, les auteurs que nous avons cités étant fort explicites sur ce point. Toutefois, comme nous trouverons encore, dans la suite de notre histoire, d'autres monuments qui constatent que la sainte Robe était à Argenteuil au temps de Charlemagne, nous ne devrons point les négliger, parce qu'il importe d'établir, d'une manière irréfragable, que la Tunique du Sauveur a été donnée à la France, et que c'est son plus grand roi qui a reçu ce sacré dépôt : c'est là, en effet, un point capital.

Une charte de l'année 1066, émanée de saint Édouard Ier, roi d'Angleterre, nous apprend que ce saint monarque, pour satisfaire aux conditions d'une dispense qui lui avait été accordée par le pape Nicolas II, entreprit de rebâtir entièrement l'église Saint-Pierre de Westminster, et que lorsqu'elle fut achevée, il y déposa une grande quantité de reliques, qu'il tenait par succession de ses ancêtres, lesquels les avaient obtenues des papes Léon IV et Marin ou Martin II, et du roi Carloman ou Charles II, dit le Chauve[1]. Ces reliques étaient : deux parcelles de la Croix de Notre-Seigneur Jésus-Christ, une partie d'un clou et un morceau de la Tunique sans couture, des vêtements de la très-sainte Vierge, des reliques de saint Pierre et de saint Paul, de saint André, de saint Barthélemy, de saint Barnabé et de plusieurs autres saints.

Comme on le voit, cette charte nous conduit vers l'année 840... Charlemagne étant mort, son royaume avait été divisé ; Louis le Débonnaire n'était monté sur le trône que pour montrer sa faiblesse, et Charles le Chauve, son fils, lui avait succédé. Notre relique était toujours au monastère d'Argenteuil, et il n'y a aucune apparence qu'après la mort de Théodrade ce monastère ait été remis en possession des religieux de Saint-Denis, ainsi qu'il avait cependant été stipulé avec Charlemagne : il faut croire que les religieuses, qui étaient des dames de distinction, avaient obtenu de nouveau de demeurer indépendantes, même après la mort de leur première abbesse [2].

La charte d'Édouard Ier ne nous montre-t-elle pas d'ailleurs qu'il dut en être ainsi, puisqu'elle nous apprend que Charles le Chauve donna une partie de la Tunique sans couture et de l'un des clous aux ancêtres de ce saint roi, c'est-à-dire à Alfred ou Elfred, justement surnommé le Grand, sixième roi d'Angleterre de la dynastie saxonne, dont le père, Ethelvulphus, avait épousé Judith, fille du même Charles le Chauve ? Comment, en effet, ce roi aurait-il donné à son allié ces reliques, si elles ne s'étaient pas trouvées à Argenteuil, monastère royal, et en quelque sorte sous la dépendance de la couronne ?

Mais, objectera-t-on peut-être, qui nous assure que ce fut Charles le Chauve qui donna le morceau de la Tunique et la partie du clou au roi Alfred, plutôt que l'un des papes dont saint Édouard fait mention dans sa charte ; car ce prince n'a point distingué, parmi toutes les reliques qu'il plaça dans l'église de Saint-Pierre à Westminster, celles que les souverains pontifes Léon et Martin donnèrent, d'avec celles qui furent offertes par Charles le Chauve ?

Nous avouons que cette distinction n'est

point faite dans la charte ; mais peut-on raisonnablement en faire une difficulté ? Nous ne le pensons pas.

Pour peu que l'on connaisse l'histoire religieuse de ce temps-là, et que l'on sache comment les reliques étaient dispersées, on fera aisément le partage de celles que reçurent les ancêtres de saint Edouard. Mais admettons que cela soit difficile, ne tombe-t-il pas au moins sous le simple bon sens que Charles le Chauve ne pouvait donner que ce qui était en sa possession, ou qui se trouvait dans son royaume ? De plus, puisque l'histoire ne dit point dans quel lieu ce roi prit les reliques qu'il donna à Alfred, n'est-il pas naturel de conclure de ce silence, qu'il ne put les tirer que du monastère où son aïeul les avait déposées solennellement, c'est-à-dire du monastère d'Argenteuil ? D'ailleurs le roi Alfred avait une bonne occasion de demander ces reliques au roi de France, puisque son père Ethelvulphus venait d'épouser sa fille Judith.

Après cela, pour vouloir soutenir que les papes Léon et Martin purent bien donner la portion de ces reliques au roi d'Angleterre, il faudrait supposer que la sainte Robe était à Rome, et renverser tout ce que nous avons avancé pour la prouver en France. Or, ceci ne nous paraît pas possible. On serait, au reste, fort embarrassé d'établir que notre Relique fût placée dans la ville éternelle, aucun monument n'en faisant foi.

Mais voici une autorité qui tranche la difficulté que l'on voudrait élever. Un auteur fort ancien, Mathieu, bénédictin de l'abbaye de Westminster, rapporte dans sa *Chronique* [3] que le pape Martin fit plusieurs présents au roi Alfred; et entre autres qu'il lui donna une parcelle de la vraie Croix; mais il ne parle point de la partie de la sainte Robe ni de celle du clou. Or, croit-on que si le pape les avait données à ce prince, Mathieu aurait négligé de le remarquer? Il n'est pas non plus possible de le supposer.

L'objection n'est donc nullement fondée; il est évident que c'est Charles le Chauve qui donna une partie de la sainte Robe et du clou, et puisqu'il n'y a aucun doute que ce fut ce prince qui fit ces présents, il en résulte nécessairement qu'il fallait bien que la Tunique du Sauveur des hommes eût été déposée en France avant Charles le Chauve, et de cette manière la charte de saint Edouard nous confirme dans tout ce que nous avons avancé sur l'existence de cette Relique à Argenteuil du temps de Charlemagne.

Cette charte nous révèle en outre une autre chose bien chère à notre piété, c'est que le Vêtement de Notre-Seigneur Jésus-Christ était aussi en grande vénération sous le règne de Charles le Chauve, et que cette vénération s'étendait même au loin, puisqu'un roi étranger n'a rien de plus précieux à demander qu'un morceau de cette Tunique sacrée, et lorsqu'il l'a obtenu, il l'emporte avec joie dans ses États... Et cette parcelle, après avoir reçu les hommages des générations, est placée, plus tard, dans une église qu'un saint roi fait bâtir à la gloire du Seigneur, du Roi des rois : *Dominus dominorum est et Rex regum* [4].

Et nous aussi, nous nous associons aux hommages que vous rendirent nos ancêtres, ô Robe bénite ! nous aimons à unir nos louanges à leurs louanges, nos cantiques à leurs cantiques. Nous reconnaissons avec l'Église, et nos cœurs se plaisent à le redire : « Vous êtes pour nous une livrée d'honneur, le symbole de notre félicité, une marque précieuse de notre Rédemption. » Gloire donc à Jésus qui vous a portée ! Gloire à Marie qui vous a tissue ! Gloire et amour à ce doux Sauveur et à sa très-sainte Mère !

CHAPITRE VI.

Désastre du monastère d'Argenteuil; la sainte Robe est cachée dans une muraille; desseins providentiels.

Cependant nos pères ne devaient pas jouir longtemps en paix du riche trésor que Charlemagne leur avait donné : la Robe de Notre-Seigneur Jésus-Christ était encore destinée à d'autres vicissitudes. Ainsi Dieu le voulait, et nul ne peut scruter la profondeur de ses desseins.

De nouveaux barbares, semblables aux Perses que nous avons vus ravager et désoler la terre au VIIe siècle, s'étaient levés dans le IXe, pour porter partout le feu et le carnage : c'étaient les Danois ou Normands. « Ces barbares, dit un historien moderne[1], appartenaient, comme les Saxons et les Francs, à la grande famille teutonique; ils parlaient un langage intelligible pour ces peuples ; mais cette ancienne fraternité ne protégeait pas contre leurs incursions les peuples voisins de la Seine et du Rhin ; les liens en avaient été rompus par la conversion des uns à la foi chrétienne, par la fidélité des autres au paganisme d'Odin. Leurs flottes partaient à certains intervalles des ports de la Scandinavie, et arrivaient en quelques jours à l'embouchure des fleuves gaulois. Chacune d'elles obéissait à un chef électif qu'ils nommaient *roi de la mer* (Konoug), et qui était toujours le plus brave... On ne peut se faire une idée, ajoute l'auteur que nous citons, des désastres qui accompagnaient ces invasions rapides. D'immenses cantons étaient dévastés à ce point qu'on n'y rencontrait ni un homme ni un animal domestique. Les habitants des campagnes, pourchassés comme des bêtes fauves, abandonnaient leurs récoltes, fuyaient au hasard et cherchaient un asile dans les forêts lointaines ; les villes étaient pillées ou livrées aux flammes, les églises et les monastères profanés et réduits en cendres... C'était surtout aux prêtres et aux signes extérieurs du culte que les barbares portaient une haine implacable ; aussi les religieux s'éloignèrent-ils en toute hâte à leur approche, emportant avec eux les vases sacrés et les reliques saintes. »

En 845, Ragnar, l'un de ces rois de mer, entre donc dans la Seine avec une centaine de barques et la remonte en ravageant ses bords. Charles le Chauve n'ose les attendre, et, se hâtant d'abandonner Paris, il se réfugie avec toute sa noblesse au monastère de Saint-Denis. Alors Ragnar entre dans Paris, le samedi-saint, sans rencontrer aucune résistance ; les Normands massacrent et pendent à des arbres les habitants qui ne peuvent fuir et se gorgent d'un riche butin ; cependant Charles parvient à les éloigner, mais ce n'est qu'en leur payant la somme énorme de sept mille livres pesant d'argent, et cette lâche concession ne devait avoir d'autre résultat que d'encourager les pirates à entreprendre de nouvelles invasions : ils revinrent bientôt effectivement à la charge.

Cette fois, leurs ravages sont encore plus grands s'il est possible ; rien n'arrête leur fureur ; ils sont dévorés par la soif du carnage et des dévastations ; ils pillent et brû.

lent l'église de Sainte-Geneviève, le couvent de Saint-Germain-des-Prés et plusieurs autres édifices consacrés à Dieu ; et, après avoir répandu la désolation et l'épouvante dans Paris, ils courent aux environs, où leur cupidité trouve à peine de quoi s'assouvir.

Notre monastère n'est point épargné : les filles de Théodrade sont dispersées ; elles n'ont que le temps de fuir pour échapper à une mort certaine ; l'église, les bâtiments, tout croule, et on ne voit bientôt plus qu'une vaste ruine.

Ainsi agissent ces peuples barbares : instruments de la justice ou de la miséricorde du Très-Haut, avons-nous dit, ils marchent. « Un instinct miraculeux les conduit ; s'ils manquent de guides, les bêtes des forêts leur en servent : ils ont entendu quelque chose d'en haut qui les appelle du septentrion et du midi, du couchant et de l'aurore. Qui sont-ils ? Dieu seul sait leurs véritables noms. Aussi inconnus que les déserts dont ils sortent, ils ignorent d'où ils viennent, mais ils savent où ils vont : ils marchent [2]... » pour accomplir les desseins impénétrables de l'Éternel !

Qu'ils sont incompréhensibles, en effet, vos desseins, ô mon Dieu !... Comment cette Robe sans tache et glorieuse, cette Robe environnée de tant d'honneur et conservée jusqu'alors si miraculeusement a-t-elle pu devenir tout à coup la proie de nouveaux barbares ; car sans doute qu'ils l'ont emportée ou qu'elle a été enveloppée dans les flammes ?... Mais non ! rassurons-nous... Le Seigneur a voulu nous donner encore une preuve visible de la protection qu'il accorde à ce Vêtement sacré, en permettant que les religieuses eussent le temps, avant de prendre la fuite, de cacher dans une muraille la Tunique de Jésus avec la châsse qui la renfermait.

Et ceci arriva entre les années 846 et 857, Ode étant abbesse du monastère, et Charles le Chauve étant encore, pour sa honte, assis sur le trône de Charlemagne.

Or, notre Relique demeura ainsi cachée pendant plusieurs siècles. Dans cette période les événements se pressent. C'est l'époque la plus féconde pour l'Église ; celle où elle recueille le plus de gloire, et où aussi elle a beaucoup à souffrir. D'un autre côté la

France a ses vicissitudes à supporter ; elle a beaucoup de combats à soutenir, elle se transforme entièrement... et, comme au milieu de ces révolutions, de ces péripéties, on ne songe point à relever de ses ruines le monastère de Théodrade, la sainte Robe reste dans l'oubli, oubli cruel, affligeant pour des cœurs fidèles !

Mais pourquoi ce long silence? demanderont certains esprits qui s'en inquiéteront, non parce que cet oubli les afflige, car ils se soucient peu au fond de notre Relique, mais parce qu'ils croiront y trouver matière à contester. Pourquoi? Voilà bien l'esprit d'orgueil et d'incrédulité qui veut avoir raison de tout. Mais la tâche de l'historien, répondrons-nous avec un savant auteur[3], n'est pas de rendre raison des faits, mais d'en développer les preuves et d'en rapporter les détails. Encore une fois, nous ne comprenons même pas tout ce que nous voyons, et nous voudrions approfondir les desseins de Dieu ! « O Seigneur, devons-nous nous écrier avec Salomon, qui saura votre pensée, si vous ne donnez la sagesse et n'envoyez d'en haut votre Saint-Esprit?

Sensum tuum quis sciet, nisi tu dederis sapientiam, et miseris spiritum sanctum tuum de altissimis[4]...? » Voilà tout ce que l'homme peut dire, et malheur à l'incrédule qui veut en savoir davantage!

Vous disparaissez, ô Robe sainte! vous vous cachez à nos regards. Hélas! les hommes ne sont pas dignes de vous posséder... Ce sont maintenant les Anges qui vous contemplent et qui vous environnent. Nos cœurs sont dans l'affliction, nous souffrons de votre absence. Nous nous sommes assis et nous avons pleuré en nous ressouvenant de vous : *Super flumina Babylonis illic sedimus et flevimus cùm recordaremur Sion* [5]. Nous avons suspendu aux saules nos instruments, et nous avons cessé nos cantiques de joie. Eh! comment chanterions-nous les cantiques du Seigneur, maintenant que vous n'êtes plus avec nous? *Quomodò cantabimus canticum Domini in terrâ alienâ*[6]? O Robe sainte! si nous vous oublions jamais, que notre main oublie aussi le mouvement! *Si oblitus fuero tuî, Jerusalem, oblivioni dextera mea*[7]! Que notre langue s'attache à notre palais, si nous cessons de nous ressouvenir de vous, si vous n'êtes pas le premier objet de nos vœux et de notre allégresse ! *Adhæreat lingua mea faucibus meis, si non meminero tui, si non proposuero Jerusalem in principio lætitiæ meæ* [8]!... Et vous, muraille mille fois bénie, vous qui renfermez le Vêtement du divin Jésus, élargissez-vous, accordez une place à cette Robe, l'ouvrage des chastes mains de Marie, offrez-lui un asile sûr contre les ravages de nos ennemis ; revêtez-vous de gloire, transformez-vous en un riche sanctuaire. Oh ! gardez, gardez-nous ce dépôt : *Bonum depositum custodi;* gardez-nous-le fidèlement, préservez-le, conservez précieusement cette Relique insigne : *Bonum depositum custodi* [9]!...

CHAPITRE VII.

Le Monastère d'Argenteuil est rétabli; notre sainte Relique demeure toujours cachée.

———

Il est certain que pour quiconque a médité sur les voies de Dieu et sur les desseins adorables de sa profonde sagesse, l'espèce d'abandon dans lequel nous avons laissé notre Relique, loin d'être un sujet d'étonnement et de scandale, sera au contraire une nouvelle preuve de son existence : car les fidèles savent que l'Éternel n'accorde le privilége et la gloire des épreuves et des contradictions qu'à ce qu'il aime et protége spécialement; or, ne peut-on pas penser que si le Seigneur permit que la sainte Robe eût à subir des épreuves si diverses, et qu'elle fût ensevelie, pendant un certain temps, dans l'oubli, c'est qu'il voulait montrer qu'elle est réellement le Vêtement de son Fils, et que lui seul en est le gardien ?

Mais c'est surtout dans l'exaltation de cette Relique précieuse que le Très-Haut manifeste sa bonté et la protection spéciale qu'il lui accorde, comme nous le verrons, après avoir esquissé quelques traits essentiels de l'histoire du monastère d'Argenteuil.

Ce ne fut que vers la fin du xe siècle qu'une pieuse reine entreprit de rebâtir ce monastère. Adélaïs, femme de Hugues Capet, dont les historiens modernes ont transformé le nom en celui d'Adélaïde, affligée de voir que depuis les ravages des Normands on n'avait pu le relever, s'entendit pour cette œuvre avec le roi Robert son fils. Celui-ci entra dans les vues de sa mère ; il les seconda de tout son pouvoir, lui accorda plusieurs priviléges et dotations, et en peu de temps le monastère de Théodrade sortit de ses ruines. Les donations que Robert fit en cette occasion furent si considérables, qu'Helgaudus dit dans la *Vie* de ce prince, que l'histoire a surnommé du beau titre de *Pieux*, qu'il bâtit ce monastère, tandis que, dans le vrai,

il n'en fut, avec sa mère, que le restaurateur.
La charte de ses donations royales est datée
de l'an 1003, comme on peut le voir dans le
Recueil des Historiens de France, d'André
Duchesne [1].

La pieuse Adélaïs établit dans ce monastère si heureusement relevé de saintes filles
qu'elle trouva disposées à servir Dieu dans
le silence et la retraite. Elle leur donna pour
règle, celle de saint Benoît. C'était la règle
avec celle de saint Césaire, que les communautés de femmes choisissaient de préférence. Ensuite elle voulut que leur église
fût toujours dédiée à la Reine du ciel, Notre
Dame d'humilité ; et, si elle ne suivit pas
l'exemple de Gisèle et de Théodrade, en se
renfermant dans le monastère avec les religieuses qu'elle y avait placées, elle ne les encouragea pas moins à la pratique de tous les
devoirs de leur saint état.

C'était beau, c'était consolant de voir cet
asile de la prière et de la vertu refleurir et
reprendre son ancien éclat ; c'était consolant d'entendre encore les louanges du Seigneur s'élever vers les cieux de ce lieu qu'avaient sanctifié les compagnes de la fille de

Charlemagne. Mais qu'eût-ce été si les épouses de l'Agneau sans tache avaient connu le précieux trésor qu'elles possédaient sans le savoir, et dont sans doute elles déploraient la perte ?

On vit se succéder, sans interruption, ces pieux exercices, jusqu'au commencement du XIe siècle. L'histoire ne nous a pas conservé les noms de celles qui furent abbesses ou supérieures de ce monastère pendant cette période. Mais cela est peu important pour notre sujet. Toute notre attention doit se porter sur la transformation qu'eut à subir cette royale retraite.

En 1129, le célèbre Suger, abbé de Saint-Denis, se souvenant des conditions qui avaient été imposées par les religieux de son ordre pour la cession du monastère d'Argenteuil, qui avait été faite à Charlemagne pour sa fille, c'est-à-dire que ce monastère redeviendrait dépendance de l'abbaye de Saint-Denis après la mort de Théodrade, en réclama vivement la possession, et fit valoir ses droits. Des débats s'élevèrent à ce sujet, et enfin, car nous n'avons qu'à passer rapidement sur ces faits, une assemblée notable, que quelques-uns, dit dom Gerberon, *mettent au nombre des conciles*, examina les réclamations de l'illustre abbé, et il fut décidé, ajoute le docte bénédictin, « que Suger placerait les religieuses en d'autres monastères; qu'il rentrerait dans tous les droits qu'il avait sur celui d'Argenteuil, et qu'il y mettrait de ses religieux pour y servir Dieu [2]. » Les actes de cette assemblée sont mentionnés dans Doublet; l'abbé Lebeuf [3] et Fleury [4] rapportent les circonstances de cette affaire.

Pour se conformer à cette décision, les filles d'Adélaïs furent donc obligées de quitter leur retraite. Elles l'abandonnèrent, et « s'étant partagées, dit dom Gerberon, les unes s'établirent en l'abbaye du Footel, ou de Notre-Dame-de-Malnoé, où elles vécurent dans une si grande exactitude, que, l'odeur de leur piété s'étant bientôt répandue, on leur fit plusieurs donations. Les autres suivirent Héloïse, plus illustre par sa pénitence que par la connaissance qu'elle avait des belles-lettres (et qui fut la dernière abbesse du monastère d'Argenteuil); elles se retirèrent avec elle au Paraclet, que le fameux Abeilard avait fait bâtir auprès de Troyes pour s'y consoler avec Dieu ; mais qu'il céda volontiers à Héloïse pour aller à Saint-Gildas-de-Rhuis, dont on l'avait élu abbé. Ces religieuses, continue dom Gerberon, firent Héloïse leur abbesse, et menèrent une vie digne des épouses du Saint-Esprit, auquel ce lieu était particulièrement consacré ; et leur vertu attira tant de bénédictions sur ce nouvel établissement, que ce monastère devint en peu de temps une abbaye très-célèbre [5]. »

Quant à l'abbaye d'Argenteuil, elle ne fut plus qu'un prieuré dépendant de l'abbaye royale de Saint-Denis, et habité par des religieux soumis à la règle de saint Benoît. Mais si cette abbaye, illustrée par la sœur et la fille de Charlemagne et par la reine Adélaïs, perdit de sa gloire temporelle, le prieuré devait resplendir d'une gloire spirituelle égale à celle de l'ancienne abbaye, par l'exaltation de notre sainte Relique, et par la possession qui devait toujours lui en rester.

Nous vous retrouverons, Vêtement glorieux du *plus beau des enfants des hom-*

mes! Si maintenant le Seigneur permet qu'une épaisse muraille vous dérobe à nos regards, nous ne doutons nullement de votre existence; c'est ici un dessein tout particulier de la divine Providence; dessein que nous adorons et que nul ne peut approfondir, mais que nos cœurs comprennent et qu'ils savent n'être que pour votre plus grande gloire, ô Tunique sacrée, et pour exercer notre confiance.

CHAPITRE VIII.

Exaltation de la sainte Robe de Notre-Seigneur Jésus-Christ, en 1156.

Déjà plus d'un siècle s'était écoulé depuis que notre sainte Relique avait été dérobée aux regards et à la vénération des pieux fidèles. Un si long espace de temps l'avait fait presque oublier ; la tradition semblait s'en effacer peu à peu ; les pères n'en parlaient plus que de loin en loin, et ce n'était que pour gémir sur les tristes événements qui leur avaient ravi ce trésor inestimable.

Cependant Dieu veillait sur le dépôt sacré... Le temps de l'oubli et de l'obscurité, qu'il avait marqué dans ses décrets, était près de s'accomplir. Il allait mettre de nouveau en honneur la Robe de Jésus-Christ son Fils. C'est ainsi que le Seigneur prépare aux hommes, sans qu'ils y songent, des motifs de joie et de consolation, sans doute pour que leur exil leur paraisse moins dur et moins long !

Or donc, il y avait vingt-sept ans que des religieux de l'ordre de saint Benoît et dépendants de l'abbaye de Saint-Denis étaient rétablis dans le prieuré d'Argenteuil, suivant le désir de Suger leur abbé, lorsque le Seigneur révéla, en l'année 1156, à l'un de ces religieux le lieu où la sainte Robe était cachée.

Le religieux, tout plein de joie d'avoir été élu pour cette mission, écoute la voix qui lui révèle le trésor que l'on regardait comme perdu. Il va... et il trouve la Robe de Notre-Seigneur, ainsi qu'il lui avait été dit... Quel dut être son bonheur ! Non, plus grande ne fut pas l'allégresse du vieux Jacob revoyant Joseph après une longue absence, et celle du pieux Josias retrouvant dans le temple le Livre de la loi [1] qui avait disparu sous les règnes impies de Manassès et d'Amon, et que l'on désespérait de revoir jamais.

Tous les religieux se réjouirent avec leur frère ; ils bénirent le *Dieu des miracles* [2], qui leur avait réservé cette gloire et cette consolation, et ils publièrent hautement la bonté et la miséricorde du Seigneur. Bientôt le bruit de cette découverte se répandit, et le clergé, le roi lui-même, les grands de sa cour, les simples fidèles, vinrent à Argenteuil pour vérifier le fait, comme le témoigne une charte très-authentique que nous possédons encore maintenant.

Cette charte, qui est émanée de Hugues, archevêque de Rouen et légat du Saint-Siége, et qui est datée de 1156, sous le pontificat d'Adrien IV, rapporte que lui, Hugues, s'étant transporté à Argenteuil avec l'archevêque de Sens, les évêques de Paris, de Chartres, d'Orléans, de Troyes, d'Auxerre, de Châlons, d'Évreux, de Meaux, de Senlis, et avec les abbés de Saint-Denis, de Saint-Germain-des-Prés, de Lagny, de Ferrières, de Saint-Maur-des-Fossés, de Saint-Faron-de-Meaux, de Saint-Maximin, de Saint-Magloire, de Pontoise, de Maurigny et beaucoup d'autres, il découvrit, avec révérence et toute la solennité possible, en présence du roi Louis VII, des grands dignitaires du royaume, et d'un immense concours de peuple, la Robe de Notre-Seigneur Jésus-Christ qui se conservait dans l'église d'Argenteuil, et qui y était honorée depuis les temps les plus reculés : *A temporibus antiquis honore condigno reposita erat.* Et le pieux prélat, voulant laisser un monument de sa reconnaissance pour la grâce qui lui avait été donnée de vénérer publiquement et de rendre à l'amour des peuples le glorieux Vêtement qui recouvrit l'humanité sacrée du Rédempteur, et, en outre, afin de garder un perpétuel souvenir de cette cérémonie auguste à cause de son objet et à cause aussi des personnages distingués qui y avaient assisté, accorda de grandes *indulgences* à tous ceux qui viendraient honorer la Relique, et qui feraient leurs dévotions dans la bénite église où elle était exposée [3].

Voilà, pouvons-nous dire avec le prophète-royal, ce que nos pères nous ont appris des merveilles que Dieu a opérées de leurs temps et dans les siècles passés [4]. Ils sont nombreux, en effet, les auteurs qui nous redisent ces merveilles, et leur accord sur ce point ne saurait laisser le moindre doute dans l'esprit le plus difficile et le plus prévenu.

Nous avons d'abord à citer le témoignage d'un auteur qui vivait à cette époque : celui de Robert, abbé du Mont Saint-Michel, qui fut employé dans plusieurs affaires importantes par Henri II, roi d'Angleterre. Ce savant, qui était ami de l'archevêque Hugues, dit que ce prélat étant venu le voir, ils passèrent quatre jours en conversations spirituelles, et il rapporte ensuite, dans sa *Continuation de la Chronique de Sigebert,* la découverte de notre Relique dans les termes suivants : « *In pago Parisiacensi Cappa Salvatoris nostri monasterio Argentolio, diviná revelatione, reperta est, inconsutilis et subrufi coloris, quam, sicut litteræ cum eâ repertæ indicabant, gloriosa illius Mater fecit ei cùm adhuc puer esset.* Dans un village près Paris, au monastère d'Argenteuil, on a trouvé, par révélation divine, la Cape sans couture et de couleur rougeâtre de Notre-Seigneur, laquelle, ainsi que le mentionnent les titres qui furent trouvés avec elle, a été faite par sa glorieuse Mère lorsqu'il était encore enfant [5]. »

Presque tous les auteurs qui ont rapporté depuis cette heureuse découverte suivent a version de ce savant chroniqueur. Sur qui pouvaient-ils s'étayer avec plus d'assurance, que sur un auteur contemporain, nous dirions presque un témoin oculaire ? Écoutons donc ces échos de la tradition.

Sinnichius, dans ses *Commentaires sur l'Écriture*, où il cherche les rapports qui existent entre le prophète Samuel et Jésus-Christ, et où il parle de la Robe du Sauveur faite par la très-sainte Vierge, ajoute en marge à l'endroit que nous avons déjà cité de lui, que « c'est cette Robe qui fut trouvée à Argenteuil l'an 1156 [6].

Mathieu, bénédictin de l'abbaye de Westminster, dit dans ses *Fleurs de l'Histoire :* « *In Franciâ, divinâ revelatione, inventa est Tunica inconsutilis Christi quam, sicut litteræ cum ipsâ repertæ indicabant, Mater ejus fecerat ei, et crevit ipso crescente.* On a trouvé en France, par révélation divine, la Tunique sans couture de Notre-Seigneur, laquelle, ainsi que l'indiquent les titres qui étaient avec elle, fut faite par sa Mère, et crût à mesure qu'il croissait [7]. »

Un autre bénédictin, Mathieu de Paris,

qui se distingua moins par sa science que par sa régularité qui lui valut l'honneur d'être employé à la réforme de plusieurs monastères, dit aussi de même : « *Ad annum 1156, in pago Parisiensi monasterio Argentolio, revelatione divinâ, Tunica Salvatoris inconsutilis et subconfusi coloris reperta est, quam, sicut litteræ cum eâ repertæ indicabant, gloriosa Mater ejus fecerat ei dum adhuc esset puer.* En l'année 1156, dans un village près Paris, au monastère d'Argenteuil, on découvrit, par révélation divine, la Tunique du Sauveur, sans couture et de couleur sombre, laquelle, comme en font foi les titres qui furent trouvés avec elle, lui avait été faite par sa glorieuse Mère, lorsqu'il était enfant [8]. »

Comme on le voit, ces deux auteurs répètent, et presque dans les mêmes termes, ce que rapporte Robert du Mont. Il n'y a dans leurs versions qu'une légère différence que nous éclaircirons un peu plus loin, en revenant également sur la charte de Hugues, archevêque de Rouen, qui peut avoir besoin d'explication. Mais remarquons dès maintenant que ces écrivains ne manquent pas de confirmer ce que nous avons établi au chapitre II du livre 1er, que la *Robe de Jésus-Christ est l'ouvrage de sa très-sainte Mère;* c'est aussi ce que disent ceux qui suivent, en parlant de la découverte de notre Relique.

Jean Brompton, bénédictin anglais, abbé de Jorevall, dans sa *Chronique*, qui commence à l'an 588 et qui va jusqu'en l'année 1198 [9] ; André Favin, dans son *Histoire de Navarre*, après le passage que nous avons cité de lui au chapitre III de ce livre [10]; Trivet et Gauthier, aussi dans leurs *Chroniques* [11] sur l'année 1156, parlent de l'Exaltation de notre sainte Relique, et ce dernier annaliste ajoute qu'il eut le bonheur de la vénérer en l'année 1580. Nous ne citons pas leurs rapports, parce que nous nous exposerions à des redites fatigantes. Cependant on ne sera pas fâché de trouver ici les propres paroles de deux auteurs bien connus, Froissard et Fleury, qui fut, comme l'on sait, prieur d'Argenteuil.

Le premier dit, dans son *Histoire de France :* « On tient qu'en l'année 1156, la Robe sans couture que la vierge Marie avait faite pour Jésus-Christ notre Sauveur, son Fils, fut trouvée en une petite ville, près Paris, nommée Argenteuil, où on la montre encore à présent [12]. » Le second s'exprime ainsi dans son *Histoire Ecclésiastique* : « L'an 1156, la Cape de Notre-Seigneur fut trouvée au monastère d'Argenteuil près Paris ; elle était sans couture et de couleur roussâtre : les lettres qui furent trouvées avec cet habit marquaient que la glorieuse Mère de Jésus la lui avait faite, comme il était encore enfant. Ce sont les paroles de Robert, abbé du Mont Saint-Michel, auteur du temps, et le monastère d'Argenteuil conserve précieusement cette Relique [13]. »

C'est assez. Nous ne voyons pas ce que l'on pourrait désirer de plus que tous ces témoignages. A notre sens, il n'y a rien ici à répliquer. Le fait est extraordinaire sans doute ; mais serait-ce là une objection sérieuse ? Combien de choses étonnantes que nous sommes obligés d'admettre tous les jours ! D'ailleurs, dirons-nous avec un docte et pieux auteur que nous aimons à citer, et qui avait à établir un point d'histoire bien autrement merveilleux, « quand un fait, quelque extraordinaire qu'il puisse être, se trouve appuyé sur des monuments publics, sur des témoignages respectables, sur un consentement unanime, sur une suite non interrompue de miracles, il me paraît, je ne dis pas difficile, mais absolument impossible de le nier sans manquer à toutes les règles de la raison et du bon sens. Or, ne sont-ce pas là les fondements inébranlables sur lesquels repose la pieuse croyance que nous défendons [14] ? »

Elle repose aussi *sur une suite non interrompue de miracles*, notre pieuse croyance, comme nous le verrons... Eh ! n'est-ce pas déjà un miracle assez grand que cette conservation de la sainte Relique durant tant de siècles ? N'est-ce pas un miracle de la droite du Très-Haut que cette conservation du Vêtement sacré de Jésus dans une muraille exposée à la fraîcheur ? Quand tout ce qui sort de la main des hommes se détériore et périt par la longueur du temps, n'est-ce pas une merveille admirable de voir la Tunique demeurer intacte et toujours la même ? Ah ! c'est bien une preuve éclatante qu'elle est véritablement la Robe de Notre-Seigneur, l'ouvrage de Marie, l'objet des complaisances et de l'amour du ciel! Oui, disons-le hautement, il n'y a qu'une Relique aussi sacrée et aussi vénérable dont Dieu puisse se déclarer si ouvertement le protecteur!

Tombez, muraille qui nous cachez notre trésor! Rendez-nous cet objet de notre sollicitude! Assez longtemps vous l'avez possédé. Tombez, muraille épaisse, laissez-nous voir, laissez-nous contempler le Vêtement de notre Sauveur... Gloire à lui! Il nous révèle le lieu où était cachée sa Robe, et voici qu'elle reparaît! Soyons dans l'allégresse : « Nous avons, ô Dieu! entendu de nos oreilles, et nos pères nous ont appris les merveilles que vous avez opérées de leur temps et dans les siècles passés. *Deus, auribus nostris audivimus: patres nostri annuntiaverunt nobis opus quod operatus es in diebus eorum, et in diebus antiquis* [15]. » Nous vous bénissons, et nous honorons votre Tunique sacrée comme nos pères l'honorèrent, avec la même foi, le même empressement; nous lui rendons le même respect, la même vénération, le même amour!

CHAPITRE IX.

Eclaircissements de quelques points du chapitre précédent.

———

La plupart des auteurs qui rapportent la découverte, ou mieux l'exaltation de notre Relique, pour nous servir d'un terme consacré, et que nous avons cru devoir appliquer à cette circonstance de l'histoire de la sainte Robe, n'expliquent point de quelle manière Dieu la révéla. Il en est quelques-uns qui prétendent que ce fut un ange qui découvrit au religieux l'endroit où elle était, et d'autres pensent que ce fut une lumière miraculeuse qui parut sur la muraille qui la renfermait.

A la vérité, cette différence d'opinions est peu importante : il suffit que tous s'accordent à reconnaître une *révélation divine*, et c'est ce que nous avons vu. Toutefois, comme la prose de la messe que nous trouvons dans le missel de Paris, de 1585, fait entendre que Dieu se servit en cette occasion du message d'un ange : *Unde fulgent miracula, monachorum oracula, angelo ducente*, nous croyons que c'est là le sentiment le plus probable, et c'est au reste celui que nous avons voulu suivre, lorsque nous avons dit que le religieux *écouta la voix qui lui révélait le trésor que l'on regardait comme perdu.*

Passons à présent à la charte de Hugues archevêque de Rouen, dont nous avons donné la substance et dont nous citons le texte à la fin de cette *Histoire*.

En premier lieu, il est bon de noter que Du Saussay, qui rapporte cette charte dans son ouvrage : *Panoplia sacerdotalis*, l'a étudiée en critique éclairé ; qu'il y a fait des notes fort savantes pour faire voir que les évêques qui y sont nommés sont bien de ce temps-là, ce qui donne une autorité plus grande encore à ce document, et le met, selon nous, à couvert de toute attaque.

Cependant, malgré cet examen scrupuleux et satisfaisant, on pourra trouver ex-

traordinaire que ce soit un archevêque
étranger qui ait présidé à cette cérémonie,
tandis qu'il semble que cet honneur appartenait plutôt au prélat le plus voisin du lieu,
c'est-à-dire l'évêque de Paris. Ceci est vrai ;
mais nous répondrons avec Gabriel de Gaumont, dans sa *Dissertation*[1], qu'à cette époque il y avait plusieurs assemblées de prélats
et qu'il se tenait des conciles, où l'évêque
du lieu ne présidait point; que Hugues avait
été bénédictin, et qu'il était le premier
prélat de son ordre ; que l'église dans laquelle il se trouvait dépendait de l'abbaye
de Saint-Denis, laquelle était un lieu exempt;
que de plus, cet archevêque était un homme
de grande autorité, d'une haute piété et
fort zélé pour les reliques, comme le témoignent plusieurs actes de sa vie, entre autres,
la translation qu'il fit des restes de saint
Gauthier, à Pontoise, dont parle Alban But-
ler, sous le 8 avril [2], et la levée d'un corps
saint, dont Robert, abbé du Mont Saint-Michel fait mention à l'année 1156 [3] : tout con-
courait donc pour que ce fût Hugues qui
présidât la cérémonie de l'exaltation de notre
Relique.

Une autre difficulté que l'on pourrait élever au sujet de cette charte, serait sur ces mots qui la terminent : *Actum est anno Verbi incarnati* M. C. LVI. *felicis memoriæ Adriano papá* IV *feliciter.* En effet, cette expression *d'heureuse mémoire*, faisant entendre que ce pontife était mort lorsque la charte fut dressée, tandis qu'au contraire il ne quitta cette vie qu'au 1er septembre 1159, établit nécessairement une contradiction qu'il importe d'éclaircir. Or, dom Gerberon pense que cette pièce « n'a été dressée que plus de deux ans après la cérémonie. » Cette opinion nous paraît fondée, et nous avons des exemples de plusieurs chartes qui n'ont été faites que longtemps après les événements dont elles sont destinées à garder le souvenir. Si donc ce document n'a été rédigé que plus de deux ans après l'année 1156, époque de l'Exaltation de la Relique, ce qui la reporte à la fin de l'année 1159, il n'y a plus de difficulté, et il est évident que cette date coïncide avec la mort d'Adrien, et que le pieux archevêque a pu insérer ces mots : *Felicis memoriæ Adriano Papá* IV *feliciter.*

Quant au mot *cappa* qu'ont employé deux

des auteurs cités plus haut, c'est-à-dire Robert, abbé du Mont Saint-Michel et Fleury, il ne saurait embarrasser ceux qui savent que ce terme peut se prendre généralement pour toute sorte de vêtement. Au reste, ce mot est assez déterminé par le témoignage de Mathieu de Paris, de Mathieu de Westminster et des autres annalistes que nous avons nommés, qui tous parlent expressément de la Tunique, *tunica*; « ce qui fait voir, dit dom Gerberon, que ce mot de *cappa* signifie, en cet endroit, la même chose que celui de *tunica* [4]. »

Il faut bien qu'il en soit ainsi; car les auteurs en question n'auraient pu prendre à la lettre le mot *cappa*, vu que cette espèce de vêtement n'était point en usage chez les Hébreux, et que ce n'est que bien plus tard que nous le voyons porter. On lit, par exemple, dans une *Vie* de saint Junien, l'ami de sainte Radégonde [5], par Ulphin Boèce : « Une robe de poil de chèvre, que nous appelons cape, est encore en usage parmi nous [6]. » Et le luxe que l'on déployait dans ces sortes de vêtements détermina un concile, celui de Metz, tenu en 888, à défendre aux gens d'église de le porter : « Les laïques, dit un canon de ce concile, porteront la cotte avec la cape, s'ils le veulent; les moines, au contraire, auront la cotte seulement [7]. » On peut donc croire que Robert et Fleury n'ont été portés à employer le mot *cappa*, qu'à cause d'une certaine ressemblance qui pouvait exister entre ce vêtement et la Tunique de Notre-Seigneur, et parce qu'ils voulurent sans doute se servir d'un terme plus connu et par conséquent plus susceptible d'être compris.

Nous avons cru nécessaire d'éclaircir ces points divers de notre *Histoire*. Maintenant nous arrêterons-nous aux insinuations coupables d'un auteur dont toute la vie ne fut employée qu'à dénaturer les faits les plus solides, et à renverser les institutions les plus respectables ? Nous le ferons aussi, ne serait-ce que pour prémunir contre un si mauvais ouvrage, et pour donner une nouvelle preuve de l'insigne mauvaise foi de ces écrivains irréligieux qui veulent tout détruire, et dont l'impiété fait toute la science.

Dulaure, dans son *Histoire physique, civile et morale des environs de Paris* [8], retrace, d'après l'abbé Lebeuf qu'il tronque souvent, l'Histoire du monastère d'Argenteuil ; il parle aussi de la sainte Robe du Sauveur des hommes ; il redit la découverte heureuse qui en fut faite en 1156, mais avec quel langage ! Pourquoi faut-il qu'une plume si indigne ait profané un sujet si saint ? L'historien veut paraître véridique dans son récit, mais c'est un piége que tend l'impie, qui ne peut se dissimuler tout à fait et que l'on sent à chaque ligne ; c'est un persiflage continuel ; il fait du bel esprit, et c'est bien entendu aux dépens de la vérité ; car ce genre de talent ne s'exerce ordinairement que sur le mensonge ; imitateur fanatique d'un homme que nous ne voulons pas nommer de peur de souiller ces pages, il croit avoir tout fait lorsqu'il a lancé une impiété, toutefois en cachant la *pointe sous le voile de la bonhomie*, suivant la maxime favorite du patriarche.

C'est avec cet art satanique que Dulaure ne craint pas d'insinuer que les *moines surent à point nommé faire retrouver une relique qui leur était chère parce qu'elle leur rapportait beaucoup.* Si ce ne sont pas là ses propres expressions, c'est assurément sa pensée. Ainsi, voilà les religieux du prieuré d'Argenteuil transformés en vils imposteurs qui spéculent sur un mensonge, et qui ne cherchent qu'à gagner de l'argent!

Mais pour avancer un fait aussi grave, il faut l'appuyer sur de bonnes autorités; il faut avoir des preuves, et convaincre de fausseté tous les auteurs qui rapportent que la sainte Robe fut découverte par une *révélation divine*. C'est sans doute ce que fait Dulaure? Nullement. Il ne faut point demander aux philosophes des preuves de ce qu'ils avancent : ils affirment, et tout est dit. Hélas! combien y en a-t-il qui, refusant leur créance aux faits les mieux établis, les croient cependant sur simple parole! Quant à nous, nous ne nous sentons pas le courage de discuter avec un homme aussi tranchant. Nous n'avons qu'un mot à lui répondre : le témoignage des auteurs, l'unanimité de leurs rapports, l'authenticité des actes, tout vous convainc d'imposture et de mensonge.

Laissons donc cet écrivain... Mais il est certains esprits, droits d'ailleurs, mais imbus de préjugés, ou prévenus, qui souriront peut-être au simple récit de la découverte de la sainte Robe, opérée par *révélation divine*; à ceux-là nous demanderons :

Qu'y a-t-il ici d'indigne de la sagesse et de la puissance de Dieu ? N'était-il pas naturel qu'il conservât le vêtement de son Fils, et qu'il le révélât, comme il avait révélé la Croix sur laquelle il est mort pour nous ? Notre Dieu n'est-il pas le Dieu qui fait les miracles, comme parle David, et n'a-t-il pas fait connaître sa puissance parmi les nations [9] ? Après cela, n'avons-nous pas rapporté assez de témoignages ? Que voulez-vous de plus qu'une charte faite par un pieux prélat, reconnue authentique et conservée jusqu'aujourd'hui ? Quelles autorités furent jamais plus décisives que celles d'un contemporain et de plusieurs auteurs dignes de foi, qui répètent le même fait, et qu'on ne peut pas supposer l'avoir admis sans examen et à la légère ?

Et puis, ajouterons-nous, les annales de l'Église, les vies des saints, ne nous fournissent-elles pas des exemples de découvertes semblables ? Lisez saint Augustin. Ce grand docteur ne rapporte-t-il pas dans son livre immortel de la *Cité de Dieu*, que le lieu où étaient les reliques de saint Gervais et de saint Protais fut révélé à saint Ambroise par une vision qu'il eut en songe, et qu'à propos de cette découverte il s'opéra plusieurs miracles [10]? Lisez encore cet illustre évêque d'Hippone, lisez les écrivains ecclésiastiques, tous ne disent-ils pas que les précieuses reliques de saint Étienne furent retrouvées par *révélation divine* ; qu'alors soixante-treize malades recouvrèrent immédiatement la santé; qu'on transporta ces reliques au chant des psaumes et des hymnes dans l'église de Sion à Jérusalem, et qu'il tomba, à l'occasion de cette cérémonie, une pluie abondante qui rendit à la terre la fertilité dont elle avait été privée par une longue sécheresse [11]? Tous les écrits des Pères sont remplis de semblables exemples.

Mais en veut-on de plus récents? Nous citerons les découvertes que l'on fait journellement à Rome de saintes reliques que l'on croyait perdues; nous citerons la découverte récente, à Constantine, d'une inscription qui confirme les actes de nos martyrs et en particulier de saint Marien et de saint Jacques [12] ; nous citerons une découverte plus récente encore, et qui doit combler de joie tous les vrais fidèles, nous voulons dire celle que l'on vient de faire, en travaillant dans la Sainte-Chapelle de Paris, du cœur du plus grand de nos rois, de saint Louis [13]... Il est vrai que l'on pourra objecter qu'il n'y eut point pour ces exemples de *révélation divine*, et que ce sont des découvertes toutes naturelles. Nous en convenons : Dieu n'a point précisément fait connaître sa suprême intervention dans ces diverses circonstances. Mais ces précieuses découvertes en sont-elles moins arrivées pour cela, sans sa volonté expresse ? Quel chrétien oserait exclure l'action providentielle du moindre fait, lorsqu'il est écrit dans le livre qui ne trompe point : « *Tu fecisti priora, et illa post illa cogitasti : et hoc factum est quod ipse voluisti. Omnes enim viæ tuæ paratæ sunt, et tua judicia in tua Providentia posuisti :* C'est vous, ô mon Dieu ! qui avez fait ces anciennes *merveilles*, et qui avez résolu d'exécuter vos différents desseins chacun dans son temps ; et il ne s'est fait que ce que vous avez voulu. Toutes vos voies sont préparées, et vos jugements sont réglés selon votre Providence [14] ? » On ne pourrait donc raisonnablement nier la découverte qui fut faite en 1156, par la permission de Dieu, de la Robe de Notre-Seigneur.

Tout nous redit votre gloire, Tunique sacrée ! tout concourt à nous prouver votre vérité. Vous disparaissez, et Dieu vous conserve ! Nous déplorons votre perte, et un Ange vient nous annoncer que vous êtes toujours au milieu de nous !... Vous reparaissez, ô Vêtement précieux ! Et des princes de l'Église, de pieux fidèles courent vous rendre leurs hommages ; de nombreux témoins attestent votre exaltation ; tous publient votre triomphe, et ce triomphe se perpétuera de génération en génération !

LIVRE QUATRIÈME.

HISTOIRE DE LA SAINTE ROBE, DEPUIS SON EXALTATION JUSQU'A LA FIN DU XVIIIe SIÈCLE.

CHAPITRE PREMIER.

La dévotion envers la sainte Robe refleurit ; de saints personnages vont la vénérer.

Une remarque, que nos pieux lecteurs n'auront pas manqué de faire, et qui est fort importante, c'est que la charte de Hugues, archevêque de Rouen, relate formellement que notre sainte Relique, qu'il alla honorer publiquement à Argenteuil, y était vénérée depuis les temps les plus anciens, *ab antiquis temporibus*; ce qui confirme les preuves que nous avons apportées pour établir l'antique possession, par le monastère d'Argenteuil, de la Robe de Notre-Seigneur.

En admettant que tout ce que nous avons dit jusqu'ici ne se trouve pas assez étayé, ces mots, *ab antiquis temporibus*, doivent lever toute espèce d'incertitude ; et lors même encore que nous ne partirions que de ce point, c'est-à-dire de l'époque de la découverte du glorieux Vêtement en 1156, pour arriver jusqu'à nos jours, une possession de près de sept siècles serait toujours magnifique et bien respectable ! Mais nous maintenons qu'il y en a davantage, et que cette expression, *ab antiquis temporibus*, reliant tout le passé avec les faits qui nous restent à retracer, est un des anneaux les plus solides de cette chaîne de la tradition que nous suivons, et qu'il serait difficile de briser.

On était alors en plein moyen âge, cette époque si riche de souvenirs et d'actions magnanimes ; cette époque, si grande, si merveilleuse, si brillante par les élans de son imagination, si chaleureuse par sa foi, si féconde en beaux dévouements, si étonnante par son héroïsme chrétien, et d'où se détachent, comme d'un tableau de maître, suivant l'heureuse expression d'un écrivain, tant de grandes figures, Suger, Godefroy de Bouillon, saint Bernard, Blanche de Castille, saint Louis, saint Thomas d'Aquin, ces personnages illustres dans lesquels se personnifient les lettres, les sciences, la piété vive, toutes les vertus. Aussi, avec quelle ardeur est embrassée la dévotion envers la sainte Robe!

Dès qu'elle est rendue à l'amour des peuples, on voit renaître l'ancienne ferveur, le saint empressement, la vive et pieuse confiance pour l'honorer, et, en peu de temps, l'église du prieuré d'Argenteuil devient le lieu d'un pèlerinage fort fréquenté. Les pèlerinages! c'est à cette époque surtout que les fidèles, dans toute la vigueur de leur foi, en goûtaient le charme, la gracieuse et suave poésie, les douces et salutaires impressions, et qu'ils en recueillaient les fruits abondants et précieux de toutes sortes de grâces et de bénédictions! Ils aimaient à entreprendre ces saints voyages, frappante image du grand pèlerinage du temps à l'éternité. C'étaient leurs fêtes les plus belles et leurs joies les plus pures. Chacun avait son saint de prédiection, sa ma done tutélaire[1], et combien voulaient se reposer et se rafraîchir dans le lieu où était déposée la Tunique du divin Jésus !

On y remarquait principalement les grands, les évêques. « Il y en eut plusieurs, dit dom Gerberon, qui s'y rendirent, ou qui, étant malades, s'y firent porter pour y recouvrer la santé, par les mérites de Celui qui a teint de son sang la Tunique qu'ils y vénéraient. On en voit la liste dans un manuscrit de plus de six cents ans, qui se conserve dans la bibliothèque de ce monastère [2]. » Cette liste est égarée ; mais le savant bénédictin en donne une copie, qu'il dit être exacte, à la fin de son *Histoire de la sainte Robe*.

Il cite les noms des prélats qui se rendirent à ce saint pèlerinage, à l'époque où nous sommes, c'est-à-dire pendant les XIIe et XIIIe siècles. Nous remarquons six archevêques de Sens, deux évêques de Paris, Guillaume d'Auvergne et Gauthier de Château-Thierry, et Eudes, légat du saint siége et évêque de Tusculum. L'année et le jour de leur arrivée dans ce lieu béni sont exactement marqués. Il paraît que Gauthier de Château-Thierry et Guillaume d'Auvergne y couchèrent, et l'on pense que, pour contenter leur piété, ils passèrent la nuit en prières dans l'église. C'est de ce dernier prélat que nous avons dit quelque part[3], « qu'il gouverna sagement son église, fonda des monastères, opéra des conversions par ses sermons, fit condamner la pluralité des bénéfices par les plus habiles théologiens de son diocèse, montra beaucoup de zèle pour faire fleurir les études, donna à saint Louis la croix, lorsque ce prince eut recouvré la parole, et qu'il fit vœu d'aller au secours de la Terre-Sainte. »

Ces prélats ne se rendaient pas seulement à ce pèlerinage pour honorer notre Relique; ils y allaient aussi pour leurs propres besoins; car, remarque dom Gerberon, *ils s'y faisaient porter pour recouvrer la santé*; donc, en ce temps-là, le Seigneur opérait des miracles par sa Tunique sainte. Qui en pourrait douter? Nous n'en avons point le récit, cela est vrai; mais cela pourrait-il établir une négation? Ce serait bien mal raisonner. Nous n'avons donc, à l'exemple de saint Augustin, qui se plaint, dans sa *Cité de Dieu*[4] de ce qu'on a négligé de garder le souvenir de plusieurs miracles arrivés avant lui, qu'à gémir sur un pareil oubli, ou peut-être même sur la perte des documents qui en faisaient mention. Toutefois nous ne manquons pas de témoignages qu'à cette époque la Robe sans couture était enrichie d'une vertu divine. Le fait suivant, arrivé vers le commencement du XIIIe siècle, prouverait à lui seul cette vérité.

Un gentilhomme, plein de dévotion envers le saint Vêtement, voulut en prendre un morceau. Mais à peine allait-il satisfaire son indiscrète piété, qu'il fut frappé d'une maladie mortelle, dont il ne put obtenir la guérison qu'après avoir témoigné son repentir et pleuré sa faute. Ce fait, que rapportent dom Gerberon et Gabriel de Gaumont, se trouve aussi consigné en ces termes, dans la prose que nous lisons dans les anciens Missels de Chartres et de Paris : *O quam certa probatio, indiscreta devotio militi frangenti. Cui vitæ sedatio fuit et restauratio reatum lugenti.*

On pense que ce gentilhomme est le chevalier de Haute-Pierre ; mais on n'en apporte pas d'autre preuve que son tombeau, qui se voyait encore dans l'église du prieuré d'Argenteuil au temps de dom Gerberon. Toujours est-il que ce fait nous en rappelle plusieurs autres assez semblables que nous avons lus dans l'excellente et solide *Histoire de Notre-Dame-de-Lorette*[5]. De pieux pèlerins visitant la *Santa Casa*, crurent qu'ils pouvaient en emporter quelque pierre ; mais Marie, jalouse de l'intégrité de sa Maison natale, ne le permit point. Ces infortunés furent frappés de différentes calamités, et ils n'en purent être délivrés qu'après avoir restitué leur larcin et demandé pardon de leur faute.

Indépendamment des pieux prélats que nous venons de mentionner, nous voyons encore au XIIIe siècle d'illustres pèlerins venir honorer la Tunique du Fils de Marie. La reine Blanche se rend plusieurs fois à Argenteuil, et vient puiser devant l'insigne Relique cette foi vive, cette admirable piété qui lui mérita l'honneur de donner un saint à l'Église. Ce glorieux fils imite l'exemple de sa mère. A deux reprises différentes, en 1255, pendant le Carême, et au mois de janvier 1260, il se rend au lieu béni, et vénère la Robe de son Dieu, de son Sauveur, marque de piété bien digne du prince le plus grand et le plus admirable, digne de saint Louis !

Et nous aussi, allons à la suite de ces pasteurs, de ces illustres personnages, à la suite de saint Louis, vénérer la Tunique de Jésus-Christ ; allons, et reconnaissons cette merveille qu'un ange nous a révélée : *Transeamus usque Bethlehem, et videamus hoc verbum quod factum est, quod Dominus ostendit nobis*[6] *;* allons, et chantons les louanges du Rédempteur dont nous nous réjouissons de posséder la Robe vénérée.

CHAPITRE II.

Comment la sainte Robe est honorée dans les XIVe, XVe et XVIe siècles.

Nous parcourons rapidement les siècles, recueillant avec amour le peu qu'ils nous apportent sur notre Relique vénérée. Ce ne sont plus, de loin en loin, que quelques fleurs que nous rencontrons sur notre route pour les ajouter à la couronne que nous tressons au sacré Vêtement du Fils de Marie ; mais cette stérilité apparente est une preuve que la Tunique glorieuse continue à être honorée en paix, et alors, au lieu de la déplorer, nous en bénissons le Seigneur.

En 1486, nous trouvons un acte du prieur du monastère qui ordonne, en termes exprès, que l'on tienne constamment une lampe allumée devant le corps adorable de Notre-Seigneur, caché dans l'auguste sacrement de nos autels, et devant sa Robe précieuse ; acte qui est un témoignage bien authentique de la dévotion et du respect que l'on avait dans le xv⁰ siècle pour cette sainte Relique.

Dans le siècle suivant nous en rencontrons trois autres preuves manifestes que nous enregistrons.

Alors des loups ravissants étaient entrés dans le bercail de l'Église catholique, et dévoraient plusieurs de ses enfants. L'hérésie exerçait déjà ses ravages dans la France et menaçait de tout envahir. Les vrais pasteurs devaient redoubler de vigilance. Et dans une si grande extrémité pouvait-on ne pas recourir à la Robe sans couture, image de l'unité et de l'indivisibilité de l'Église? On l'apporta donc solennellement à Saint-Denis, en l'année 1529, afin d'implorer la miséricorde divine, et d'obtenir que l'Église de Jésus-Christ n'eût point la douleur de se voir déchirée et divisée par les doctrines de pestilence qui s'élevaient de toutes parts. Touchante et bien belle cérémonie en vérité! qui dut être bien agréable au Seigneur, et qui est, au rapport de dom Gerberon, consignée dans un registre de l'abbaye de Saint-Denis.

« Le premier jour du mois de may 1529, y est-il dit, fut apportée la Robe de Dieu, depuis le prieuré d'Argenteuil jusqu'en l'Église des glorieux martyrs Monsieur Saint-Denis et ses compagnons, en procession solennelle, et fut tout le couvent au devant, tous en aube, jusqu'à la petite Boucherie ; et illec prindre deux religieux le dit Reliquaire, et l'apportèrent jusqu'à l'Église de céans ; puis après la messe, fut reconduit le dit Reliquaire jusqu'au bout de la rue d'Estrée, devant le prieuré d'Estrée [1]. » Ce procès-verbal est signé : *Géraut*, qui était sans doute un dignitaire de l'abbaye de Saint-Denis.

En l'année 1534, la sainte Robe fut encore portée en procession à Paris, par ordre de François Ier, avec les reliques qui enrichissaient alors la Sainte-Chapelle, comme nous l'avons remarqué, en passant, au chapitre IV du livre II. Godefroy décrit l'ordre de cette procession dans le *Grand cérémonial de France* [2].

Ce même prince, jaloux de garder dans

son royaume, un dépôt aussi précieux qu'était la Robe du Sauveur, et qui attirait de si grandes bénédictions, accorda au mois de novembre 1544, des *Lettres-patentes* où il déclare « que, pour la conservation du lieu et monastère où repose le très-sacré et précieux reliquaire de la Robe inconsutile de notre Sauveur et Rédempteur Jésus-Christ, Il donne congé, permission et licence aux habitants d'Argenteuil de faire clore, fortifier et faire fermer de murs, tours, portes et fossés ladite ville d'Argenteuil. » Du Saussay [3], Gauthier [4], et dom Gerberon [5] parlent de ces *Lettres-patentes* du roi François Ier, et Amelot de la Houssaye [6], et de La Martinière [7], nous apprennent qu'elles furent mises à exécution.

Tous les historiens un peu considérables, et les commentateurs qui écrivaient à cette époque, font mention de notre Relique. C'est une remarque digne de beaucoup d'attention ; et dom Gerberon a le soin de citer un théologien espagnol qui, ayant dédié ses *Homélies* au pape Paul V, les fit imprimer à Rome, et qui déclare formellement que « la Robe sans couture, qui a été l'ouvrage des mains de la sainte Vierge, se conserve à Argenteuil proche Paris [8]. » A ce témoignage, nous ajouterons celui de Ménochius [9], savant commentateur de l'Écriture.

Enfin des guérisons miraculeuses, des grâces spirituelles, signalèrent encore pendant les siècles que nous venons de traverser, la vertu de la Robe teinte du sang de Jésus-Christ. C'est ce qu'atteste Salmeron, qui parut avec éclat au concile de Trente, où il assista en qualité de théologien du saint Siége. Voici ses propres paroles : *Tunica in oppido Argentolio, non longe a Lutetia Parisiorum dissito, ubi magna veneratione peregrinis spectanda proponitur, nec sine magnis interdum signis* [10]. Ce père Jésuite, dont le nom est célèbre à cause de ses ouvrages et de son grand zèle, mourut en 1585.

Chaque siècle vous apporte un tribut de louanges, ô Robe vénérable! Chaque génération passe devant vous, et vous voyez les enfants des hommes venir en votre présence implorer Celui qui mourut pour nous racheter. Oh! comme nous nous réjouissons de cette gloire qui vous environne! Nous courrons à l'odeur de vos parfums, *curre-*

mus in odorum unguentorum tuorum [11] ; le nard dont vous êtes parfumée a répandu sa bonne odeur, *nardus mea dedit odorem suum* [12] ; teinte du sang adorable de Jésus-Christ, vous opérez des prodiges dont le bruit se répand partout ; oui, nous courrons à l'odeur de vos parfums, *curremus in odorum unguentorum tuorum*, car l'odeur de vos parfums surpasse celle de tous les aromates, *odor unguentorum tuorum super omnia aromata* [13] ; c'est comme l'odeur de l'encens, *sicut odor thuris* [14] ; rien n'égale les prodiges que vous opérez : attirez donc toujours sur nous les grâces et les bénédictions du ciel !

CHAPITRE III.

Ravages des Huguenots, — honneurs rendus à notre sainte Relique, — sa translation dans une châsse plus riche, en 1680.

La prétendue réforme exerçait ses profanations sacriléges, et portait partout le fer, le feu et la désolation pour s'implanter à la place du catholicisme ; c'est ainsi qu'avait agi Mahomet.

Malgré les murailles dont François Ier avait fait environner Argenteuil pour la sûreté de la sainte Robe, les Huguenots entrèrent donc dans ce bourg, environ l'an 1567. Ils s'y livrèrent aux plus furieux ravages ; ils mirent le feu à l'église, saccagèrent tout ce qui s'offrait à eux, et comme ils n'étaient pas seulement guidés dans leurs guerres de Vandales par la haine de la religion catholique, mais par la cupidité et le désir du pillage, ils emportèrent la châsse où était notre Relique, qu'on avait heureusement soustraite à leurs profanations. Cette châsse très-riche et très-belle était de cristal garni d'argent; et Gabriel de Gaumont rapporte, dans sa *Dissertation*, que de son temps, on en conservait encore un morceau.

L'église étant presque ruinée, et n'ayant plus aucune ressource, on fut obligé de placer la Robe de Jésus dans une châsse de bois. Cette pauvre enveloppe ne pouvait diminuer en rien la gloire du Vêtement d'un Dieu humilié, et qui n'avait pas, pendant sa vie, un lieu où il pût seulement reposer sa tête [1]. Le respect envers notre Relique ne pouvait donc diminuer, et il semble même que les fidèles redoublèrent de zèle et d'ardeur pour l'honorer davantage.

Dom Gerberon et ses copistes, commettent ici une erreur. Ils rapportent que le roi Henri III, affligé des ravages des Huguenots, vint à Argenteuil faire amende honorable pour l'outrage qu'ils avaient fait au Vêtement sacré. Or l'invasion de ces ennemis de l'Église ayant bien eu lieu au mois d'octobre 1567, suivant La Popelinière [2] et l'abbé Lebeuf [3], il est évident que le roi Henri III qui monta sur le trône en 1574 et qui mourut en 1589, ne put venir faire réparation d'un événement arrivé en 1567. Si un roi se distingua alors par cette marque de piété, on ne peut qu'en faire honneur à Charles IX, qui régna de 1560 à 1574. Après cela, nous ne nions pas que Henri III soit venu en pèlerinage à Argenteuil, et nous ne constestons point que, voyant le dénûment du prieuré, il n'ait donné la coupe de dix arpents de bois pour rétablir l'église de ce monastère; mais cette donation et ce pèlerinage ne purent avoir lieu que vers l'année 1576, ou même un peu plus tard, ce qui du reste s'accorde avec le triste état de cette église, qui fut plusieurs années avant de se relever de ses pertes.

Ce qu'il y a de certain, c'est que Louis XIII, ce roi si pieux qui honorait d'une manière toute particulière l'auguste Marie, voulut vénérer la Robe de son divin Fils. Il fit trois fois ses dévotions devant cette sacrée Relique, et un jour, dit dom Gerberon, « quelqu'un lui inspirant de la faire tirer de la châsse pour la voir entière, ce monarque fit une réponse digne de sa piété et de sa foi : *Je n'ai garde*, dit-il; *il faut croire et non pas voir*. On lui dit qu'au moins la pouvait-il toucher et baiser; mais il repartit qu'il n'en était pas digne, et il se contenta de baiser la châsse et de donner son chapelet au trésorier pour le faire toucher à la sainte Tunique. Lorsqu'on le lui rendit, il baisa la main du religieux de qui il le recevait, en lui disant ces paroles qui marquent sa reconnaissance et son respect envers la Robe sainte : *Vous m'avez fait un grand plaisir; ce chapelet a touché quantité de saintes Reliques dans mes voyages, mais j'en ferai encore plus d'estime à présent qu'il a touché la plus sainte Relique du monde*[4]. » On sait que ce pieux prince régna de 1610 à 1643; mais l'histoire ne nous dit point qu'il ait fait quelques largesses au prieuré, qui en avait tant besoin depuis les ravages des calvinistes.

Cependant les religieux étaient dans la douleur à la vue de la nudité du sanctuaire où était déposée la pauvre châsse qui renfermait l'insigne Relique. Ils gémissaient sur la perte de l'ancienne, et leur piété eût été plus satisfaite de voir la Robe sainte dignement honorée. Dieu, qui connaissait leurs intentions ménagea à leur zèle une bien douce récompense.

Une pieuse femme, Marie de Lorraine, duchesse de Guise, imitant la foi et la générosité de ses ancêtres, fit faire une très-riche châsse où elle employa beaucoup d'or, d'argent et de pierreries, et la donna aux bons religieux en l'année 1680.

On songea dès-lors à faire la cérémonie de la translation de la sainte Relique dans cette magnifique châsse. Elle eut lieu le 22 octobre. Claude Boistard, prieur du monastère de Saint-Germain-des-Prés, de l'ordre de Saint-Benoît de la Congrégation de Saint-Maur, et grand vicaire de l'archevêque de Paris, François de Harlay, présida cette cérémonie. Assisté de plusieurs religieux, il célébra le saint sacrifice pour l'heureuse translation qui allait se faire le même jour. Puis, s'étant rendu vers les deux heures de l'après-midi, dans la sacristie, accompagné des mêmes religieux, de la duchesse de Guise, de plusieurs personnes notables de sa maison, et de quelques fidèles seulement que l'on avait admis, ne voulant pas que la cérémonie fût publique de peur d'un trop grand concours, il fit l'ouverture de la châsse de bois. Il y trouva d'abord l'acte de Hugues archevêque de Rouen, relatant l'exposition qu'il fit de la sainte Tunique, en présence de Louis VII, en 1156. On donna lecture de cette pièce. Ensuite, on retira la sainte Robe qui était enveloppée d'un velours noir. Le prieur la déplia, et la fit baiser aux princesses et aux assistants, qui s'empressèrent de faire toucher à la Relique des médailles, des chapelets et autres objets de piété. Cela étant fait, dit Claude Boistard, dans l'acte qu'il a dressé pour constater la translation, et duquel nous extrayons ces détails, cela étant fait, « nous n'avons pu refuser à la piété et aux instantes prières de l'illustre princesse un petit morceau de ce précieux trésor qu'elle nous avait demandé, et qu'elle a reçu avec beaucoup de piété et de démonstrations de reconnaissance. »

Après ces différentes cérémonies, et la pieuse duchesse ayant étendu une étoffe de soie dans la nouvelle châsse, le prieur y plaça la sainte Robe, et il fit sceller le reliquaire par un orfèvre. On porta ensuite solennellement ce sacré dépôt, de la sacristie dans l'église du prieuré. Les princesses tenaient des cierges à la main, et les religieux chantaient les louanges du Seigneur. Enfin, on déposa la châsse sur une table ornée exprès; et, en même temps que les cloches sonnaient, on entonna le chant d'actions de grâces *Te Deum laudamus*, qu'une grande multitude de peuple, bientôt accourue, chanta aussi avec allégresse. La châsse demeura exposée le reste de la journée, et on la plaça ensuite dans le trésor de l'église, pour être, dit l'acte, très-religieusement conservée avec les autres saintes Reliques.

Cet acte, dont le texte latin est conservé à Argenteuil, est signé par dom Claude Boistard, par la duchesse de Guise, et les assistants. Remarquons que l'on a eu le soin d'y relater que le prieuré de Notre-Dame d'Argenteuil était depuis longtemps en possession de la Robe sans couture de Notre-Seigneur Jésus-Christ, par le don que lui en avait fait Charlemagne.

Ainsi, ô Robe sainte! se trouve toujours confirmée la vérité de tout ce qu'on nous rapporte de vous. Les vicissitudes sont pour vous des victoires... Des hérétiques cupides osent vous dépouiller, mais une femme pieuse vous offre une châsse magnifique et digne de vous. On vous y place avec pompe au chant des cantiques, et c'est ainsi, ô Tunique vénérable! que de siècle à siècle, l'Éternel veut que vous soyez montrée aux peuples, afin que nul ne doute que vous êtes le Vêtement de son Fils...

CHAPITRE IV.

Du pèlerinage d'Argenteuil. — Honneurs que continue à recevoir notre Relique.

Quand on considère que notre Relique est le vêtement du souverain Monarque, et sur lequel le prophète de Pathmos a vu ces mots qui nous servent d'épigraphe : « *Rex regum, et Dominus dominantium* : le Roi des rois et le Seigneur des seigneurs [1], » on n'est pas surpris de la voir révérée par les princes du monde, et lorsqu'on fait attention que c'est l'ouvrage de la Reine des Anges, que c'est une impératrice qui en fait présent au premier empereur d'Occident, et que cet empereur l'a donnée aux premières princesses de son royaume, on ne peut s'empêcher d'avouer que cette Relique n'a rien que d'auguste, et que la dévotion en est toute royale.

Cette pensée, qui est de dom Gerberon,

nous plaît beaucoup... Voyez les pèlerinages en l'honneur de la douce Mère, des saints tutélaires, ils sont principalement fréquentés par les humbles, par les pauvres, par les heureux de la grâce ; mais notre pèlerinage, au contraire, semble être celui des grands, des puissants, des heureux du monde. Autrefois des rois, de hautes princesses, s'y rendaient, et aujourd'hui encore, on y voit le plus souvent des pèlerins pris dans les premières classes de la société. Cette différence nous a frappés. Est-ce que Jésus voudrait apprendre aux grands de la terre à s'humilier et à se revêtir, à son exemple, de l'esprit de pauvreté, d'abnégation, de tendre compassion envers les malheureux ? Nous ne savons. Mais il y a de ces mystères que l'âme croit comprendre, et nous serions bien trompés si notre sentiment n'était pas l'explication de la remarque que d'autres feront, sans doute, avec nous.

Reportons-nous donc, par la pensée, aux siècles que nous avons parcourus ; combien d'illustres pèlerins nous avons rencontrés sur la route de notre saint pèlerinage !... Eh bien ! à la suite de Charlemagne, de Louis VII, de tant de princes de l'Église, de Blanche de Castille, de saint Louis, de François Ier, de Henri III, de Louis XIII, de plusieurs princesses de la famille des Guise, les ancêtres de cette généreuse duchesse de Guise qui donna, en 1680, la magnifique châsse, à la suite de tous ces pèlerins couronnés, nous voyons encore venir à Argenteuil, à différentes époques, de grands personnages, de hauts dignitaires, de pieux ecclésiastiques, d'illustres reines et princesses, heureuses de vénérer la Relique dont Gisèle et Théodrade eurent le sacré dépôt...

Citons seulement la reine Marie de Médicis, avec les trois princesses ses filles, la reine Anne d'Autriche, l'infortunée Henriette d'Angleterre, l'abbesse de Maubuisson, Mademoiselle de Bouillon, qui s'empressèrent de venir déposer devant la sainte châsse leurs présents et leurs espérances, leur vénération et leur amour.

Et après ces femmes, l'histoire nous nomme le cardinal de Bérulle, le P. de Condren, et non Gondren comme l'ont écrit quelques compilateurs, le cardinal de Richelieu, le cardinal de Fleury, plusieurs prélats, et ce vénérable et pieux M. Ollier, qui « se rendit, au rapport du meilleur de ses historiens, à Argenteuil, près Paris, pèlerinage célèbre qui attirait un grand concours durant l'octave de l'Ascension [2], » et qui aimait à se reposer des soins du saint ministère, devant la Robe de son Dieu et de son Sauveur.

Il ne faut pas croire cependant qu'il n'y avait que de grands personnages qui se rendaient à notre saint pèlerinage. Les annales de la sainte Robe nous rapportent que les peuples y accouraient aussi, et nous en avons eu des preuves dans le cours de cette Histoire.

Assurément, ces démonstrations, ces hommages multipliés sont très-glorieux à notre Relique. Mais ne nous enseignent-ils pas autre chose? Sans doute plusieurs vinrent pour honorer le Vêtement du Sauveur, et pour témoigner leur amour au divin Maître. Mais combien d'infirmes, combien d'affligés, combien d'*hémorrhoïsse*, sont venus pour obtenir du soulagement, et pour *toucher seulement le bord de cette Robe précieuse?* C'est donc que le Seigneur exauçait tant de vœux, et qu'il accomplissait des actes de puissance et d'infinie miséricorde ! On ne saurait en douter, et il serait difficile d'expliquer autrement le concours du peuple dans un lieu de dévotion, que parce qu'il croit y trouver, et qu'il y trouve en effet, des grâces plus étendues et plus précieuses. D'ailleurs la prose de la messe fait expressément mention de miracles : *Unde fulgent miracula,* y est-il dit, et si les merveilles que raconte Eusèbe [3], d'une image du Vêtement de Notre-Seigneur, est véritable, combien plus doit en opérer l'original ?

Oh ! que nous comprenons bien l'empressement de ces pieux fidèles à aller vous vénérer, Robe mille fois précieuse ! Peut-on entendre parler de vous, sans être animé du désir ardent de vous voir ? Peut-on s'approcher de vous, sans que le Sauveur Jésus n'accorde quelque grâce ? Peut-on penser à votre gloire, sans se sentir plein de joie ? Et puis, qui ne se sentirait doucement attiré vers ce béni pèlerinage d'Argenteuil ? Vous êtes le plus bel ouvrage des mains de Marie ; et comment vous vénérer sans penser à Marie, et comment penser à Marie sans que le cœur batte plus fort, sans que les pensées se spiritualisent, sans que la vie s'embellisse, sans qu'une sainte espérance rayonne au fond de l'âme? Vous êtes l'ouvrage de Marie, et c'est sous le titre de Notre Dame d'Humilité, qu'est honorée notre bonne Mère à Argenteuil. Vous êtes l'ouvrage de Marie, et c'est devant vous, ô Robe sans tache! que l'on prononce avec amour les noms les plus beaux, les plus vénérables, les plus doux à l'oreille, les plus suaves au cœur : Jésus et Marie!

CHAPITRE V.

Des auteurs qui ont spécialement écrit sur la sainte Robe et de quelques écrivains adversaires de cette Relique.

En même temps que notre Relique attirait un grand nombre de pèlerins à Argenteuil, des écrivains se consacraient à retracer son Histoire, et à exciter le respect des peuples envers elle.

Beaucoup d'auteurs en avaient parlé dans différents ouvrages; les commentateurs de la sainte Écriture eux-mêmes s'y étaient arrêtés, et les plus anciens auteurs de *Dictionnaires historiques* n'avaient pas manqué de remarquer que ce qui rend Argenteuil célèbre, c'est la Robe de Notre-Seigneur : *Argentolium oppidum Galliæ ad Sequanam tribus leucis infra Luteliam in artum, Christi veste inconsutili celebre* [1]. Un savant géographe, La Martinière, fait aussi mention de la sainte Robe dans son grand et bien estimable *Dictionnaire géographique*, et dit, en parlant d'Argenteuil, « qu'on y montre la Robe de Notre-Seigneur, sans couture, d'une couleur tirant sur le roux, et que l'on assure avoir été trouvée dans l'église de ce lieu, l'an 1156 : elle est enfermée, ajoute-t-il, dans une châsse de vermeil doré, et on la porte en procession trois ou quatre fois l'année [2]. »

Mais aucun auteur n'avait traité d'une manière spéciale de notre Relique, et ne s'était attaché à la prouver à Argenteuil ; il est vrai qu'alors, c'est-à-dire au XVIIe siècle, pas plus qu'avant, cela ne faisait aucun doute, comme le font assez voir les témoignages dignes de confiance que nous avons rapportés jusqu'ici.

Cependant la piété pouvait désirer quelque ouvrage particulier sur un sujet qui l'intéressait si vivement, et il pouvait devenir nécessaire d'établir la vérité de cette sainte Relique, et de montrer par des preuves irrécusables qu'Argenteuil en était en possession depuis un temps immémorial, vu surtout que l'hérésie, toujours jalouse et embrageuse, attaquait cette pieuse croyance. C'est sans doute ce que comprirent deux auteurs de cette époque, dont on a déjà souvent rencontré les noms dans le cours de cette Histoire.

Le premier, Gabriel de Gaumont, prêtre, seigneur de Chevannes, et auteur d'un ouvrage intitulé : *Vie et martyre de saint Denis l'Aréopagite, avec preuve de ses écrits*, in-8°, 1679, donna une *Dissertation sur la sainte Tunique de Notre-Seigneur Jésus-Christ qui est conservée dans le prieuré d'Argenteuil.*

Cette *Dissertation* est fort solide. L'auteur ne s'attache pas à retracer, siècle par siècle, l'histoire de cette Relique ; mais il disserte pour prouver qu'elle est à Argenteuil et pour établir son authenticité; sa critique est sûre, ses raisons bien déduites ; on ne peut que lui reprocher le manque de méthode, défaut capital dans un ouvrage polémique, et qui affaiblit peut-être la force de la démonstration par l'obscurité qu'il répand nécessairement sur le sujet, mais défaut assez commun chez la plupart des auteurs de ce temps-là. Cet ouvrage est devenu fort rare, et ce n'est qu'avec beaucoup de peine que nous sommes parvenu à nous procurer la deuxième édition, qui est de 1667, petit in-12, et qui se trouve à la bibliothèque de l'Arsenal à Paris, sous le N° 14851 *bis*.

Peu de temps après que Gabriel de Gaumont eut publié sa *Dissertation*, un bénédictin de la congrégation de Saint-Maur, Gabriel Gerberon, donna une *Histoire de la Robe sans couture de Notre-Seigneur Jésus-Christ qui est révérée dans l'église du Monastère des religieux bénédictins d'Argenteuil; avec un abrégé de l'histoire de ce Monastère.*

Ce bénédictin fort savant, et d'un esprit ardent, s'attira de grands tourments à cause de son attachement aux doctrines de Jansénius et de son enthousiasme pour les défendre. Cependant il eut le bonheur de reconnaître ses erreurs; *il en ressentit de cruels remords*, dit Bérault Bercastel dans son *Histoire de l'Église*[3], il les rétracta *avec beaucoup de repentir, et avec une grande confiance en la miséricorde du Seigneur.* Il se retira à l'abbaye de Saint-Denis, où il vécut près d'un an au milieu de ses frères, qu'il édifia par sa piété et par son zèle pour toutes les vérités catholiques. Il y mourut dans les meilleurs sentiments, le 19 mars 1711, âgé de près de 83 ans, sans qu'un âge si avancé, dit Moréri, qui lui a consacré un article [a], ni les fatigues et les traverses de sa vie lui eussent affaibli en aucune manière l'esprit, ou diminué rien de son feu et de sa vivacité naturelle.

Dom Gerberon publia plusieurs ouvrages ; Moréri en compte jusqu'à quarante, et d'autres érudits lui en attribuent davantage. La première édition que nous connaissions de son *Histoire de la sainte Robe*, est celle de 1677, in-12. Il en parut depuis plusieurs autres. Nous en avons comparé trois éditions à la Bibliothèque royale, et nous avons trouvé entre chacune d'elles des différences essentielles. Les unes sont plus complètes, les autres ne contiennent pas le même nombre de chapitres, et ne traitent pas toutes les mêmes points. Est-ce que dom Gerberon aurait fait un *Abrégé* de son *Histoire ?* Nous avons lieu de le penser.

Mais ce qu'il est peut-être utile de remarquer, c'est que Gabriel de Gaumont et dom Gerberon se citent réciproquement, qu'ils s'appuient l'un sur l'autre, et qu'ils ne sont pas toujours d'accord entre eux, comme on a pu le voir dans quelques endroits de notre ouvrage, où nous avons cherché à éclaircir leurs sentiments. Or, n'est-il pas extraordinaire que le premier auteur qui parut cite le second ? Ceci ne peut s'expliquer que par les diverses éditions qui ont été données de leur ouvrage. Il est certain que ces citations réciproques ne doivent point se trouver dans la première édition de la *Dissertation* de Gabriel de Gaumont, ni dans l'*Histoire* de dom Gerberon ; nous n'avons pas pu nous procurer ces éditions pour nous en assurer, mais cela tombe tellement sous le sens, qu'il n'est pas besoin d'en apporter de preuves.

D'après la comparaison que nous avons faite de quelques éditions de l'ouvrage de dom Gerberon, c'est l'édition de 1677 qui nous paraît la plus complète, et nous pensons que c'est sur celle-là qu'a dû être faite la dernière, c'est-à-dire celle de 1838, in-12, à Paris, édition fautive et fort mal exécutée, que l'on a appelée à tort *quatrième édition;*

car celle de 1722 porte cette indication. L'édition qui nous a paru la plus *abrégée* est celle de 1768.

Cette *Histoire de la sainte Robe*, par dom Gerberon, est divisée en seize chapitres; mais elle manque aussi de méthode. Il va d'un fait à un autre, sans suivre aucun ordre chronologique, ce qui fatigue l'attention, et embarrasse le lecteur, qui ne peut saisir l'enchaînement de l'histoire. Néanmoins cela n'empêche pas que les preuves sur lesquelles il s'appuie ne soient irrécusables, et que les témoignages qu'il invoque n'offrent toute certitude. A la vérité, l'abbé de Feller n'en a pas jugé ainsi dans son *Dictionnaire historique*, et nous sommes loin de vouloir dissimuler son jugement : « Ouvrage, dit-il, qui manque de critique, où l'auteur se fonde sur des titres qui sont eux-mêmes suspects; et qui, quand même ils seraient authentiques, ne prouveraient rien [5]. » Nous ne pouvons nous empêcher de dire que c'est là un jugement bien étrange. *L'auteur se fonde*, dit Feller, *sur des titres qui sont suspects*. Mais les a-t-il vérifiés ? Pourquoi alors ne pas dire en quoi ils sont suspects ? Peut-on regarder comme suspects et inexacts saint Grégoire de Tours, Baronius, Aimoin, Mathieu de Westminster, Salmeron, Favin, Froissard, du Tillet et autres, sur lesquels s'appuie dom Gerberon ? Ce bénédictin lui-même était-il assez ignorant pour ne pas discerner les sources où il a puisé, et admettre les faits sans examen ? Mais, ajoute le critique, *lors même que ces titres seraient authentiques, ils ne prouveraient rien.* C'est aller vite en besogne et trancher bien hardiment. Quoi ! des titres authentiques, reconnus pour certains, irréprochables, ne prouveraient rien ? Sur quelles bases faudrait-il donc appuyer l'histoire ? Il n'y aurait plus rien de croyable au monde. Évidemment Feller voulait, à toute force, que l'ouvrage de dom Gerberon ne valût rien ; car jamais critique ne prononça une décision aussi arbitraire. On sait au reste que Feller, dans son *Dictionnaire,* qui n'est, il faut l'avouer, qu'un plagiat de celui de Chaudon, avec la plupart de ses défauts, est souvent partial, et que ses jugements ne sont pas toujours portés en connaissance de cause : on peut dire qu'il en donne ici une preuve assez évidente.

Après les deux auteurs dont nous venons de parler, nous n'avons pas trouvé d'autres ouvrages particuliers sur notre sainte Relique. On a bien fait une réimpression de dom Gerberon, et assez récemment on a publié une compilation de ces deux auteurs, et quelques courts opuscules; mais, malgré le mérite de l'une de ces *Notices* surtout, due à la piété et au zèle d'une jeune personne dévouée au culte de la sainte Robe, ce ne sont pas des ouvrages originaux et qui puissent faire grande autorité.

Cependant, si Gabriel de Gaumont et dom Gerberon sont les seuls auteurs qui aient traité spécialement ce pieux sujet au XVIIe siècle, il en est quelques-uns qui en font mention, au même temps, dans leurs ouvrages : nous mentionnerons d'abord Moréri et dom Calmet.

Il est vrai que le premier en parle dans son *Grand Dictionnaire historique* avec une outre-cuidance peu digne d'un érudit, mais il n'en constate pas moins le fait qu'Argenteuil est réputé pour avoir le bonheur de posséder la sainte Robe de Notre-Seigneur. Après cela, voici comment il s'exprime :

« Mathieu de Paris ajoute que cette Robe fut trouvée en l'année 1156 au monastère d'Argenteuil, avec une lettre qui en marquait la qualité. Il dit que cette découverte se fit par révélation divine, et que la lettre contenait que la Robe avait été tissue par la Vierge, dans le temps que Jésus-Christ était encore enfant : ce qui paraît fort suspect, car la longueur et la largeur qu'elle pouvait avoir alors, ne conviennent pas à l'âge que Notre-Seigneur avait lorsqu'il fut crucifié. Mathieu de Westminster veut faire croire que cette Robe devenait plus longue et plus large à mesure que Jésus-Christ croissait en âge [7]. » Tout ceci ne semble-t-il pas bien tranchant? La tradition que la sainte Robe est l'ouvrage des mains de Marie *paraît fort suspecte* à Moréri; mais sur quoi se fonde-t-il? Sur quelles autorités appuie-t-il son doute? S'il ne discute pas cette pieuse opinion et s'il ne cite aucun auteur qui la détruise, pourquoi veut-il que nous le croyions sur parole? A-t-il plus d'autorité en cette matière que Mathieu de Paris?... Mathieu de Westminster, ajoute Moréri, *veut faire croire que cette Robe devenait plus longue et plus large à mesure que Jésus-Christ croissait en âge.* Mais si cela est en effet, pourquoi ne l'aurait-il pas *fait croire?* Prouvez que cela n'est pas. Y a-t-il une impossibilité absolue à ce que cela soit? Ensuite Mathieu de Westminster n'est pas le seul qui l'ait *fait croire.* On a pu se convaincre, par notre chapitre VI du Livre Ier, si cette pieuse croyance est fondée; et, s'il est raisonnable de croire que la sainte Robe a été faite par Marie, ainsi que nous l'avons établi au chapitre II du même Livre, et que ce Vêtement crût à mesure que le divin enfant grandissait, comme des auteurs véridiques le font entendre, que penser de la manière de s'exprimer de Moréri? Sans doute, il y a de ces choses qu'on n'est pas obligé de croire, et dont on est loin de vouloir faire un article de foi, mais qui sont tellement respectables, auxquels un cœur pieux acquiesce si facilement, qu'un homme éclairé doit toujours suspendre son jugement et n'en parler, au moins, qu'avec réserve.

Quant à dom Calmet, il est loin de nier ou d'affaiblir en quoi que ce soit la vérité de la sainte Robe; il s'attache au contraire à prouver qu'elle est l'ouvrage des mains de Marie, et il montre qu'elle existe encore ; seulement il veut qu'elle soit à Trèves, cette Rome du Nord, où la fortune des Césars se réfugia durant quelques années, et qu'il n'y ait au prieuré *d'Argenteuil qu'un manteau couleur de pourpre* [8]. Mais nous examinerons plus loin cette assertion, que le savant commentateur énonce aussi sans apporter aucune preuve à l'appui.

Dom Remi Cellier, bénédictin de la Congrégation de Saint-Vannes, analyse, dans son *Histoire des auteurs sacrés et ecclésiastiques*, le livre de *la Gloire des Martyrs* de saint Grégoire de Tours, où comme l'on sait, ce saint docteur parle de notre Relique ; mais le savant bénédictin ne se contente pas de son résumé, il ajoute ces mots au texte de saint Grégoire : « La Tunique sans couture, dit-il, fut apportée en France sous le règne de Charlemagne, et placée dans le monastère d'Argenteuil, où la sœur de ce prince et sa fille étaient religieuses [9] ; » et plus loin, il fait encore mention de la sainte Robe, à propos de la *Chronique* de Fredegaire, dans laquelle cet ancien historien parle de l'*Invention de la Tunique du Sauveur*[10]. Nous pouvons donc placer dom Cellier au nombre des auteurs favorables à notre Relique.

Il en est de même d'Adrichomius dans son *Theatrum Terræ sanctæ*, Cologne, 1590, in-fol., page 180; et du R. P. Honoré de Sainte-Marie, dans son excellent ouvrage intitulé : *Réflexions sur les règles et sur l'usage de la critique*, Tome III, Dissertation V, *des Reliques ou des précieux restes de Jésus-Christ, et des instruments de sa Passion*, où il cite dom Gerberon et Gabriel de Gaumont.

Voudra-t-on, en revanche nous opposer Baillet, le fameux auteur d'une *Vie des Saints* fort lourdement écrite et extrêmement diffuse ? Mais d'abord cet écrivain ne nie pas, dans son *Histoire des Fêtes mobiles de l'Église*, les faits qui nous occupent, et les eût-il contestés sans détour, que cela ne devrait guère nous embarrasser; car quelle autorité peut avoir un érudit qui rejette, sans examen, toutes les *Légendes*[11], et qui ne trouve rien de certain sur la personne de Notre-Seigneur et sur celle de la très-sainte Vierge, sur les actes des Martyrs et sur les Apôtres, qui, suivant lui, n'ont point prévu, dans ce qu'ils ont écrit sous l'inspiration divine, les difficultés de la critique [12] ? On conviendra que c'est là un écrivain étrange, pour ne pas dire plus. Il avait beaucoup de science, dira-t-on, nous l'accordons : mais s'il ne s'en est servi, comme ses *Vies de Saints* et son traité de la *Dévotion à la sainte Vierge* le prouvent, que pour insinuer le scepticisme historique dans des ouvrages destinés à l'instruction et à l'édification des fidèles, et que pour sacrifier aux susceptibilités de la raison humaine les faits les plus propres à glorifier Dieu et à nourrir la piété, quelle confiance peuvent inspirer ses assertions? D'ailleurs, son érudition n'était pas digérée ; les Bollandistes l'appellent un critique outré, *hypercriticus*, et on ne peut disconvenir que ses observations plus que minutieuses ne soient une pure chicane sans portée.

Nous le répétons, Baillet ne nie pas l'existence de la Tunique de Jésus-Christ ; mais c'est plutôt la manière dont il en parle que le fond même des choses qu'il rapporte qui peut le faire ranger parmi les antagonistes de cette sainte Relique; on voit bien, au reste, quoiqu'il ne se prononce pas, quel est son vrai sentiment ; voici sa phrase la plus hostile : « Ceux, dit-il, qui ne comptent point au nombre des instruments de la Passion du Sauveur la lance qui lui ouvrit le côté, parce qu'elle ne contribua en rien à ses douleurs et à son supplice auraient encore plus raison *d'en exclure la Robe sans couture* [13] ; » et ceux-là sont quelques critiques de sa trempe, et lui en tête. Ensuite il fait l'historique de cette Tunique ; il cite le témoignage de saint Grégoire de Tours et de Fredegaire son continuateur qui écrivait au VIIIe siècle ; il confirme ce que nous avons dit au chapitre III du Livre 1er, touchant l'habillement de Jésus-Christ et sa Robe qui recouvrait immédiatement sa chair sacrée : « C'était, dit-il, la Tunique de dessous dont le corps du Sauveur était immédiatement couvert, ayant par dessus le vêtement qui descendait jusqu'aux talons, puis le manteau qui le couvrait ; et c'était dans ces trois pièces que consistait l'habit complet des Juifs [14] ; » enfin il rapporte la plupart des faits que nous avons énumérés, jusqu'à la découverte en 1156, et il ajoute que depuis cette époque « la sainte Robe a toujours été révérée au prieuré d'Argenteuil comme Robe de Jésus-Christ, par un culte qui n'a point souffert d'interruption jusqu'à notre temps [15], » c'est-à-dire vers 1700. Mais dans tout cet historique qui peut satisfaire jusqu'à un certain point, on rencontre les expressions : *Pour rendre la chose vraisemblable, on se contente de dire, on croyait avoir, on voulait persuader*, expressions qui montrent bien l'esprit de Baillet, qui ne trouvait rien de solide dans toute l'antiquité chrétienne. Toutefois prenons acte des faits, et laissons la manière dubitative de l'auteur, puisque en définitive il n'a pas donné d'autre fondement à son érudition.

Il est un autre écrivain qui s'est cru en droit d'infirmer l'existence de la Tunique du Sauveur. Nous voulons parler du curé Jean-Baptiste Thiers, auteur d'un nombre prodigieux d'ouvrages, et qui eut de grands démêlés avec ses supérieurs. Or, dans une *Dissertation* qui, elle-même, a pour but de détruire l'authenticité d'une sainte relique contre les assertions du docte dom Mabillon, il se plaît à couvrir de calomnies les Bénédictins, et, parmi tous les faits qu'il accumule pour prouver, dit-il, la simonie et la cupidité de ces religieux, il range la Tunique sans couture, prononçant ensuite, de sa pleine autorité, que tous ces faits « sont de pures imaginations, dont les uns ni les autres ne sauraient apporter aucune preuve qui mérite tant soit peu d'attention [46]. » Mais quelle garantie peut offrir un homme d'un esprit inquiet et satirique, et dont les ouvrages assez bizarres sont inexacts ? C'est surtout à un auteur de cette sorte, que l'on doit demander compte de ses assertions ; et précisément l'auteur de l'*Histoire des perruques*, qui avait un goût prononcé pour l'exagération et le paradoxe, n'apporte ici aucune preuve de son insidieuse affirmation.

Peut-on dire que ce soient là des objections bien redoutables ? Elles sont cependant les seules que nous ayons rencontrées dans notre pieuse étude. Et que peuvent-elles faire en présence des témoignages des auteurs favorables que nous avons rapportés ? Nous n'ignorons pas non plus que Calvin n'a pas craint d'attaquer cette sainte croyance. Mais qu'attendre autre chose de l'hérésie? Elle qui voulait détruire dans ses écrits tout ce que la religion a de plus sacré et de plus certain, pouvait-elle respecter notre Relique? Elle qui déchirait si cruellement l'Église de Jésus-Christ, pouvait-elle ne pas déchirer la Robe sans couture? Elle qui profanait toutes les reliques, qui abattait les croix, qui brûlait les images, aurait-elle oublié la Robe sans tache du divin Sauveur?... Mais ici, comme dans les anciens jours, « l'iniquité s'est menti à elle-même : *mentita est iniquitas sibi*[17], » et les peuples ont continué de témoigner leur vénération à la précieuse Relique.

Oui, il n'y a que l'hérésie qui ait osé vous contester formellement, ô Robe sainte; et c'est une gloire de plus qui vous était réservée. L'impiété a souri en entendant parler de vous, et elle vous a attaquée avec impertinence. Mais qu'importe! les nuages que la tempête amoncelle autour du soleil, en font ressortir davantage l'éclat; et les dédains, les sarcasmes de l'impie et de l'hérétique sont encore une preuve en votre faveur, car il n'y a que ce qui est vénérable et saint qu'ils méprisent et qu'ils outragent!

CHAPITRE VI.

Confrérie en l'honneur de la sainte Robe;— Indulgences; — confirmation des faits précédents;—guérisons miraculeuses.

———

A cette dévotion si touchante, à ce zèle si louable pour honorer et célébrer le Vêtement sacré de Notre-Seigneur, que nous remarquons dans le XVIIe siècle, il fallait, pour ainsi dire, un centre et un lien.

On songea, en effet, à fonder une association sous le nom de *Confrérie de la sainte Robe*. Mais toute Confrérie reçoit son impulsion de Rome, c'est-à-dire que le Saint Siége accorde ordinairement à ces pieuses associations des grâces spirituelles qui leur donnent la vie. On demanda donc au souverain pontife, alors assis sur la chaire de saint Pierre, de faire participer à ces grâces la nouvelle Confrérie.

Le pape Innocent X, d'heureuse mémoire, accueillit ce vœu. Il érigea, par une Bulle, en date de 1653, la Confrérie, et l'enrichit d'Indulgences précieuses.

D'abord il accorde à perpétuité une Indulgence plénière à tous les fidèles de l'un et de l'autre sexe, pour le premier jour de leur entrée dans la Confrérie, pourvu toutefois qu'ils s'approchent des sacrements de Pénitence et d'Eucharistie ce jour-là.

La même Indulgence est octroyée à tous les fidèles inscrits dans ladite Confrérie, et dans quelque lieu qu'ils se trouveront, pourvu que, vraiment repentants et s'étant munis du Sacrement des forts, ils invoquent du fond de leur cœur, et s'il se pouvait de bouche, au moment suprême de la mort, le saint nom de Jésus, ce nom adorable *devant qui tout genou doit fléchir au ciel et sur la terre !*

Semblable Indulgence est aussi concédée à tous les confrères qui, ayant pareillement communié, visiteront tous les ans, le jour de la fête de l'Invention de la Sainte Croix, l'église où est déposée la Sacrée Tunique de Notre-Seigneur, et qui prieront pour l'exaltation de la sainte Église Catholique, l'extirpation des hérésies, la conversion des infidèles, l'union entre les princes chrétiens, et pour le Souverain Pontife.

De plus, Innocent X accorde, dans sa Bulle d'érection, aux mêmes confrères qui, vraiment contrits et humiliés, et après avoir reçu la Sainte Communion, visiteront tous les ans, avec grande dévotion, la même église, aux fêtes de l'Exaltation de la Sainte Croix, de l'Invention du corps de saint Denis, de l'Ascension de Notre-Seigneur, des secondes féries de Pâques et de la Pentecôte, vénèreront la Relique et prieront aux intentions accoutumées, sept années d'Indulgences et autant de quarantaines à chacun des quatre jours qui viennent d'être désignés.

Enfin, le vicaire de Jésus-Christ, ouvrant de plus en plus le trésor des indulgences, remet miséricordieusement en Notre-Seigneur soixante jours de pénitences dont les confrères pourraient avoir été passibles, ou auxquelles ils seraient encore obligés, et ce toutes les fois qu'ils assisteront aux offices divins, aux assemblées soit publiques, soit particulières de la Confrérie, ou qu'ils accompliront quelque bonne œuvre, comme d'accompagner le Très-Saint Sacrement lorsqu'on le porte aux malades, de prier pour ces malades, de loger les pauvres pèlerins, de réconcilier les ennemis, de ramener quelque pécheur dans le sein de l'Église, d'enseigner la religion aux ignorants, et de réciter cinq fois le *Pater* et la *Salutation Angélique* pour le repos de l'âme des confrères décédés.

Cette Bulle fut publiée par l'ordre de Jean François de Gondy, archevêque de Paris, dans l'église métropolitaine et autres églises tant de la ville que du diocèse, le 23 août de la même année 1653.

De telles faveurs mirent, en quelque sorte, le sceau à la pieuse et antique dévotion à la sainte Robe; elles lui donnèrent encore un nouveau prix aux yeux des fidèles, et le pèlerinage devint de plus en plus célèbre.

Ce serait nous répéter que d'analyser ici, quoique c'en soit bien le lieu, un manuscrit que nous avons entre les mains et qui est intitulé : *Mémoire en date du quinzième jour de novembre de l'année 1663, touchant certaines particularités de la Robe* sans couture de Notre-Seigneur Jésus-Christ, que l'on fait voir en l'église du prieuré Notre-Dame d'Argenteuil de l'ordre de Saint-Benoit et de la Congrégation de Saint-Maur en France. Ce mémoire est l'ouvrage d'un religieux profès, nommé Antoine Fayet, et est déposé aux archives de Versailles.

Il ne contient rien que nous ne sachions déjà, mais il est important en ce sens que c'est un témoin de plus qui vient déposer en faveur des faits que nous nous sommes attachés à exposer, et les confirmer non-seulement par son autorité de religieux, et par conséquent d'homme qui ne cherche point à en imposer, mais par l'autorité d'un témoin oculaire à même de connaître la tradition, puisqu'il demeura dans le monastère plus de trois ans, et qu'il y fut employé, *pendant un assez long temps*, à montrer la sainte Tunique aux pieux pèlerins.

Sans donc entrer dans le détail de ce que contient ce Mémoire, qu'il nous suffise de dire que le religieux constate l'antique possession, par Argenteuil, de la Robe sans couture; que de son temps encore on sonnait une cloche en souvenir de la donation de la sainte Relique par Charlemagne, et de son entrée solennelle dans Argenteuil ; que le monastère avait été ravagé par les Huguenots, l'ancienne châsse pillée, et la sainte Robe déposée dans une châsse de bois doré ; que plusieurs des plus anciens habitants d'Argenteuil et des plus dignes de foi ayant été juridiquement requis de déclarer ce qu'ils savaient de notre sainte Relique, ont tous unanimement répondu qu'ils l'avaient vue autrefois hors de la châsse, dépliée et entière avec ses deux manches qui pourtant ne pouvaient couvrir le bras qu'à demi ; qu'enfin cette Relique était vénérée par un grand nombre, et qu'on venait avec empressement adorer Jésus-Christ en sa présence et méditer sur la passion et la mort glorieuse de cet Homme-Dieu, rédempteur du monde.

A peu près vers le même temps que ce religieux rédigeait ce Mémoire, Dieu permettait que l'on découvrît des titres qui servissent encore à constater la véracité de tout ce que l'on savait sur la sainte Robe.

Le syndic d'Argenteuil, dit Dom Gerberon[1], et plusieurs autres habitants s'étant assemblés chez le curé d'alors pour y chercher quelques titres dont ils avaient besoin pour les affaires de la commune, on en rencontra deux en parchemin, et d'une écriture fort ancienne, où l'histoire de la translation de notre Relique était rapportée.

Le premier de ces deux titres était en latin, et étant tombé entre les mains du procureur de la ville, celui-ci déclara et déposa en justice qu'il a remarqué, autant qu'il a pu connaître par ces mots : *Tunica inconsutilis... una hora*, qu'il y a lus, que ce titre parlait fortement de la sainte Robe, et qu'étant arrivée à Argenteuil à une heure après-midi, elle fut déposée dans l'Église, et qu'on y sonne tous les jours une cloche à la même heure, pour célébrer la mémoire de cet heureux événement. Il déclare de plus que ce titre avait trois sceaux, sur chacun desquels il reconnut ce mot : *Episcopus*.

L'autre titre était en français ; le syndic l'ayant trouvé le lut entièrement, et déposa de même en justice que ce titre, aussi d'une écriture fort ancienne, portait une date de huit cents et tant d'années, et que, par la lecture qu'il en a faite, il a reconnu que Constantin, qui était fils de l'impératrice Irène, fit présent de la sainte Robe au roi Charlemagne qui la fit apporter à Argenteuil avec beaucoup de solennité, s'y trouvant lui-même avec dix ou douze évêques et les seigneurs de sa cour ; qu'il y arriva à une heure après midi, et qu'enfin ce grand empereur la donna à Théodrade sa fille, qui était pour lors religieuse dans l'abbaye d'Argenteuil.

Voilà comment des faits arrivés au commencement du IX° siècle furent encore confirmés dans le XVII°. N'y a-t-il pas dans cette circonstance une vue secrète de la divine Providence ? Il semble que Dieu voulait que dans ce siècle où son sacré Vêtement était honoré en paix, on recueillît des preuves qui pussent servir dans des temps d'incrédulité et d'indifférence.

Mais le témoignage le plus grand que le Seigneur donna, à cette époque, de la vérité de sa Robe glorieuse, ce sont les miracles nombreux qu'il opéra sur ceux qui le prièrent avec foi devant cette Robe, de laquelle découle toujours une vertu qui guérit : *Si tetigero tantùm vestimentum ejus, salva ero* [2].

Dom Gerberon cite plus de trente de ces guérisons miraculeuses, arrivées dans la seconde moitié du XVIIe siècle, et déplore que l'on n'ait pas pris soin de recueillir celles qui s'opérèrent avant lui. Hélas! combien de merveilles le Seigneur accomplit chaque jour, sans que souvent l'homme y fasse attention! Le pieux bénédictin affirme en outre qu'il a vu toutes les attestations authentiques de ces miracles; que plusieurs sont émanées d'évêques, de médecins, de personnes dignes de confiance, et que lui-même a pris toutes les informations nécessaires, qu'il a parlé à des témoins oculaires, et qu'il a même conféré avec quelques-uns de ceux qui reçurent des grâces particulières. Parmi ces personnes, nous trouvons des paralytiques, des perclus, des aveugles, des sourds, des hydropiques qui furent guéris instantanément après avoir prié devant la sainte Relique, et avoir porté quelque linge, ou autres effets qui l'avaient touchée. Un enfant mort-né est présenté à la sainte Robe, il recouvre la vie, et a le bonheur de recevoir le baptême. Enfin dom Gerberon rapporte quelques autres guérisons, et termine ainsi : « Dieu continue encore tous les jours à faire éclater ses miséricordes en faveur de ceux qui ont une véritable dévotion pour ce sacré Vêtement ; les actions de grâces que l'on y vient rendre de tous côtés pour les bienfaits qu'on a reçus, et les secours que l'on vient demander à Notre-Seigneur auprès de la Sacrée Tunique en sont une preuve. Mais qui voudrait rapporter en particulier toutes ces guérisons, en ferait un juste volume. Celles que nous avons remarquées sont suffisantes pour faire connaître la toute-puissance et la bonté de Celui qui opère ces merveilles, et pour inspirer la confiance qu'on doit avoir en Jésus-Christ et en la vertu de sa sainte Robe [3]. »

Ajoutons que ces miracles ne sont pas seulement relatés dans l'ouvrage de Dom Gerberon, mais qu'ils se trouvent consignés, avec beaucoup d'autres encore dont ce religieux ne parle pas, dans un *procès-verbal d'enquête* fort considérable, fait et dressé en 1673, avec beaucoup de soin, après les informations les plus minutieuses, l'audition de plusieurs témoins et leurs attestations par serment, par *maître Nicaise Deshayes*, pré-

tre, bachelier en théologie de l'Université de Paris, chanoine de l'église royale et collégiale de Saint-Paul, à Saint-Denis, y demeurant, ci-devant curé d'Esclavon, au diocèse de Châlons en Champagne, et de la ville de Saint-Dizier, au même diocèse, et notaire apostolique de la cour spirituelle dudit Saint-Denis, désigné pour informer de ces nombreuses guérisons. A ce *procès-verbal*, qui ne fait pas moins de 140 pages petit in-folio, sont annexées plusieurs pièces, portant différentes dates, depuis 1673 jusqu'à 1745, et émanées d'ecclésiastiques, de religieux, de médecins à la Faculté de médecine de Paris et du bailly d'Argenteuil, pour attester diverses guérisons extraordinaires. Ces pièces, dressées en forme d'actes, relatent l'audition de plusieurs témoins auxquels on a fait prêter serment de ne déposer que la vérité, et sont signées, presque toutes, par ces mêmes témoins. Nous les avons examinées, ainsi que le *procès-verbal d'enquête*, et nous pouvons dire qu'elles offrent des caractères respectables de véracité, et qu'elles sont des preuves bien touchantes de l'empressement des fidèles à recourir à Notre-Seigneur pour obtenir toutes sortes de grâces, par le moyen de son Sacré Vêtement, comme de la miséricordieuse bonté de ce divin Sauveur à récompenser leur confiance. On comprend que nous ne pouvons rapporter ici tous ces faits. Il faudrait un volume entier. On peut d'ailleurs consulter ces pièces aux archives d'Argenteuil, où elles sont fidèlement conservées.

C'est à dessein que nous recueillons les moindres faits qui vous concernent, ô Robe sans tache ! Nous aurions pu rapprocher la découverte des titres dont nous venons de parler des événements mêmes qu'ils confirment. Mais non ; nous aimons mieux suivre, anneau par anneau, la chaîne de la tradition, observer les vues de Dieu sur vous, et montrer que, soit que vous soyez honorée, soit que vous ayez à subir les vicissitudes des temps, soit que votre vérité soit reconnue et exaltée, soit que l'on cherche à l'obscurcir, vous êtes toujours sous la protection visible du Sauveur. Eh ! quelle preuve plus éclatante en voudrions-nous que cette multitude de malades allant devant vous, ô Tunique sainte ! et disant comme l'hémorroïsse :

Si tetigero tantùm vestimentum ejus, salva ero; et Jésus-Christ, toujours rempli de la même compassion, répondant à chacune de ces pauvres âmes : « Ma fille, ayez confiance, votre foi vous a guérie : *Confide, filia, fides tua te salvam fecit*[4]. »

CHAPITRE VII.

Époque de la révolution; — Ce que devient la sainte Robe pendant ce temps de cruelle épreuve.

———

Mais l'impiété, sœur de l'hérésie, marchait à grands pas. Les maximes d'une vaine et orgueilleuse philosophie s'infiltraient dans les cœurs, disposés peut-être, plus qu'on ne le pense, par la licence et le paganisme des règnes précédents; règnes de grandeur et de gloire tant que l'on voudra, mais règnes où la religion ne domina pas toujours, et où les grands évêques, les illustres orateurs chrétiens, qui en furent le plus bel ornement, ne purent pas toujours arrêter les débordements du sensualisme, qui, il faut bien le dire, y trônait !

La réforme avait enfanté la philosophie, et celle-ci devait porter le ravage après elle, comme avait fait et comme faisait encore la première. Le respect pour l'autorité s'effaçait donc peu à peu, les liens de la famille se brisaient, on en était venu à raisonner avec Dieu, l'irréligion était de mode, le libertinage de bon ton, l'impiété était appelée du bel esprit ; la probité, la bonne foi, les mœurs simples, étaient regardées comme des restes d'une fanatique superstition, qui disparaissait heureusement, selon le langage des coryphées, pour faire place aux lumières de la philosophie ; enfin, des livres inspirant la haine de l'autel et du trône, soufflant la révolte, attisant le feu des passions, circulaient partout et corrompaient la jeunesse.

Qu'attendre d'une société ainsi livrée à de cruels ennemis décorés du nom de philosophes, pour insulter encore, par ce dernier trait d'hypocrisie, à la vérité et à la vertu ? Qu'attendre, mon Dieu ! sinon une prochaine et inévitable dissolution ?

Elle éclata, en effet, cette furieuse tempête chargée de nuages sombres, amassés avec tant de travail, et elle éclata pour bouleverser la France, comme les vagues d'une mer en furie brisent et dispersent le pauvre esquif qu'elles poussent et repoussent en sens divers jusqu'au dernier écueil... et on sait ce que fit de notre patrie la révolution, qui vint réaliser, pour tout dire en un mot, ce que la philosophie avait enseigné.

Hélas! oui, nous le savons! Nous savons combien d'églises furent détruites ou fermées, combien de monastères, de couvents furent ravagés et brûlés. Nous connaissons les profanations de l'abbaye de Saint-Denis, dont après tant d'années les traces honteuses ne sont pas encore toutes effacées aujourd'hui. Le prieuré d'Argenteuil qui en dépendait, lui que des rois avaient doté, que de pieuses reines avaient habité, pouvait-il obtenir grâce devant des hommes plus aveugles que les barbares et que les Danois? Non, car ces hommes étaient animés d'une haine implacable contre tout ce qui appartenait à la religion. Il fut donc pillé, on chassa les religieux, et la magnifique châsse qu'avait donnée la duchesse de Guise fut emportée comme un riche butin pris sur le fanatisme. Mais notre sainte Relique demeura pour la consolation des âmes pieuses et affligées à la vue de tant de ruines qui s'amoncelaient, et de tant de victimes qui étaient offertes en sacrifice !

Elle est recueillie, cette Robe précieuse, grâce à la bonté de Dieu... et c'est par le ministère d'un prêtre [1], qui fut sans doute très-utile, dans cette malheureuse circonstance, pour la conservation de cette Relique ; car, ayant eu le malheur, oubliant son caractère sacré et inviolable, de prêter serment à la Constitution, peut-être les Vandales révolutionnaires, à cette considération, ne furent-ils pas tentés de pousser plus loin leurs ravages, et laissèrent-ils en pleine liberté d'agir, comme il l'entendait, celui qu'ils regardaient comme leur appartenant.

Quoi qu'il en soit, ce prêtre, qui se rétracta, hâtons-nous de le dire, tant une apostasie nous pèse! transporta notre Relique dans l'église paroissiale d'Argenteuil, placée sous le vocable de Saint-Denis. Mais, hélas! il diminua le prix de cette bonne action, en distribuant plusieurs morceaux de la Tunique sacrée... et osant se permettre ce que n'avaient pas fait les soldats qui crucifièrent le Seigneur Jésus!

Ce furent des habitants d'Argenteuil qui

profitèrent de cette témérité : heureux s'ils surent apprécier la valeur du trésor qui leur fut si indiscrètement donné ! Les plus anciens du pays rapportent que ce pasteur posséda longtemps un petit coffret, où il avait renfermé une parcelle de la sainte Robe, et sur lequel était sculptée une image de Marie, travaillant au Vêtement de son Fils, à peu près semblable à ce coffre d'ivoire dans lequel l'impératrice Irène avait envoyé la Relique à Charlemagne. Mais on ne sait ce qu'est devenu ce petit reliquaire, et les recherches de M. le curé actuel d'Argenteuil sont demeurées jusqu'ici infructueuses.

Tout en déplorant amèrement l'indiscrète conduite du prêtre dont nous parlons, nous ne pouvons nous empêcher de considérer encore les desseins impénétrables de Dieu, que l'on aperçoit à chaque page de cette Histoire. Admirons, en effet. C'est un de ses ministres, prévaricateur pour un temps, qui conserve notre Relique ; les impies la lui abandonnent volontiers ; mais bientôt, indignés de l'abjuration du prêtre qui a écouté la voix de sa conscience, ils entrent en fureur, l'église même n'est pas épargnée, et le pasteur repentant, voyant l'orage gronder sur sa tête, emporte de nouveau la Relique, mais cette fois pour la cacher dans le jardin du presbytère, et pour n'admettre dans sa confidence que son sacristain... Pour lui, il est enfermé, peut-être pour expier sa faute. Mais il avait sauvé la Robe du Fils de Marie : c'est ce que Dieu, qui tire le bien du mal, voulait de lui... et c'est sans doute pour avoir correspondu à cette volonté divine, qu'il lui fut accordé de sortir de l'abîme, et de souffrir patiemment les persécutions qu'il eut à endurer.

C'est ainsi que notre Relique traversa cette terrible époque que l'on a si bien appelée le *règne de la terreur*...Quand le plus fort de la tempête fut passé ; quand Dieu eut jeté un regard de miséricorde sur cette France de Charlemagne et de saint Louis, le pauvre prêtre sortit de sa prison, après dix-huit mois de captivité, et il retrouva la sainte Robe au lieu où il l'avait cachée...

Reparaissez donc, Robe glorieuse ! reparaissez de nouveau, pour ne plus vous dérober à notre amour. Le calme a succédé à la tempête. Vos ennemis sont morts : on n'a

fait que parler... et ils n'étaient déjà plus !
Reparaissez, car voici les beaux jours qui
viennent après les jours sombres et nuageux
de l'orage : *Jam enim hiems transiit, imber
abiit et recessit* [1]. Reparaissez, ô vous qui
vous retirez dans les trous de la pierre, dans
les trous de la muraille : *In foraminibus
petræ, in cavernâ maceriæ* [2]. Restez enfin
au milieu de nous..., et vous trouverez, de
nos jours encore, l'amour et la vénération
des peuples aussi ardents et aussi sincères
qu'aux siècles passés !

LIVRE CINQUIÈME.

HISTOIRE DE LA SAINTE ROBE, DEPUIS LA FIN DU XVIIIᵉ SIÈCLE, JUSQU'A L'ÉPOQUE PRÉSENTE.

CHAPITRE PREMIER.

Rétablissement du culte de la Sainte Robe.

Nous entrons dans la dernière période de l'histoire de la sainte Relique. Nous pensons que tout lecteur attentif aura déjà puisé dans le simple exposé des faits que nous avons relatés, et dans leur enchaînement, une certitude suffisante sur l'existence de ce précieux trésor que Dieu nous a conservé dans son infinie bonté, et sur le privilége insigne qu'a reçu Argenteuil de le posséder depuis la plus haute antiquité jusqu'à nos jours.

Si ce point d'histoire ne se trouvait pas

assez solidement établi avec les témoignages nombreux que nous avons apportés, nous ne savons pas ce qu'il y aurait de certain en histoire, et sur quoi la vérité d'un fait pourrait être fondée. On ne pourrait se prévaloir des quelques oppositions que nous avons rencontrées parmi certains auteurs ; car, on l'a vu, elles ne sont point sérieuses, elles ne sont appuyées sur rien, et d'ailleurs elles sont imperceptibles en présence du grand nombre de témoignages respectables, solides et irréfragables qui déposent en faveur de notre Relique. Au reste, ce que nous avons encore à dire contribuera sans doute à porter la conviction dans les esprits les plus difficiles, ou au moins les obligera peut-être à suspendre leur jugement, et à étudier eux-mêmes, avant de se prononcer définitivement, les sources où nous avons puisé.

L'Église de France si cruellement ravagée respirait donc enfin. La justice de Dieu était passée ; les temples étaient rendus aux fidèles ; les pompes, les cérémonies sacrées pouvaient reprendre leur splendeur ; les reliques, heureusement préservées, pouvaient être de nouveau offertes aux âmes pieuses et avides de retrouver, après les jours d'épreuve, les chers objets de leur amour et de leur vénération.

On vit dès-lors reparaître dans le lieu saint, la Robe du Sauveur, mais le pasteur auquel était confiée, à cette époque, la paroisse d'Argenteuil, et les pieux fidèles, comprirent qu'il était nécessaire d'en référer à l'autorité ecclésiastique, afin de donner de nouveau à cette pieuse dévotion tous les caractères désirables d'authenticité et de durée. Ils s'adressèrent donc, le 27 avril 1804, au cardinal Caprara, qui était légat du saint siége en France, pour obtenir sa protection dans cette circonstance.

Dans son *Exposé*, M. l'abbé Robin, délégué pour cette affaire, rappelle à l'illustre cardinal les faits sur lesquels est appuyée l'antique possession, par Argenteuil, de la Sainte Robe... «Nous tenons, dit-il, ce monument unique de la piété de saint Charlemagne, roi de France, à qui l'impératrice Irène l'avait donné. Une suite non interrompue de titres attestent, de siècle en siècle, que, sous nos rois, les princes de l'Église, les archevêques et évêques, les grands du royaume, tous les fidèles, ont rendu à cette précieuse Relique les hommages de vénération et de respect dus à son authenticité. Les souverains pontifes, ajoute-t-il, ont voulu que la piété des fidèles fût entretenue dans cette religieuse dévotion, en attachant aux jours spécialement consacrés à la vénération de ce précieux Vêtement de Notre-Seigneur, des Indulgences particulières..... » Puis, cet ecclésiastique adresse au cardinal Caprara un exemplaire de la Bulle d'Innocent X, par laquelle ce pape a érigé la Confrérie de la Sainte Robe, et il supplie le prince de l'Église d'accorder la *rénovation* ou la *confirmation* de cette Bulle, afin que les fidèles puissent se réunir en Confrérie, comme par le passé, et qu'il soit permis « que le culte que l'on rendait à ce monument de notre salut, dans le prieuré conventuel supprimé, soit transféré dans l'église principale d'Argenteuil, avec les mêmes priviléges et les mêmes grâces de l'Église dont il jouissait de temps immémorial [1]. »

Le cardinal Caprara, auquel l'Église de France doit tant, accueillit une aussi légitime demande, et rendit, le 29 du même mois, un *Acte*, dont nous conservons le texte [2], et dans lequel le digne Légat déclare, « qu'en vertu de l'autorité spéciale et particulière qui lui a été conférée par le souverain pontife Pie VII, il renvoie la demande au jugement et à la sagesse de l'évêque de Versailles, avec les pouvoirs nécessaires et convenables pour, s'il le juge utile au bien de la religion, rétablir la Confrérie et la transférer dans l'église paroissiale ; » et où il marque expressément « qu'il confirme, nonobstant toute espèce d'opposition, les Indulgences contenues dans la Bulle du pape Innocent X de sainte mémoire, données à Rome, à Sainte-Marie-Majeure, l'an 1653, aux mêmes conditions et dans la même teneur, » s'en référant, au reste, à l'évêque diocésain, « auquel il appartient de connaître de l'authenticité de la Relique, avant de l'exposer de nouveau à la vénération des fidèles. »

Pour se conformer à cette *Déclaration* du cardinal Caprara, l'évêque de Versailles, Louis Charrier de la Roche, ordonna une enquête, et nomma M. l'abbé Cottret, homme de science et de vertu, qui est mort dernièrement évêque de Beauvais [3], pour procéder aux informations nécessaires dans cette circonstance. Tout se fit avec une régularité parfaite. Les pièces furent consultées. On entendit des témoins dignes de foi, et on dressa un procès-verbal de cette cérémonie importante. C'est d'après cette enquête que le prélat publia l'ordonnance suivante :

« Louis Charrier de la Roche, par la miséricorde divine et l'autorité du Saint-Siége, évêque de Versailles, à tous ceux qui liront les présentes, salut et bénédiction en Notre-Seigneur Jésus-Christ.

« Vu le procès-verbal du 17 mai 1804, dressé par M. Cottret, curé desservant de Saint-Pierre et Saint-Paul-de-Sannois, nommé par nous, commissaire aux fins de constater l'identité de la Robe de Notre-Seigneur, transférée dans l'église paroissiale d'Argenteuil, suivant l'acte de translation daté du 31 mai 1791 ;

« Attendu qu'il est clairement prouvé, par la déposition unanime des maire, adjoints, notables, et dix autres témoins, tous anciens marguilliers et principaux habitants de la commune d'Argenteuil, que cette Robe, la châsse de fer doré et le coffre de bois sont les mêmes que ceux qui étaient dans le prieuré de Notre-Dame d'Argenteuil ;

« Nous permettons que ce précieux Vêtement, religieusement conservé, continue d'être exposé à la vénération publique, suivant l'usage et les permissions accordées en 1156, par Hugues, archevêque de Rouen, et en 1680.

« Donné à Versailles, le 18 mai, de l'an de grâce dix-huit cent quatre. »

Nous devons éclaircir une petite difficulté qui pourrait s'élever à propos de cette ordonnance. Il est bien vrai que la *Robe* qui fut examinée le 17 mai 1804 par M. l'abbé Cottret et par les témoins, fut *reconnue pour être la même* que celle qui était de temps immémorial dans *le prieuré de Notre-Dame d'Argenteuil :* les titres et les dépositions des plus anciens de la commune ont servi à établir son identité ; mais ce ne peut être que par une méprise, d'ailleurs fort peu essentielle, que le prélat a rangé sur la même ligne d'antiquité et d'authenticité *la châsse de fer doré et le coffre de bois :* on va le comprendre. En 1791, la magnifique châsse donnée par M{}^{lle} de Guise, fut enlevée par la

Convention, avide des trésors de l'Église. A cette époque, la Sainte Robe avait été enfermée avec ses titres dans le coffret d'ivoire qui fut depuis si indiscrètement emporté, comme nous venons de le dire quelques lignes plus haut. En 1800, elle fut transférée provisoirement dans une châsse de bois, que l'on possède encore aujourd'hui, et dans laquelle sont déposées des reliques de saint Denis, patron de la paroisse d'Argenteuil. En 1804, on fit faire une châsse ou reliquaire de fer, avec un coffre de bois peint en rouge; alors on plaça notre Relique dans ce coffre, lequel fut renfermé dans la châsse de fer. Ce furent ce dernier coffre et cette châsse que M. l'abbé Cottret trouva lors de son enquête, et ce ne peut être que par inadvertance qu'ils sont désignés, dans l'ordonnance épiscopale, comme plus anciens qu'ils ne le sont en effet.

La Sainte Robe est encore enfermée à cette heure, en attendant mieux, dans cette châsse de fer doré, et l'ouvrier qui la fit vit encore pour attester ce fait. Mais d'où peut venir cette inadvertance? Peut-être de l'évêque qui, en rédigeant son ordonnance, confondit sans doute les faits du procès-verbal qui lui était soumis ; ou bien elle peut venir de ce que ceux mêmes qui procédèrent à l'enquête s'occupèrent davantage de l'objet principal que des choses accessoires. On ne peut guère les en blâmer. N'était-il pas naturel que toute leur attention se portât sur la Sainte Robe, qu'ils en examinassent avec scrupule, avec un saint empressement, les titres ; qu'ils s'attachassent à en bien constater l'identité ; et n'était-ce pas là même le but unique de leur mission? car l'antiquité des objets dans lesquels la Relique fut renfermée est peu importante au fond, pourvu que l'authenticité de la Relique elle-même, cette Relique l'objet de la vénération des peuples, ait été suffisamment reconnue et établie : c'est là tout ce qui devait surtout intéresser et satisfaire notre piété, et c'est ce qui a été exactement fait, comme le constatent le procès-verbal d'enquête et l'ordonnance épiscopale.

Rien ne retenait donc plus la piété des fidèles : l'autorité ecclésiastique avait prononcé ; le renouvellement du culte de notre sainte Relique était autorisé, et l'élan fut général. Nous avons entre les mains une *affiche* de ce temps-là, par laquelle on prévient les personnes pieuses que la Sainte Robe est *actuellement* déposée dans l'église d'Argenteuil, qu'elle y est exposée à la vénération, qu'aux fêtes de la Pentecôte elle sera solennellement portée en procession, qu'un sermon et un salut solennel suivront cette cérémonie, que les indulgences accordées par Innocent X ont été confirmées par le cardinal Caprara, légat du souverain pontife Pie VII, et on invite instamment les fidèles à faire leurs efforts pour gagner ces grâces précieuses en venant prier pour l'Église, et aux intentions ordonnées par le Pape, devant la plus précieuse Relique connue.

Que nous aimons à nous reporter vers ces cérémonies pieuses célébrées après des temps d'orage et de tourmente ; cérémonies touchantes où nos pères, tels que des voyageurs, longtemps ballottés par les vagues d'une mer en furie, sont heureux d'arriver enfin au port, recouvraient le bonheur et versaient de douces larmes à la vue des églises qui leur étaient rendues, des joies célestes qu'il leur était permis de goûter encore, après que de cruels impies les en avaient privés si longtemps ; cérémonies délicieuses et bien belles, dont il nous reste de respectables témoins pour nous en redire tout le charme, et pour relier la chaîne de cette antique tradition que nous devons, à notre tour, transmettre aux fidèles qui nous suivront !

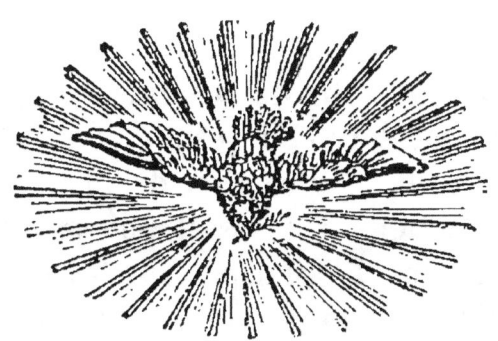

CHAPITRE II.

Suite du précédent; — Le culte de la Sainte Robe reçoit une nouvelle impulsion.

L'espace de temps qui s'est écoulé depuis les jours où le culte de la sainte Relique fut canoniquement rétabli, jusque vers la fin de l'année 1839, n'offre rien de bien remarquable à noter, si ce n'est une procession solennelle que l'on faisait tous les ans à la fête de l'Ascension de Notre-Seigneur, et où l'on portait sa Tunique sacrée pour attirer les bénédictions célestes sur le pays et sur les fidèles qui assistaient à cette touchante cérémonie.

Ils étaient nombreux ces fidèles... Toutefois, il faut bien le dire, la pieuse dévotion se ralentit, soit à cause des bouleversements politiques que la France eut encore à subir, soit à cause de cet esprit d'indifférence en matière de religion qui s'infiltrait de plus en plus dans les cœurs et qui achevait de les dessécher...

Mais Dieu, dans sa profonde sagesse, avait résolu de faire de nouveau éclater sa puissance et sa miséricordieuse bonté sur notre patrie ; et, pour toucher les cœurs, pour raviver la foi, pour exciter la ferveur et pour redonner la vie là où la mort spirituelle semblait vouloir faire ses ravages, le Seigneur, qui connait les besoins de chaque époque et qui dispense ses trésors de grâces suivant ces besoins, permit que dans ces derniers temps plusieurs œuvres pieuses naquissent dans l'Église catholique ou reprissent leur antique splendeur. Il y a dans tout ceci une philosophie divine, si l'on peut parler ainsi, que les âmes saintes savent approfondir, et dont elles seules comprennent les admirables secrets.

Au nombre de ces œuvres, précieux lacets dont Dieu semble se servir pour enchaîner les cœurs, les attirer doucement et les échauffer de son ineffable amour, se trouve l'œuvre de la Tunique sans couture de Notre-

Seigneur Jésus-Christ, et certes elle n'est pas une de celles qui nous prouvent le moins la bonté et la puissance de Dieu à notre époque. Pour imprimer un nouvel élan à cette œuvre si touchante, le Seigneur donna à Argenteuil un Pasteur selon son cœur, un de ces pasteurs pieux, éclairés et prudents dont il ne gratifie que les enfants qu'il aime et qu'il protége spécialement. Deux auxiliaires aussi pieux que zélés pour le salut des âmes, furent adjoints à M. l'abbé Millet, le digne curé d'Argenteuil ; et, par leur accord parfait, par leur ardent désir de procurer la gloire de Dieu et d'honorer convenablement la Robe de son divin Fils, MM. les abbés Croiset et de Saintard, travaillèrent avec leur respectable curé, à continuer cette œuvre tant bénie déjà, comme nous l'avons vu.

Instruments fidèles entre les mains de Dieu, (et que sont autre chose les hommes qui s'occupent des œuvres de miséricorde ?) ils suivirent docilement les voies de la Providence, ils pénétrèrent peu à peu ses desseins adorables sur cette œuvre et ils observèrent ses vues miséricordieuses ; d'une piété aussi tendre qu'éclairée, ils s'assurèrent, pour leur propre édification, de l'authenticité de la Relique précieuse dont ils héritaient en quelque sorte, en entrant dans l'Église bénie où elle reposait, et, lorsqu'ils eurent acquis la certitude que le dépôt qui leur était confié était identique, et que tout ce qu'on en avait dit était vrai, ils se dirent pleins de joie : C'est ici véritablement l'œuvre de Dieu, l'œuvre de sa droite : *Hæc mutatio dexteræ Excelsi*[1], et leur dévouement fut sans bornes...

On peut dire que Dieu bénit leurs pieux efforts au-dessus de toute attente. Mgr l'évêque de Versailles encouragea les démarches de M. le curé. En 1842, ce digne pasteur retrouva aux archives de Versailles les Bulles émanées du saint siége à différentes époques, et que l'on croyait à jamais perdues dans les désordres de la révolution ; on imprima une *Notice sur la Tunique sans couture*[2]; on vit reparaître à Argenteuil l'affluence des pèlerins ; la Robe de Notre-Seigneur, enfermée dans la châsse de fer doré dont nous avons parlé, fut exposée dans une chapelle, à côté de l'autel de la très-sainte Vierge ; les fidèles purent longtemps approcher de ce précieux reliquaire, le considérer et le vénérer...

Pour nous, nous nous souvenons toujours de l'impression profonde que nous ressentîmes lorsque, pour la première fois, nous eûmes le bonheur d'entrer dans cette chapelle, et que, nous étant approché de cette châsse, nous lûmes ces paroles tirées de l'Évangile : ILS ONT PARTAGÉ MES HABITS ENTRE EUX, ET ILS ONT TIRÉ MA ROBE AU SORT ?... Notre cœur battit plus fort, nous tombâmes à genoux, notre prière monta plus ardente vers les cieux, tout notre être était ému... Ah! que nous fûmes heureux lorsque les Ministres du Seigneur, venus pour nous faire passer dessous la châsse, nous permirent en même temps de la baiser... Divin Jésus ! nous pûmes alors contempler votre sacré Vêtement ; nous pûmes voir cette Robe figurée dans les Écritures, annoncée par les prophètes, tissue par les mains de Marie, touchée avec confiance par la femme malade, devenue blanche comme la neige sur le Thabor, imprégnée de votre Sang adorable sur le Calvaire, tirée au sort par vos bourreaux... et qui depuis... fut le précieux instrument de tant de merveilles !.. Nous pûmes voir ce glorieux Vêtement conservé par l'effet de votre infinie miséricorde, et déposé au milieu de nous comme pour nous couvrir et nous protéger contre les attaques de notre ennemi, et contre les dangers sans nombre auxquels nous sommes exposés pendant cette vie !

Oui, ô Robe vénérée ! il nous fut donné de vous contempler ; en votre présence nous priâmes notre divin Sauveur, nous nous rappelâmes les scènes douloureuses de sa Passion, nous le vîmes à Jérusalem portant sa Croix, et nous le suivîmes sur le Calvaire ; en votre présence, la douce et suave pensée de Marie s'offrit à notre esprit; son humilité, sa soumission parfaite, sa résignation sublime, toutes ses vertus nous furent comme enseignées... et c'est en votre présence, ô Vêtement précieux ! que nous prîmes la résolution de redire à nos frères et votre gloire, et les bienfaits que Jésus daigne accorder à ceux qui vous honorent.

—

CHAPITRE III.

Notre-Dame d'Humilité.

C'est toujours sous ce beau titre qu'est honorée, à Argenteuil, la douce Marie, notre bonne et tendre Mère.

On se souvient que le monastère fondé en 660 par Ermenry avait été dédié à la divine Vierge sous le vocable de NOTRE-DAME D'HUMILITÉ. Nos pères, qui s'entendaient en fait de mysticisme et qui possédaient à un haut degré l'intelligence des choses spirituelles, avaient bien compris que le lieu où serait déposée la Robe sans couture de Jésus-Christ, et où tant de fidèles viendraient pour l'honorer, devait être placé sous la protection de la Reine du ciel, parfait modèle, dans sa maison de Nazareth, de douceur et d'humilité. Cette touchante harmonie d'un culte touchant ne pouvait leur échapper ; ils ne pouvaient manquer d'en comprendre les rapports...

La maison de Nazareth ! c'est là que nous avons contemplé Marie, c'est là que nous l'avons vue vaquer à la prière, se plonger dans une douce et sublime oraison, s'entretenir avec son Créateur. La maison de Nazareth ! c'est là que nous avons admiré Marie, c'est là que nous l'avons trouvée se livrant à tous les travaux du ménage, soignant Joseph, son saint époux, tissant les vêtements de Jésus son divin Fils. Quel spectacle ! et quelle humilité profonde ! « Je ne sais lequel admirer en Marie, dit un pieux auteur, ou sa divine maternité ou sa profonde humilité ; l'une et l'autre me paraissent presque également incompréhensibles. Saint Thomas voit tant de grandeur dans la divine maternité, qu'il dit que c'est une des trois choses qui épuisent la toute-puissance de Dieu et qu'il ne saurait faire une mère qui ait plus de grandeur ou plus d'excellence ; si donc il faut prendre la mesure de sa profonde humilité sur la sublimité de sa divine maternité, ne peut-on pas dire que, comme l'une paraît infinie en sa hauteur, l'autre aussi doit être estimée comme infinie en sa profondeur [1]. »

Marie, la Mère d'un Dieu, Marie la Reine du monde, s'abaisser jusqu'à se livrer aux occupations les plus communes, et faire elle-même les habits de son Fils, comme font les femmes les plus pauvres, c'est là assurément une grande marque d'humilité ; et comme Marie l'a aimée la première, cette humilité, comme elle l'a recherchée, comme elle l'a préconisée dans son sacré *Cantique*, et que c'est d'elle que lui vient toute sa gloire : *Quia respexit humilitatem ancillæ suæ, ecce enim ex hoc beatam me dicent omnes generationes* [2], c'était faire une chose agréable à son cœur que de l'honorer du beau titre de *Notre-Dame d'Humilité*, que d'appeler l'église qui possède le plus glorieux trophée de son abaissement sublime, *Notre-Dame d'Humilité*.

Si les pieux fidèles ont dédié une chapelle à la Vierge nourrice, *Virgini nutrici*, en reconnaissance et en souvenir de ce qu'elle a allaité Jésus le bon Pasteur qui nourrit tous les hommes, ne fallait-il pas aussi qu'il y eût une chapelle dédiée à la Vierge qui revêt magnifiquement ses enfants bien aimés ?

« Toute l'Église croit, par une pieuse tradition, dit encore l'auteur que nous venons de citer, que la sainte Vierge a fait de ses propres mains tous les habits que son fils adorable a portés non-seulement durant son enfance, mais encore durant sa vie, et surtout cette Tunique sans couture dont il est parlé dans le récit de sa Passion. L'histoire ecclésiastique rapporte même un grand nombre d'exemples des soins qu'elle a pris de fournir des habits à plusieurs qui s'étaient dévoués à son service par une dévotion particulière et qu'elle aimait comme ses enfants[3]. » C'est elle qui donne de ses propres mains à saint Ildephonse une chasuble magnifique dont il se servait pour célébrer les messes solennelles dans les grandes fêtes. Elle fit la même faveur à saint Bonite, évêque de Clermont en Auvergne. C'est elle qui fit présent à saint Norbert de l'habit de son ordre des Prémontrés[4]. C'est Marie qui donna au bienheureux Simon Stock le saint Scapulaire, en lui disant : *Recevez, mon très-cher enfant, ce Scapulaire de votre ordre, le signe de ma confrérie, votre privilége particulier, et celui de tous les Carmes* [5].

Or, il était nécessaire qu'il y eût une église destinée à rappeler ces pieuses traditions... et nous disons qu'il n'y en a pas de plus convenable pour cela, que celle qui a la gloire de posséder le sacré Vêtement tissu par les mains saintes de Marie, et que ce titre : *Notre-Dame d'Humilité* rappelle tous les traits de bonté, de tendresse, de sollicitude, de Marie pour ses véritables enfants.

Notre-Dame d'Humilité ! elle nous rappelle la sainte enfance, et nous invite à imiter Jésus enfant, Jésus soumis à Joseph et à Marie sa Mère. Notre-Dame d'Humilité ! elle nous rappelle la demeure de Jésus, l'atelier de Joseph, ces premières églises où la divinité a été dignement servie, dignement invoquée. Notre-Dame d'Humilité ! elle nous redit les merveilles de la vie de Jésus, ses bienfaits, ses souffrances, sa miséricorde infinie. Notre-Dame d'Humilité ! c'est elle qui nous revêt aussi de force contre nos passions, de courage contre nos peines, d'innocence et de pureté afin que nous plaisions à notre souverain maître. Notre-Dame d'Humilité ! c'est sous ce nom que nos pères ont invoqué Marie, c'est toujours de cette douce appellation que nous pouvons invoquer notre bonne Mère.

Allez, pieux pèlerins, allez dans l'église d'Argenteuil, et non loin du sanctuaire où repose maintenant la Robe vénérée, vous trouverez la chapelle dédiée à NOTRE-DAME D'HUMILITÉ. Allez dans cette chère chapelle, et vous verrez quelles consolations on y goûte, quels doux souvenirs se représentent à l'esprit. Nous y avons prié souvent ; souvent nous avons eu le bonheur d'y exposer nos nombreux besoins à la divine Marie, et jamais nous ne nous sommes retiré sans avoir reçu une grâce de plus de Celle qui distribue chaque jour tant de grâces ! Oui, nous l'avons visitée cette bénite chapelle ; nous avons épanché notre cœur devant l'image de Marie ; et, aux veilles de ses fêtes, nous l'avons vu, ce qui nous a touché beaucoup, orner par les ministres que le Seigneur a donnés pour auxiliaires au zélé pasteur. Jaloux de la gloire de Marie, et heureux de lui témoigner, par toutes les manières, leur entier dévouement, ces pieux ecclésiastiques desservent eux-mêmes sa chapelle, ils l'embellissent de leurs propres mains, la parent des plus belles fleurs, déploient les plus beaux ornements pour que la Reine du ciel soit dignement honorée. Oh! qu'il y a de véritable piété, qu'il y a de véritable amour dans l'accomplissement de cette simple action!... Heureux l'écrivain, indigne serviteur de Marie, qui a de si beaux exemples à citer!...

Divin Jésus! en honorant votre Tunique sacrée, aurions-nous pu ne pas témoigner notre amour à votre Mère qui l'a tissue de ses très-pures mains? En vous disant avec le prophète royal : « L'odeur de la myrrhe, de l'ambre et de l'aloës sort de vos vêtements, et des coffres d'ivoire qui les renferment : ces parfums sont les présents que les filles des rois vous ont faits pour honorer votre trône [6]; » Pouvions-nous ne pas nous adresser aussi à la Reine qui est à votre droite, parée de ses riches habits, où règne une admirable variété [7]? « L'or et la broderie brillent également sur ses habits; mais son véritable éclat est intérieur : *Omnis gloria ejus filiæ regis ab intùs, in fimbriis aureis, circum amicta varietatibus* [8], et c'est pourquoi nous l'avons saluée du titre de *Notre-Dame d'Humilité*. Votre éclat est intérieur, Vierge très-sainte ! Toutes vos vertus, sur la terre, étaient cachées en Dieu, lui seul les connaissait. Mais maintenant votre beauté nous est révélée ; maintenant vous ne pouvez plus nous cacher votre gloire ; votre éclat brille partout ; vous régnez au plus haut des cieux ; vous êtes toute-puissante, et cependant vous aimez que vos enfants vous saluent du nom de *Notre-Dame d'Humilité*. O Vierge immaculée ! vous connaissez nos immenses besoins, protégez-nous, prenez-nous sous votre protection ; priez pour nous, ô Notre-Dame d'Humilité !

CHAPITRE IV.

Comment notre sainte Relique est honorée après le nouvel élan qui a été donné à son culte.

Ainsi que nous venons de le dire dans un chapitre précédent, le Seigneur bénissant le zèle du respectable curé d'Argenteuil, M. l'abbé Millet, un nouvel élan a été donné à la dévotion envers la Sainte Robe.

Ce pasteur éclairé, appréciant le trésor que possède son église, ne s'attacha pas seulement à en constater l'authenticité pour sa propre édification, mais il voulut encore recueillir, autant qu'il était possible, les divers fragments de la Sainte Robe qui avaient été si indiscrètement distribués.

Nous avons fait mention (chap. v, liv. III) du morceau qui fut donné par Charles le Chauve, roi de France, à Alfred le Grand, roi d'Angleterre; nous avons également mentionné (chap. III, liv. IV) le don d'un semblable fragment qui fut remis à la duchesse de Guise par dom Claude Boistard, bénédictin de la congrégation de Saint-Maur, après la cérémonie de la translation de la Sainte Robe dans la châsse donnée par cette généreuse dame en 1680. Bien que nous eussions voulu que la Relique vénérée demeurât intacte, il y a des motifs graves qui peuvent excuser, jusqu'à un certain point, ces pieuses donations. Mais ce que nous avons dû blâmer, ce sont les lacérations qui en furent faites à l'époque de la révolution (chap. VII, liv. VII); car ici rien ne peut justifier la conduite de celui qui se permit si légèrement ce sacrilége.

Ce sont donc ces fragments que M. le curé actuel d'Argenteuil s'efforça de recueillir. Il eut la joie d'en retrouver plusieurs; mais malheureusement tous ne lui furent pas remis, et, à cette heure, il y en a encore qui se trouvent appartenir à de simples fidèles... Puissent-ils au moins comprendre, au point de vue de la foi, la valeur d'un semblable don! On peut dire en quelque sorte qu'ils ont entre leurs mains leur justification ou leur condamnation, suivant l'usage qu'ils feront de ce trésor. Une relique doit être pour un chrétien véritable un objet d'édification, un moyen d'avancement spirituel, rien de plus ; il est raisonnable, et la charité lui en fait même une stricte obligation, d'en gratifier quelquefois ses frères, s'ils peuvent en retirer quelque bien, soit que le Seigneur daigne accorder certaines faveurs par l'attouchement de cette relique, soit que sa vue produise quelques heureux effets...

Oh ! qu'il faut avoir, en effet, une foi vive pour comprendre le respect profond qui est dû à une relique ; respect poussé jusqu'au détachement, et entretenu par la plus vraie et la plus sincère humilité ! Aussi l'Église a-t-elle ordonné dans un concile[1], à ceux qui possèdent des reliques, de les environner de vénération et de prendre garde de les profaner par quelques sentiments étrangers à la foi... Voyez les premiers fidèles : comme ils étaient heureux d'être enrichis de quelque objet qui avait appartenu à notre Sauveur, ou à sa très-sainte Mère, ou aux Martyrs ! Comme ils s'attachaient à cet objet précieux ! comme ils se plaisaient à lui dresser un oratoire où ils pussent prier en paix et en silence! Ils regardaient leurs reliques comme un gage d'amour et de miséricorde, comme un stimulant qui leur était accordé pour avancer de plus en plus dans le chemin de la perfection. Mais ne poussons pas plus loin ces réflexions, que nous avons dû faire cependant, puisque des fragments de notre sainte Relique sont encore dispersés..., peut-être, au reste, et c'est ce qui nous console, par une vue secrète de la divine Providence, comme nous le remarquerons un peu plus loin.

La chapelle du pensionnat des R. P. Jésuites à Fribourg possède un de ces fragments enfermé dans un reliquaire, lequel est déposé dans une chapelle; récemment l'application de cette parcelle de la Sainte Robe a produit deux guérisons miraculeuses.

Après s'être occupé de ces pieuses recherches, M. le curé remit en honneur, toujours avec l'adhésion de l'autorité ecclésiastique, l'Office de la Sainte Robe; puis il rétablit la Confrérie. Mgr Blancquart de Bailleul, évêque de Versailles, voulut que son nom figurât en tête de la liste des nouveaux associés;

plusieurs fidèles de distinction suivirent l'exemple du premier pasteur, et voulurent faire partie de la *Confrérie de la Sainte Tunique*. Aujourd'hui on compte quatre mille membres inscrits, et appartenant à différents diocèses.

Mais là ne se borna pas le zèle du digne curé. Il établit aussi la pieuse coutume de faire, tous les vendredis, la station du chemin de la Croix. Le vendredi est le jour où l'on honore d'une manière plus particulière, à Argenteuil, notre sainte Relique : cela devait être. D'abord on célèbre plusieurs messes à l'autel de la Sainte Robe ; après la dernière messe, qui est celle de la glorieuse Relique et à laquelle assistent toujours un grand nombre de pèlerins, parce qu'elle est dite à l'intention des personnes inscrites sur le registre de la Confrérie, le pasteur récite une *Oraison spéciale à Notre-Seigneur Jésus-Christ en l'honneur de la Sainte Robe*, et ensuite a lieu la cérémonie du *chemin de la Croix*... Cette cérémonie, qui rappelle les scènes douloureuses de la Passion, nous a toujours vivement ému ; mais il nous semble qu'accomplie dans l'église même qui a l'insigne bonheur de posséder la Tunique sacrée qui suivit Jésus sur le Calvaire, qui reçut le sang de cet adorable Sauveur, et qui fut comme le témoin de ces scènes déchirantes, il nous semble, disons-nous, et c'est ce qui nous a été donné plusieurs fois d'éprouver, que cette cérémonie touche davantage encore, et qu'elle excite dans l'âme fidèle une de ces tristesses salutaires que les saints aiment par dessus tout, car Jésus-Christ a déclaré bienheureux les tristes, bienheureux ceux qui pleurent : *Beati qui lugent, quoniam ipsi consolabuntur* [2].

Pour entretenir la piété et établir, en quelque sorte, un lien entre les membres de la *Confrérie de la Sainte Tunique*, on fit réimprimer des prières vénérables par leur antiquité et par leur onction, et on les distribua parmi les fidèles; on fit aussi graver de pieuses images représentant la Sainte Robe, portée par deux anges, tenant une couronne dont ils couvrent le saint Vêtement, et derrière sont des prières et des paroles extraites de la sainte Écriture : de plus, on fit frapper une *Médaille* sur laquelle on voit d'un côté la Sainte Robe, avec ces mots gravés autour : SAINTE ROBE DE N.-S. J.-C. — IL EN SORTAIT UNE VERTU QUI GUÉRISSAIT TOUS LES MALADES; et de l'autre côté une face de la très-sainte Vierge, notre bonne Mère, avec ces mots qui l'entourent : NOTRE-DAME D'HUMILITÉ, PRIEZ POUR NOUS.

Le rétablissement des cérémonies dont nous venons de parler produisit les meilleurs résultats. Il réveilla dans bien des âmes l'ancienne ferveur, et la pieuse réaction fut complète. Tous les jours on vit augmenter le nombre des pèlerins, et le Seigneur manifesta sa puissance et sa bonté comme aux anciens jours.

Cependant, il était urgent de songer aux choses extérieures : nous voulons parler des embellissements à faire dans l'église, afin que la Sainte Robe fût convenablement honorée. Il y avait de grandes réparations à opérer, car les ravages n'avaient pas manqué à la bénite église, et on avait peu de ressources. Mais la divine Providence ne fit point défaut. Le dévouement des âmes pieuses fut presque aussi grand que dans les âges de foi. Il y eut une généreuse émulation; et en peu de temps on put bâtir une chapelle où sera désormais déposée la glorieuse Relique, et qui porte le nom de *Chapelle de la Sainte Robe*.

Nous ne saurions trop louer l'exécution de ce sanctuaire. D'un style gothique du XVe siècle, éclairé par une belle verrière de couleur, embelli d'une voûte étoilée d'argent sur un fond bleu, dallé en marqueterie, orné d'une boiserie qui en forme le pourtour et d'une grille de fort bon goût, imitant le bronze florentin, on peut dire qu'il produit le plus bel effet, qu'il porte à la méditation et au recueillement, et qu'il fait honneur aux artistes qui l'ont exécuté.

L'autel, qui est en rapport avec le style de la chapelle, est simple et riche tout à la fois. Le fond est en velour rouge cramoisi encadré d'une baguette dorée. Sur ce fond se détache le tabernacle en bois doré et sculpté, puis huit chandeliers en cuivre doré, de forme gothique, assortis avec le style de la chapelle, et une croix également de cuivre doré, et tout à fait en rapport avec le reste de l'ornement. Une lampe est suspendue à la voûte, et produit un bel effet. Ces chandeliers, cette croix et cette lampe sont dus à la générosité d'une personne respectable dont nous voudrions n'être pas forcé de taire le nom.

C'est au dessus de l'autel même que se trouve placée la châsse qui renferme notre précieuse Relique. Elle est déposée dans un vaste tabernacle ou trésor, pratiqué tout exprès. Un rideau et une glace ferment ce tabernacle ; mais on lève le rideau toutes les fois que l'on célèbre le saint sacrifice dans la chapelle ; et lorsqu'un pèlerin se présente, cette consolation ne lui est pas refusée.

Depuis peu on a placé, en dehors de la chapelle, mais en face de l'autel de la Sainte Robe, une magnifique lampe gothique en bronze doré, formant lustre à douze branches : c'est encore un don d'une de ces âmes dont la générosité s'enveloppe d'un pieux mystère que Dieu seul pénètre, et qu'il récompense ; cette même personne a voulu que cette lampe brûlât constamment nuit et jour devant le sacré Vêtement, et à cet effet une fondation à perpétuité a été établie dans l'église d'Argenteuil.

La chapelle de la Sainte Robe que nous venons de décrire rapidement, a été bénite avec beaucoup de solennité le 21 mai 1843, et ce jour-là on a déposé dans le tabernacle disposé pour cela la châsse de fer doré qui était placée provisoirement, comme nous l'avons dit, dans une chapelle près de celle de la très-sainte Vierge.

Ce reliquaire lui-même n'est là qu'en attendant une châsse plus riche que l'on termine en ce moment. C'est un morceau admirable sous le rapport de l'art. Les siècles de foi ne nous ont guère produit quelque chose de plus beau. Il est en bronze doré et offre le style du XIIe siècle. C'est en faire un grand éloge que de dire que le plan et le dessein sont dus au R. P. Arthur Martin, auquel l'archéologie chrétienne doit déjà des travaux remarquables, tels que sa magnifique Monographie des vitraux de la cathédrale de Bourges. L'exécution a été confiée à M. Cahier, orfèvre distingué de Paris. On espère assez prochainement faire la cérémonie de la translation, belle fête que nous appelons de tous nos vœux !

Et ici, qu'il nous soit permis de déposer notre témoignage d'admiration pour la généreuse dame qui donne ce chef-d'œuvre de l'art destiné à recevoir le Vêtement glorieux de notre Sauveur; elle ne veut pas que son nom soit publié, sans doute afin que son action lui soit plus méritoire; nous regrettons cet excès de modestie, car nous aimerions transmettre à la postérité le nom d'une personne qui emploie aussi dignement sa fortune, nous aimerions enregistrer ce nom à côté de celui de la pieuse duchesse de Guise, et montrer ainsi que les grands, même à notre époque, n'ont pas perdu la noble habitude d'enrichir et d'orner les sanctuaires du Seigneur; qu'il nous soit permis aussi d'exprimer notre reconnaissance envers les âmes chrétiennes qui concourent, pour une partie, à cette donation : que toutes reçoivent la gratitude des fidèles pour un si bel exemple offert à notre siècle, et qu'en retour, ces mêmes fidèles appellent sur ces personnes généreuses les plus abondantes bénédictions de Dieu !...

C'est donc ainsi, ô Robe sainte! que de nos jours encore on vous honore avec empressement et amour; c'est ainsi que l'on vient toujours déposer devant vous l'or, l'encens et la myrrhe : *Et apertis thesauris suis obtulerunt munera, aurum, thus et myrrham* [3] ; les plus riches d'entre le peuple vous apportent leurs présents, et tous briguent l'honneur de vous donner des gages de vénération et de respect : *Et filiæ Tyri in muneribus · vultum tuum deprecabuntur omnes divites plebis* [4] ; aussi le Seigneur récompensera leur saint empressement en opérant, comme autrefois, des choses miraculeuses, et c'est pour cela, ô Tunique sacrée ! que ces peuples vous rendront hommage dans tous les siècles des siècles : *Proptereà populi confitebuntur tibi in æternum, et in seculum seculi* [5].

CHAPITRE V.

Suite du précédent; — Guérisons miraculeuses; — Bref de Sa Sainteté Grégoire XVI.

Tous ces dons offerts, ces pieuses visites faites avec un louable empressement à la sainte chapelle de la Robe sans couture, ces pèlerinages fréquents exécutés par des familles et des paroisses entières, ne sont-ce pas là des preuves évidentes, ou que l'on vient demander des grâces que l'on est assuré d'obtenir, ou que l'on accourt pour remercier Dieu de bienfaits accordés par la vertu de la Relique vénérée? Nous l'avons déjà dit, et nous le répétons, il serait difficile d'expliquer autrement le concours des fidèles dans un lieu de dévotion, que parce qu'ils croient y trouver, et qu'ils y trouvent en effet, des grâces plus étendues et plus précieuses.

Mais parler de miracles au XIXᵉ siècle, n'est-ce pas s'exposer au sarcasme de ces prétendus esprits forts qui, voulant s'élever, disent-ils, au-dessus des préjugés populaires, se disputent cependant les lambeaux de quelques philosophes que nous ne voulons pas nommer? On croirait, à entendre ces solides esprits, que le monde est gouverné par des lois immuables, imposant à Dieu même leur nécessité; on croirait que le Tout-Puissant s'est démis de son autorité souveraine; comme si l'artisan d'un grand ouvrage ne pouvait suspendre ou arrêter quelques-uns des rouages qui le composent et le font mouvoir; comme si le législateur n'avait pas droit de dispenser, quand il lui plaît, des lois émanées de sa libre volonté; comme si le Créateur du monde était devenu l'esclave de l'ordre qu'il a seul établi, et ne pouvait diriger à son gré des êtres qu'il a tirés du néant par la force irrésistible de sa parole [1]? « Dieu, dit le grand Apôtre [2], n'a-t-il pas *fait connaître* par les créatures visibles de ce monde, les effets invisibles de son éternelle puissance et de sa divinité ? »

Dans tous les temps l'Éternel a fait des miracles dans son Église, saint Augustin nous l'apprend : « Il se fait encore des miracles, dit-il, au nom de Jésus-Christ, soit par ses sacrements, ou par les prières et les reliques de ses saints... Si je voulais, ajoute-t-il, rapporter toutes les guérisons qui se sont opérées à Calame et à Hippone, elles contiendraient plusieurs volumes ; encore ne serait-ce que celles dont on a dressé des relations pour les lire au peuple ; car nous avons ordonné qu'on en dressât, lorsque nous avons vu de notre temps plusieurs miracles semblables à ceux d'autrefois, persuadés que nous étions qu'il n'en fallait pas laisser perdre la mémoire [3]. » Et après ces paroles, cet illustre docteur en rapporte un grand nombre dans sa *Cité de Dieu* ; il s'attache à en recueillir : ce sont pour lui de touchantes preuves de la miséricorde *toujours ancienne et toujours nouvelle* de son Dieu.

Était-ce un esprit faible que saint Augustin ? Était-ce un homme que l'on pouvait facilement persuader ou tromper ? Les miracles que cite ce grand évêque ne sont-ils pas semblables à ceux dont nous sommes chaque jour les témoins, ou dont nous entendons parler? Puisqu'il en arrivait de son temps, du temps de tous les saints Pères, dans tous les âges de l'Église, pourquoi n'en arriverait-il pas aujourd'hui? Encore une fois, voudrait-on poser des limites à la puissance et à la sagesse de Dieu? Ce serait folie! Et puisque saint Augustin et d'autres docteurs ont fait eux-mêmes la relation de plusieurs faits miraculeux, pourquoi voudrait-on que nous ne parlassions pas de ce qui doit faire notre consolation et notre joie, puisque les miracles attestent que Dieu protége toujours son Église?

Sans doute, il ne faut pas légèrement admettre tout ce qui se dit des œuvres extraordinaires et miraculeuses, mais il faut prendre garde, d'un autre côté, de les rejeter ou improuver témérairement; « car, dit Abelly, la main de Dieu n'est pas raccourcie, et sa puissance n'a pas moins d'étendue en ces derniers siècles que dans les précédents. Il est le souverain Seigneur de l'univers, qui peut toujours faire tout ce qui lui plaît au ciel et en la terre; et comme le don des miracles est un des principaux moyens qu'il a voulu employer pour établir son Église, et planter la foi dans le cœur des hommes, il n'y a pas lieu de douter qu'il ne puisse s'en servir, et qu'en effet il ne s'en serve de temps en temps, pour affermir cette même Église, et réveiller cette foi qui semble quelquefois être comme endormie en la plupart des chrétiens [4]. »

Voudrions-nous donc en être réduits à dire avec l'écrivain inspiré : « Nous ne voyons plus de prodiges en notre faveur; nous n'avons plus de prophètes, et il semble que Dieu ne nous connaisse plus [5]. » Mais ce serait le plus grand des malheurs, ce serait le plus grand des châtiments que Dieu pourrait nous infliger... Il n'en est pas ainsi heureusement. Il s'opère de nos jours aussi des miracles, malgré les dires du monde et les sarcasmes des impies. Dieu les mène, et il continue toujours son œuvre, malgré les attaques insensées d'une vaine et orgueilleuse philosophie. Pour qui sait observer les desseins adorables de la divine Providence, il reconnaîtra qu'à notre époque surtout, époque de doute et d'indifférence, Dieu semble donner de plus grandes marques de sa puissance, et multiplier les merveilles de sa bonté, comme pour réveiller tant d'âmes qui sont tombées dans une profonde léthargie et dans l'oubli complet des vérités saintes.

Il y aurait un ouvrage intéressant à faire sur les traits de miséricorde que le Seigneur fait éclater de toutes parts depuis un certain nombre d'années [6]. Qui peut nier qu'il n'y ait là une Providence visible?... Nous n'avons à parler que d'Argenteuil. Combien de traits nous pourrions rapporter! Combien de malades obtiennent leur guérison par le moyen de la Robe de Notre-Seigneur! Qui n'a entendu parler des guérisons miraculeuses de MM. de Harcourt, de Damas et du jeune Clifford? Qui n'entend parler tous les jours des nombreuses grâces obtenues dans la bénite église d'Argenteuil? Il faudrait lire les relations touchantes que ceux qui ont reçu quelque faveur s'empressent d'adresser au respectable Pasteur. Nous en avons vu plusieurs, et nous voudrions pouvoir en citer dans cet ouvrage; mais, comme le disait saint Augustin, il nous faudrait des volumes entiers : nous sommes donc obligés d'omettre le détail des faits contemporains, comme nous l'avons omis pour les faits antérieurs; ce n'est pas que ces faits modernes demeurent dans l'oubli et qu'on ne s'en occupe point : non; car, à l'exemple de l'évêque d'Hippone, on examine ceux qui offrent les véritables caractères d'authenticité, et on en dresse des relations exactes. Chacun peut les consulter ou en entendre le pieux récit.

Au reste, nous en avons relaté plusieurs avec étendue (et nous continuerons à le faire) dans un *Recueil* intitulé : *Le Mémorial Catholique* [7], que nous rédigeons avec la grâce de Dieu, et qui est destiné spécialement à conserver la mémoire des œuvres et des bienfaits du Seigneur; car « c'est une chose honorable et glorieuse à Dieu, dit l'Écriture, de déclarer et manifester les œuvres de sa puissance : *Opera Dei revelare et confiteri honorificum est* [8]. » Les âmes pieuses pourront consulter ce *Recueil*, et elles y trouveront sur la sainte Robe les détails les plus édifiants et les plus consolants. Nous disons les âmes pieuses, mais nous espérons que les esprits réfléchis se rendraient facilement à l'exposition de faits qui ne sont admis qu'après un mûr examen, et avec toute la critique possible. Nous ne parlons pas de certains hommes qui ne veulent accepter que ce que le raisonnement explique avec les données de l'expérience ordinaire, comme s'il ne se rencontrait pas dans toutes les sciences, dans tous les ordres de la pensée et de l'observation, des principes, des phénomènes qui dépassent la mesure commune; comme si, en un mot, il n'y avait pas partout des mystères auxquels il faut bien que la raison acquiesce sans les comprendre : ceux-là donc ne prouvent que la petitesse de leur esprit, et c'est une folie qu'il faut plaindre beaucoup.

Ce qui témoigne hautement des merveilles que Dieu opère à la considération du Vêtement glorieux de son Fils, ce sont, ainsi que nous l'avons dit en commençant, les marques de reconnaissance bien vive, et selon la science, que donnent tant de fidèles qui ont obtenu des grâces ; oui, ce sont là des preuves péremptoires, surtout quand ces manifestations ou ces témoignages sont fournis par des hommes graves, réfléchis, par des âmes droites, éclairées, désintéressées, et connues par leur sincère et constante piété : nous ne parlons pas de cerveaux malades, d'esprits exagérés et qui n'offrent aucune autorité ; mais quand des hommes vénérables comme les R. P. de Fribourg, des médecins distingués comme MM. Longchamp, Ducrest et Lagger, des hommes honorables comme M. le marquis de Harcourt, lord Clifford et beaucoup d'autres que nous pourrions citer, quand de tels hommes, disons-nous, attestent et certifient la vérité de faits dont ils ont été les témoins, qu'ils ont examinés attentivement, ou dont ils sont même les heureux privilégiés, et qu'enfin ils en publient des relations qu'un saint évêque approuve et permet de répandre, il nous semble que l'on ne peut rien désirer de plus positif et de plus satisfaisant, et que l'on ne saurait raisonnablement leur refuser toute créance.

La relation qu'ont publiée les R. P. jésuites est intitulée : *La sainte Tunique de Notre-Seigneur : Souvenir pour les élèves du pensionnat de Fribourg*, in-12 de 24 pages, 1843. Elle contient le récit de la guérison de MM. de Damas et Clifford, le rapport circonstancié des médecins, et l'approbation de Mgr l'Évêque de Lausanne et Genève. — Lord Clifford a voulu aussi perpétuer le souvenir de la guérison de son fils, et à cet effet il a publié une bien intéressante *Notice* [9] in-8°, de 91 pages, où il retrace rapidement l'histoire de la sainte Robe, et où il discute les différentes circonstances de cette guérison miraculeuse, et en prouve la véracité avec beaucoup de logique et de raison. On doit remercier le noble lord de son zèle et de cette Relation qui font honneur à sa foi et à son cœur. Le R. P. Andrew Byrne a adressé à la Congrégation catholique de Conigton un discours [10] sur cette guérison, in-8°, de 12 pages, où l'on trouve l'exposition des faits joints à une piété vive et reconnaissante.

Comme on le comprend aisément, tous ces traits de miséricorde de la part de Dieu, se répandant au loin, rendent notre Relique plus chère et plus vénérable, s'il est possible. Le sanctuaire d'Argenteuil est de plus en plus fréquenté, et on peut dire que sa gloire actuelle égale celle des plus beaux jours de piété et de ferveur.

Mais un nouvel éclat devait être encore

donné, de notre temps, à l'autel où est déposée la Robe sans couture. Notre saint Père le Pape Grégoire XVI, glorieusement régnant, accorde, par un Bref en date du 22 août de l'an de grâce MDCCCXLIII, la faveur inestimable d'être un *autel privilégié*. Voici la traduction des propres paroles du Souverain Pontife :

« Dans notre charité paternelle et notre sollicitude pour le salut de tous, nous ornons de temps en temps les lieux saints des dons spirituels des Indulgences, afin que les âmes des fidèles décédés puissent obtenir l'application des mérites de Notre-Seigneur Jésus-Christ et de ses saints, et qu'ainsi secourues et délivrées des peines du purgatoire, elles puissent, par la miséricorde de Dieu, parvenir au salut éternel. Voulant donc illustrer par ce don spécial l'église d'Argenteuil, à laquelle il ne paraît pas qu'il ait été accordé un autre autel privilégié, ainsi que l'autel du Vêtement ou de la Tunique de Notre-Seigneur Jésus-Christ, qui y est déposé, par l'autorité dont le Seigneur nous a investis, par la miséricorde de Dieu, et appuyés sur l'autorité des bienheureux apôtres

Pierre et Paul, nous concédons et accordons les grâces ci-après : Toutes les fois qu'un prêtre séculier ou d'un ordre quelconque, d'une congrégation ou d'un institut régulier, célèbrera la messe des défunts audit Autel, pour l'âme d'un fidèle du Christ, qui, unie à Dieu par la charité, aura quitté ce monde, cette âme obtiendra l'indulgence du trésor de l'Église, par voie de suffrages, en sorte que les mérites de Notre-Seigneur Jésus-Christ, ceux de la bienheureuse Vierge Marie et de tous les Saints, venant à son aide, elle sera délivrée des peines du purgatoire. Ce qui aura lieu nonobstant ce qui pourra être fait au contraire par quelque personne que ce soit, les présentes devant avoir leur effet dans les temps futurs à perpétuité [11]. »

Un jour que Jésus-Christ était au milieu de ses disciples, les instruisant, une foule de peuple se pressait autour de lui pour obtenir quelque grâce de ce divin Sauveur. « Et voilà, dit l'Évangéliste, qu'une femme affligée d'une perte de sang depuis douze années, vint derrière lui et toucha la frange de son vêtement. Car elle disait en elle-même : *Si je touche seulement son Vêtement, je serai guérie.* Et Jésus, se retournant et la voyant, dit : « Ma fille, ayez confiance, votre foi vous a sauvée ; et cette femme fut guérie depuis cette heure : *Confide, filia : fides tua te salvam fecit. Et salva facta est mulier ex illâ horâ...* [12] » Et aujourd'hui, après bientôt dix-neuf siècles, vous renouvelez les mêmes merveilles, ô divin Sauveur ! Des malades, des affligés viennent vous prier devant votre sacré Vêtement, et vous leur accordez leur guérison ! Vous ressouvenant toujours de vos anciennes miséricordes, vous vous plaisez, ô notre adorable Maître ! à renouveler les miracles que vous opériez dans la Judée, alors que tous vos pas étaient marqués par des bienfaits ! Non, la source de vos grâces n'est point tarie, et vous manifestez toujours votre puissance dans votre Église... Chantons donc au Seigneur un nouveau cantique, car il a fait des choses merveilleuses : c'est par sa droite seule, c'est par son bras saint qu'il a opéré le salut : *Cantate Domino canticum novum, quia mirabilia fecit* [13] ; chantez un nouveau cantique à la gloire du

Seigneur : chantez des hymnes au Seigneur, peuple de toute la terre : *Cantate Domino canticum novum : Cantate Domino, omnis terra* [14]; réjouissez-vous et publiez les merveilles qu'il opère par sa Robe vénérée : *Annunctiate inter gentes gloriam ejus, in omnibus populis mirabilia ejus* [15].

CHAPITRE VI.

La sainte Tunique sans couture n'est ni à Trève ni à Rome, mais à Argenteuil.

———

Il est quelques esprits qui taxent de nouveauté la dévotion des fidèles pour la Tunique de Notre-Seigneur Jésus-Christ, honorée dans l'église d'Argenteuil. On a pu se convaincre par cette histoire, suivie de siècle en siècle, si cette assertion peut être seulement émise. Quoi ! une Relique déposée dans un lieu depuis plus de mille ans, révérée de génération en génération, célébrée dans différentes circonstances par plusieurs auteurs, est-ce là une nouveauté ? Mais ceux qui parlent aussi légèrement ont-ils étudié les faits ? Ont-ils examiné la suite de la tradition ? On doit croire que non, car s'ils avaient tant soit peu réfléchi, ils ne tiendraient pas un tel langage. Leur assertion n'a donc aucune portée.

Qu'on nous dise, au contraire, que la piété envers le sacré Vêtement du Sauveur a reçu, dans ces dernières années, un nouvel élan par le zèle et les soins d'un clergé attentif et fervent, ou, pour parler plus juste, par un dessein secret de Dieu, nous le comprendrons, et nous l'avons nous-mêmes montré dans les trois chapitres qui précèdent ; mais il y a loin d'une rénovation à l'établissement d'une dévotion tout à fait nouvelle. On a pu, pour un temps et surtout à la suite de bouleversements incalculables, à la suite d'un siècle d'impiété et de scepticisme, laisser se refroidir l'ancienne ferveur pour une relique jusque-là vénérée avec empressement ; mais relever le culte de cette Relique, l'honorer avec toute la piété qu'elle mérite, ce n'est point là une nouveauté, c'est une réparation obligée et nécessaire, c'est l'arbre antique et longtemps stérile qui reverdit un jour pour abriter de son ombre bienfaisante, et donner de nouveaux fruits.

Et, dans cette rénovation, l'homme n'est véritablement qu'un instrument entre les mains de Dieu ; il ne peut que revendiquer, et c'est toujours beaucoup pour sa consolation, que sa bonne volonté à correspondre fidèlement aux desseins de la divine Providence, qui ouvre, quand il lui plaît, les sources toujours abondantes de ses grâces et de ses bénédictions, suivant les besoins des temps et des peuples. Nous avons vu comment la Tunique du Sauveur est un de ces trésors que l'Éternel donne aux hommes pour les enrichir et les consoler au milieu de leur pauvreté et de leur délaissement sans mesure sur cette terre d'exil.

Mais, ajoutera-t-on, est-il bien certain que la Tunique sans couture soit réellement à Argenteuil, puisque des auteurs qui ont quelque autorité la supposent ailleurs ? Nous n'avons point caché le sentiment de ces auteurs ; mais quand ils diraient vrai, quand leur assertion que la Tunique sans couture n'est point à Argenteuil se trouverait être exacte, ne serait-ce pas toujours beaucoup de posséder, en ce lieu, n'importe quel Vêtement du Sauveur ? et n'y aurait-il pas toujours de quoi échauffer la piété la plus tiède, faire battre le cœur le plus froid ? Mais cela n'est pas : nous possédons bien à Argenteuil la Tunique sans couture du rédempteur Jésus.

Les auteurs qui nous contestent cette possession, sont Brouwerus dans ses *Antiquitates annalium Trevirensium et episcoporum Metensium, Tullensium et Verdunensium*, Cologne, 1626, in-fol., et Marenius, continuateur et annotateur de Brouwerus ; ce sont ensuite quelques auteurs et annalistes plus modernes, et enfin dom Calmet, qui dit dans son *Dictionnaire de la Bible :* « On conserve encore aujourd'hui la sainte Tunique de Notre-Seigneur dans l'église cathédrale de Trèves ; elle est sans couture, a de longueur cinq pieds moins un demi-doigt ; sa largeur d'un bout d'une manche à l'autre est de cinq pieds quatre doigts, chaque manche a de longueur un demi-pied, et de largeur un pied ; et comme la Tunique est plus étroite au-dessus des manches, et qu'elle va en s'élargissant vers le bas, elle n'a au-dessous des manches de largeur que deux pieds trois pouces. Celle qu'on voit au prieuré d'Argenteuil, près Paris, n'est pas une Tunique, mais un manteau couleur de pourpre [1]. » Puis il donne une gravure représentant cette Tunique qu'il vient de décrire. Il répète la même chose dans ses *Commentai-*

res sur l'Écriture sainte, et il s'appuie sur Brouwerus et Marenius. Quant aux autres écrivains, ils ne se fondent sur aucune autorité; ils se prononcent simplement comme pour se débarrasser, et encore ne sont-ils pas d'accord entre eux, car les uns prétendent que la sainte Tunique est à Thiers en Auvergne, les autres à San-Salvador en Espagne, ceux-ci à Rome, ceux-là à Trèves. Mais il n'y a que cette dernière prétention qui mérite un examen un peu étendu de notre part : nous dirons également un mot pour ce qui concerne la ville éternelle.

Encore, il semble qu'après l'enchaînement des faits classés dans tout cet ouvrage, et les preuves nombreuses ainsi que les autorités respectables que nous avons invoquées pour établir le privilége d'Argenteuil, il serait inutile de nous arrêter particulièrement sur cette question. Néanmoins, comme on pourrait croire que nous cherchons à l'éluder, nous l'abordons au contraire sans crainte.

Voyons, en premier lieu, d'après Brouwerus, d'après l'*Histoire* du Vêtement qui est à Trèves, imprimée en 1655, et enfin d'après la *Dissertation* de Gabriel de Gaumont, en quoi consiste la tradition que l'on invoque en faveur de la ville de Trèves.

Il paraîtrait que sainte Hélène étant de retour de son voyage de la Terre-Sainte, fit venir d'Antioche saint Agrice et le fit ordonner archevêque de Trèves; qu'après la mort de Valentin, vingt-sixième évêque de cette ville, elle y envoya Agrice avec de très-précieuses reliques, parmi lesquelles se trouvaient la sainte Robe de Notre-Seigneur, une portion de la vraie Croix et un clou ; que ce saint ayant fait rebâtir le palais de l'empereur Constantin en forme d'église, il fit enfermer, dans un autel du dernier chœur, la vraie Croix, le clou et la Robe du Sauveur, où elle demeura inconnue jusqu'à l'année 1196, et qu'alors on découvrit, le premier jour de mai, ce trésor avec les autres reliques. On ajoute que cet habit n'était pas celui que Notre-Seigneur Jésus-Christ *portait ni dessus, ni dessous, mais celui du milieu qu'il avait journellement;* que la façon et la forme de cet habit sont fort apparentes ; qu'il a des manches assez larges ; que l'étoffe est difficile à discerner et qu'elle n'est ni de soie, ni de laine, mais qu'elle ressemble plutôt à une très-fine toile ; que la couleur est aussi difficile à juger et qu'elle se rapproche d'un brun rougeâtre ; que cet habit est sans couture, ni tissu, ni cousu, mais entrelacé partout d'un fil très-fin ; qu'au bout et près de la lisière il est parsemé de fleurs en forme de caractères ; qu'enfin les plus habiles experts en voyant ce Vêtement ont avoué que c'était quelque chose de surprenant que l'industrie humaine ne pouvait ni connaître ni imiter. Voilà ce que rapporte l'histoire au sujet du Vêtement de Trèves, et c'est encore à peu près ce qui est cru aujourd'hui, comme le témoigne une lettre en date du mois de mai 1842, que nous avons sous les yeux.

Cette tradition peut être fort respectable, et nous sommes loin de l'infirmer. Nous dirons même qu'elle est, jusqu'à un certain point, favorable à notre thèse. Il résulte, en effet, selon nous, de ce que nous venons de rapporter, que Trèves revendique la Robe de Notre-Seigneur et non la Tunique. Or, comme nous prétendons posséder à Argenteuil la Tunique sans couture, et que nous avons établi la vérité de cette assertion, il nous semble que toute la difficulté entre

Trèves et Argenteuil peut se réduire à ces mots : *sans couture*, que chaque pays applique au vêtement qu'il possède.

Nous disons que l'église de Trèves peut bien être enrichie de l'un des habits du Sauveur, mais que c'est de sa Robe et non de sa Tunique.

Premièrement, nous appuyons cette assertion sur les expressions mêmes dont se servent les auteurs qui ont parlé de cette relique. Partout on les voit employer les mots *Toga Domini*. Or, *Toga* signifie dans tous les auteurs latins, robe longue que portaient les Romains en temps de paix, et jamais il n'a eu le sens du mot *Tunica*, qui signifie vêtement de dessous, espèce de chemise. Secondement, la description que l'on fait du Vêtement de Trèves, celle qu'en donne dom Calmet lui-même, avec la gravure qu'il y joint dans son *Dictionnaire de la Bible*, et enfin cet aveu que l'on fait en déclarant que *cet habit n'était pas celui que Notre-Seigneur Jésus-Christ portait ni dessus ni dessous, mais celui du milieu qu'il avait journellement*, tout cela montre assez qu'il s'agit d'une robe et non d'une tunique.

De plus, nous avons établi au Livre 1er, chapitre III, que l'habillement du Sauveur devait se composer habituellement, selon l'usage des Hébreux, d'une tunique, d'une robe et d'un manteau; que la tunique était le premier habit, la robe celui de dessus, et que le manteau recouvrait le tout; que la tunique, qui recouvrait immédiatement la chair, était, à cause de cela, moins large et moins longue que la robe, qui était l'habit de dessus; or, on nous représente ici un vêtement long et assez large, on nous dit que c'était l'*habit du milieu :* ce ne peut donc qu'être la Robe et non la Tunique sans couture que possède la ville de Trèves. Ceci nous paraît ne devoir faire aucun doute.

Mais nous avons d'autres considérations qui peuvent montrer le peu de fondement de la tradition de Trèves.

Les auteurs qui prétendent que sainte Hélène donna, vers l'an 327, à saint Agrice, archevêque de Trèves, la Tunique sans couture que l'évangéliste saint Jean dit avoir été tirée au sort, ces auteurs, disons-nous, n'apportent aucune preuve de ce qu'ils avancent; mais nous pouvons nous dispenser d'invoquer ce défaut de critique de leur part, un simple rapprochement historique nous suffisant dans cette discussion.

On prétend que la Tunique fut donnée en 327; mais alors on ne peut pas accorder ceci avec ce que rapporte saint Grégoire de Tours, qui écrivait vers l'an 590, c'est-à-dire plus de deux cents ans après sainte Hélène, que, de son temps la Tunique du Sauveur se conservait dans une ville de Galatie dans l'église des saints Archanges : *Ferunt autem in civitate Galatiá, in basilicá quæ ad sanctos Archangelos vocatur retinueri.*

Nous disons qu'on ne pourrait pas davantage s'accorder avec ce qu'écrivent Fredegaire, continuateur de saint Grégoire de Tours, et Herman, chroniqueur du VIIIe siècle, qui déclarent positivement « que la 30e année du roi Gondran (laquelle était la 594e de Notre-Seigneur Jésus-Christ), la Tunique sans couture qui avait été jetée au sort, fut trouvée à Zaphat ou Jaffa, et portée à Jérusalem. » C'est ce que nous avons rapporté, Livre II, chapitre III. Or, si l'impératrice Hélène avait envoyé la sainte Tunique à saint Agrice, dès l'an 327, et si elle était à Trèves à cette époque, comment se fait-il, dit dom Gerbëron[2], que Fredegaire et Herman, qui sont Allemands, ne l'aient point su, et comment ont-ils pu dire qu'elle fut portée de Jaffa à Jérusalem, en l'année 594, en racontant en même temps, toutes les circonstances de cette translation ?

Et remarquons encore que tous les autres auteurs, tels que Sigebert, Aimoin, sur lesquels nous nous sommes appuyé pour écrire l'histoire de la sainte Tunique, pendant ces premiers siècles, remarquons qu'ils ne parlent pas de Trèves, ni de la Relique que cette cité dit avoir reçue des mains de sainte Hélène.

Néanmoins continuons à suivre le récit sur lequel reposent les prétentions de Trèves. Selon ce récit, saint Agrice aurait fait enfermer dans un autel du dernier chœur de l'Église qu'il avait bâtie, la sainte Robe, où, de l'aveu de Brouwerus, elle demeure inconnue jusqu'à l'année 1196, et il paraîtrait que c'est à l'archevêque Félix que l'on devrait de l'avoir remise en honneur, et d'en avoir répandu la renommée dans l'Allemagne.

S'il en est ainsi, si réellement la Relique

de Trèves est demeurée inconnue jusqu'au XIIe siècle, de qui a-t-on pu apprendre, à cette époque, que c'était la Tunique du Sauveur, et que dès l'année 327 elle avait été envoyée par sainte Hélène à saint Agrice archevêque de Trèves? Dira-t-on que c'est par tradition? Mais alors que ne cite-t-on la suite de cette tradition? On ne le pourrait pas, puisque personne n'en avait parlé avant Brouwerus, et que de plus tous les historiens, même allemands, comme Fredegaire, Herman, Sigebert et l'abbé Conrad, avaient écrit le contraire, en assurant que la sainte Tunique avait été trouvée à Jaffa, et de là, portée à Jérusalem. Dira-t-on que c'est par révélation? Mais aucun auteur n'en fait foi; un tel miracle n'aurait pas manqué d'attirer l'attention de quelques écrivains, et Brouwerus lui-même n'en dit rien : il se contente d'avancer que la Tunique demeura *inconnue* jusqu'au XIIe siècle.

En sorte que, et ne perdons pas ceci de vue, tandis qu'à Trèves la Tunique était *inconnue*, nous l'avons vue honorée en France, à Argenteuil, et même en Angleterre, à cause de la parcelle de cette précieuse Relique qui avait été donnée au roi Albert le Grand, par Charles le Chauve... Comment donc les partisans de la tradition de Trèves nous expliqueront-ils ces difficultés ?.. Quant à nous, il nous semble que cette tradition ne repose pas sur des bases historiques assez solides, et que dans tous les cas, elle est trop nouvelle pour pouvoir inspirer une entière confiance.

Il est même un auteur [3] qui pense que le Vêtement de Trèves n'est point un des habits du Sauveur, parce qu'en considérant sa matière, qui n'est, au rapport de ceux de Trèves, *ni de soie, ni de laine, mais plutôt d'une très-fine toile,* et en observant attentivement sa beauté, puisqu'on y remarque des *fleurs en forme de caractères,* elle ne peut convenir à Notre-Seigneur qui était vêtu pauvrement et dont la Tunique était de laine, comme nous l'avons montré ailleurs (Livre Ier chap. III.). Dans cette hypothèse, l'auteur que nous citons serait plus porté à croire que le Vêtement de Trèves est la robe de saint Jacques, Apôtre et premier évêque de Jérusalem, et que, par la Providence, il a été tiré de l'oubli en l'année 1196, précisément le jour de la fête de saint Jacques, pour être remis au jour et proposé à la vénération de ce pays ; et la raison qu'il donne de son opinion, c'est que l'Église nous apprend que saint Jacques se servait de vêtements de lin, et non de laine comme les autres, et cela, à cause du pouvoir qu'il avait seul d'entrer dans le sanctuaire du temple, où il était continuellement en prières, ainsi que le rapporte Egésippus dans Eusèbe [4]...

Toujours est-il cependant que Trèves revendique la possession d'une Tunique de Jésus-Christ, qu'on la dit être *sans couture*, et qu'elle est vénérée dans l'Église cathédrale. Nous avons vu, par des raisons plausibles ce nous semble, que, de toutes les manières, cette ville ne peut que prétendre à la possession d'une Robe, et non de la Tunique sans couture. Nous venons de voir, d'un autre côté, par des rapprochements historiques, qu'elle ne peut non plus posséder cette Tunique, puisqu'il était établi d'une manière irréfragable, que du temps qu'on l'ignorait à Trèves, on la vénérait à Argenteuil ; et quoique ces rapprochements ne soient pas favorables à la tradition de Trèves, qu'ils infirment même beaucoup, quoique enfin l'opinion de l'auteur que nous venons de mentionner ait quelque vraisemblance, tout cela ne peut cependant pas empêcher tout à fait de croire que cette ville ne possède la Robe du Sauveur, quoiqu'il restera toujours évident qu'au moins la tradition, à cet égard, même réduite au point où nous l'amenons, n'est pas assez ancienne ni assez solidement établie.

Mais enfin nous n'avons pas à nous étendre davantage à ce sujet, comme il ne nous appartient pas non plus de prononcer : et, tout en restant dans l'opinion raisonnable, quoique pas suffisamment appuyée d'autorités, qu'il peut bien être vrai que Trèves possède la Robe de Notre-Seigneur, nous devons néanmoins nous arrêter encore à une autre difficulté.

Le récit de la tradition que cette ville invoque, rapporte que ce Vêtement est *sans couture, ni tissu, ni cousu, mais entrelacé d'un fil très-fin.* Il est pourtant certain qu'il n'y avait que la Tunique qui était *sans couture.* L'Évangéliste est formel à cet égard. Les soldats, dit-il, après avoir crucifié Jésus, prirent ses habits et en firent quatre parts ; mais pour sa Tunique, comme elle était d'un seul tissu depuis le haut jusqu'en bas *inconsutilis desuper contexta per totum,*[5] il ne la coupèrent point, et la tirèrent au sort : *Partiti sunt vestimenta mea sibi, et in vestem meam miserunt sortem.*[6] Ce ne peut donc être que par confusion que les écrivains qui parlent de Trèves ont dit que la Robe qu'elle possède est *sans couture*. Après cela, si cette robe était véritablement celle de saint Jacques, comme on l'a supposé, cette difficulté serait bientôt tranchée, car la robe de ce saint Apôtre pourrait bien être aussi *sans couture*, suivant l'usage que l'on avait dans ce temps là de faire des habits de cette sorte. Au reste, ce qui peut encore affermir dans la persuasion que ce n'est que par erreur que l'on a appliqué les mots *sans couture* à la robe de Trèves, c'est que La Martinière en en parlant[7], dit simplement; *Robe de Notre-Seigneur*, et que Baillet rapporte « qu'on n'assure plus maintenant à Trèves que c'est la Robe sans couture, épargnée par les soldats au temps de la passion de Jésus-Christ, mais qu'on se contente de dire en général que c'est la *Robe du Seigneur*[8]. » Le silence complet que l'on garde aujourd'hui à Trèves sur l'histoire de cette relique nous confirme aussi dans cette pensée.

Maintenant que deviennent, après ces considérations et ces faits, les assertions des auteurs qui adjugent la sainte Tunique à l'église de Trèves, sans au reste, apporter aucune preuve à l'appui de ce qu'il avancent? Que devient, en particulier, le récit de dom Calmet? Il n'est pas douteux qu'il n'a pas étudié ce point d'histoire avant d'écrire ce que nous avons cité un peu plus haut, et qu'il s'en est rapporté à certaines versions peu exactes. On voit souvent des historiens dignes de foi à beaucoup d'égards, répéter néanmoins les erreurs que d'autres ont commises : ainsi Tillemont, ordinairement si exact, a copié quelquefois Baillet, presque toujours si inexact et si outré. Pourquoi dom Calmet ne serait-il pas tombé dans cette même faute en cette circonstance? D'ailleurs, ne sait-on pas que le *Dictionnaire de la Bible* de ce docteur vénérable pour sa science et pour sa vertu, n'est pas tout à fait exempt de graves inxactitudes, jusque-là que Jean-Dominique

Mansi, prêtre de Lucques, qui entreprit une version latine de ce *Dictionnaire*[9], s'est vu obligé d'en rectifier plusieurs dans différents articles ? C'en est assez pour diminuer l'autorité du savant bénédictin, et infirmer ce qu'il rapporte du vêtement de Trèves, surtout lorsque d'autres auteurs se trouvent dire le contraire.

Nous passons à présent à la Tunique que Jean Diacre, et ceux qui ont fait le catalogue des reliques qui se trouvent dans l'église de Saint-Jean de Latran à Rome, disent être dans cette basilique. Mais cette tunique est de lin et fort petite. Ce ne peut être, suivant plusieurs auteurs [10], qu'une des petites tuniques *tunicula* qui ont servi à Notre-Seigneur lorqu'il était dans les premières années de sa divine enfance. Nous n'avons donc pas à nous arrêter beaucoup sur ce point. Le même Jean Diacre rapporte que, de son temps, on honorait dans la même église de Saint-Jean de Latran, la tunique de saint Jean l'évangéliste, et que Dieu opérait par elle beaucoup de miracles. Quoique ceci soit étranger à notre sujet, nous avons désiré le consigner à l'honneur du disciple bien aimé de notre divin Sauveur.

C'est véritablement au milieu de nous que vous reposez, Tunique sans couture du divin Crucifié ! Nous aimons à le publier et à le redire à nos frères, après nos pieuses recherches, nous sommes convaincus que vous êtes dans la bénite église d'Argenteuil. Plus heureuse que Rome, plus favorisée que la Rome du Nord, cette petite ville a été choisie pour renfermer un si riche trésor ! Oh ! combien nous devons en bénir Notre-Seigneur, combien doit être grande et vive notre allégresse ! Comme nous devons vous honorer dignement, Robe vénérable et glorieuse que saint Jean voit aussi dans le ciel revêtant Celui qui nous a rachetés et dont le nom, devant lequel tout genou doit fléchir aux cieux et sur la terre, est le Verbe de Dieu ! *Et vestitus erat veste adspersa sanguine ; et vocatur nomen ejus, Verbum Dei* [11].

CHAPITRE VII.

Liturgie, prières, tableaux, en l'honneur de la sainte Robe.

On pourrait dire que c'est ici la partie poétique de notre sujet, car la liturgie, les prières de l'Église, c'est là que se trouve la vraie et la belle poésie ; mais nous voulons moins nous arrêter à ces considérations qu'aux preuves que nous pouvons encore tirer en faveur de notre sainte Relique, des prières mêmes qui ont été composées pour l'honorer.

Il paraît que lors de sa translation par Charlemagne, l'Église ordonna deux messes, l'une votive et l'autre du jour de la translation. La première qui n'a qu'une Oraison se trouve dans les anciens missels imprimés à diverses époques, notamment en 1504, 1543, 1559 et 1585. Le premier et le dernier de ces missels étaient à Notre-Dame de Paris et dans la Sainte-Chapelle; un autre, de 1543, se trouvait dans l'Église de Saint-Père à Chartres[1]; nous avons sous les yeux celui de 1585. La deuxième messe, celle de la translation, était dans un Graduel du monastère d'Argenteuil, avec la messe votive, mais d'une autre note et avec trois Oraisons : la première, commune pour les deux messes; la seconde, de la Croix, parce que comme l'on sait, la sainte Robe fut la compagne de la Croix dans tous les lieux où elle fut portée : *Comes quoque fuit crucis;* enfin la troisième, de la très-sainte Vierge, vraisemblablement parce que la Relique était l'ouvrage des mains de Marie, et qu'elle était déposée dans un lieu dédié à son saint Nom, sous le titre de *Notre-Dame d'Humilité.*

Nous avons cité (Liv. II, Chap. IV) le *Graduel* de la messe du jour de la translation qui est si parfaitement adapté à la cérémonie : *Faisons retentir harmonieusement les louanges de Dieu; glorifions-le avec zèle en ce jour solennel de la translation de la sainte Tunique sans couture!..* Et c'est malheureusement tout ce qui nous reste de cette messe; pour ce qui est de la messe votive, nous l'avons toute entière ; elle se trouve dans le Missel de 1585 et elle est en usage à Argenteuil.

Elle a pour *Introït* les paroles suivantes du Psaume XXI : « Ils ont attaché leurs yeux sur mes tourments ; ils ont partagé mes vêtements entre eux, et ont tiré ma Robe au sort. Dieu ! mon Dieu ! jetez vos regards sur moi : pourquoi m'avez-vous abandonné ? Ce sont mes péchés qui ont éloigné ma délivrance. » C'est-à-dire les péchés des hommes dont le Christ s'était chargé et qu'il portait sur la croix.

La *Collecte* est des plus belles et des plus touchantes : « Dieu tout-puissant et éternel, qui, pour donner au monde l'exemple d'une profonde humilité, avez voulu que votre Fils se revêtît de notre chair, souffrît la mort de la croix, et qui avez aussi permis que sa Robe sans couture fût jetée au sort, accordez-nous par votre grâce, qu'imitant son humilité et sa patience, nous méritions d'être au jour de la résurrection, revêtus avec vos saints de la Robe céleste et du Vêtement de l'immortalité. Par le même Jésus-Christ qui, étant Dieu, vit et règne avec vous en l'unité du Saint-Esprit, dans tous les siècles des siècles. »

L'*Epitre* est composée des magnifiques paroles du prophète Isaïe, au Chap. LXIII, que nous avons rapportées, Liv. Ier, chap. 1er: *Qui est celui-ci qui vient d'Edom? qu'est-il ce conquérant qui vient de Bosra, avec sa Robe teinte de sang?..* Le *Graduel* renferme les paroles suivantes de l'Évangile de saint Jean : « La Tunique était sans couture d'un seul tissu depuis le haut jusqu'en bas. Ne la coupons point, mais jetons au sort à qui l'aura. Ils ont partagé mes vêtements, et ils ont jeté ma Robe au sort. Alleluia, alleluia. »

Après la Septuagésime, on dit le *Trait* suivant, tiré du livre des Psaumes : « Dieu! mon Dieu! regardez-moi, pourquoi m'avez-vous abandonné? Tous ceux qui m'ont vu se sont moqués de moi ; ils ont parlé de moi, et ils ont secoué la tête ; ils m'ont considéré et regardé, je les ai foulés aux pieds dans ma fureur : et ils ont partagé mes vêtements, et ils ont jeté ma Robe au sort. »

Nous passons à la *Prose*. Elle n'est pas d'une latinité bien pure, ce qui en prouve l'antiquité. Jusqu'ici nous venons de voir l'histoire prophétique de la Robe sans couture ; à présent nous allons assister à l'accomplissement des oracles divins. La *Prose* nous retrace l'historique de ce glorieux Vêtement depuis la mort du Sauveur. C'est comme une consécration des faits que nous avons relatés dans cet ouvrage ; nous en citerons quelques strophes que nous n'avons pas rapportées dans le cours de notre récit :

« Peuple fidèle, chantez les louanges de votre Rédempteur dont vous vous réjouissez de posséder la Robe vénérée... Cette Robe est l'œuvre des mains virginales de sa Mère qui l'a faite sans couture. Elle couvre le corps de son Fils, jusqu'au moment où il doit souffrir la mort pour ses créatures. O admirable Vêtement ! qui s'augmente selon l'âge du Sauveur, depuis son enfance. Sa Robe croît en même temps ; elle n'éprouve aucune altération ; elle est toujours sans tache. Les Juifs s'en sont emparés ; ils l'ont tirée au sort ne pouvant la partager. Car ce que les prophètes avaient prédit, ils l'ont accompli sans le savoir, en recourant au sort. Un empereur chrétien, Charlemagne, la retire des lieux habités par les gentils. Argenteuil est l'heureuse ville à laquelle la divine Providence a confié ce dépôt sacré. C'est là que ce voile qu'on ne saurait trop honorer attire sur les chrétiens les grâces et les secours du ciel... Que tout fidèle croie fermement que cette sainte Tunique, ouvrage de la Mère du Christ, a été faite pour lui. Que personne ne méconnaisse les merveilles et les grâces qui y sont attachées, et qui sont accordées à nos prières. »

Comme on le voit, ici sont relatés les faits principaux de l'histoire de la sainte Robe. La gloire de son Exaltation, par révélation divine, y est aussi célébrée. Nous ne l'avons pas rapportée parce que ces strophes ont été citées en leur lieu...

L'Évangile est tiré de saint Jean, chap. XIX : c'est le récit des soldats qui partagent les vêtements de Jésus-Christ et qui tirent sa Robe au sort.

Voici *l'Offertoire* : « Les soldats lui ayant ôté le manteau d'écarlate, ils lui remirent ses habits, et ils l'emmenèrent au Calvaire, où l'ayant crucifié, ils partagèrent ses vêtements, les jetant au sort. Alleluia. » La *Se-*

crète : « Nous vous supplions, Seigneur, de recevoir cette oblation, et de faire, s'il vous plaît, que nous jouissions de l'union parfaite que la Robe sans couture de votre Fils nous figure dans ce mystère de la Passion. » La *Préface* est celle de la Croix. La *Communion :* « Après s'être joués de lui, ils lui ôtèrent le manteau d'écarlate et lui remirent ses habits. Alleluia. » Enfin la *Post-Communion :* « Assistez-nous, Seigneur notre Dieu, afin que par ces vénérables mystères qui représentent la Passion de votre Fils, dans laquelle il a été dépouillé de ses vêtements, nous soyons purifiés de toute iniquité et préservés de tous dangers... »

N'y a-t-il pas là tout un poëme ? Quels tableaux touchants et sublimes ! quels mystères ! quel langage pour une chose si petite en elle-même ! Mais c'est que ce Vêtement appartient au Rédempteur, et qu'il est une parfaite image de l'unité de l'Église qu'il a fondée au prix de son sang !...

En comparant le Missel de 1585 avec la copie de la Messe qui se trouve aujourd'hui dans le Missel d'Argenteuil, on remarque quelques variantes. Ainsi dans le Missel de

1585, il y a deux *Traits*, deux *Offertoires* et deux *Communions* pour des temps différents. On remarque même quelques légères corrections de style dans la *Prose*.

Indépendamment de cette Messe, nous avons le manuscrit d'un *Office de la sainte Robe* qui a été imprimé en 1724, à la suite d'un *Abrégé de l'Histoire de cette Relique*. Cet *office* contient *Matines, Laudes, Prime, Tierce, Sexte, la Messe, None, Vêpres* et *Complies*. Il paraît qu'il est l'ouvrage d'un religieux de la congrégation de Saint-Maur, et il est tout entier composé de paroles tirées de la sainte Écriture qui sont très-bien appliquées.

La Messe diffère peu de la Messe votive, dont nous venons de parler; nous y avons seulement remarqué le *Trait* suivant pour le temps de Pâques, qui se trouve aussi, au reste, dans le Missel de 1585 : « Alleluia, alleluia. Pendant que Jésus priait sur la montagne, son visage parut tout autre, et sa Robe devint blanche et tout éclatante de lumière. Alleluia. » Il en est de même pour ce qui suit, qui se chante au jour de la translation : « O Tunique sans couture ! Vêtement très-précieux, par lequel chacun reçoit des grâces et se fortifie dans l'espérance de son salut, éloignez de nous les obstacles qu'y opposent le démon, la chair et le monde, afin que, par votre moyen, nous soyons exempts de tous péchés. Alleluia... Chantons avec joie des louanges en l'honneur de Dieu dans la fête de la translation de la Robe sans couture, puisqu'elle augmente en nous l'espérance du salut, qu'elle nous rend la santé, et qu'elle fortifie la vue; aussi a-t-elle été la compagne de la Croix. » Ces dernières paroles sont celles du *Graduel* dont nous avons déjà parlé et qui se trouve dans la Messe du jour de la translation.

Nous n'attachons pas plus d'importance qu'il ne faut à cet *Office* dont nous possédons une copie : nous tenions simplement à le mentionner. On a bien senti la nécessité d'avoir un *Office* complet, et nous savons qu'on en a demandé un à un docte religieux bien capable de remplir cette belle mission. Elle appartient, en effet, au R. P. dom Guéranger dont les travaux liturgiques témoignent de sa science et de sa piété. Mgr l'évêque de Versailles a lui-même exprimé au

R. P. le désir de le voir se charger de « cette composition religieuse vivement désirée, dit le prélat dans une lettre en date du 5 novembre 1842, et qui contribuerait à ranimer la dévotion des fidèles envers la sainte Relique, qui, depuis quelque temps surtout, attire un nombre toujours croissant de personnes pieuses dont plusieurs ont été favorisées de grâces qu'on peut regarder comme miraculeuses. » Qu'il nous soit permis de former des vœux pour que le R. P. abbé satisfasse bientôt la piété des fidèles.

Il nous reste encore quelques anciennes prières qui respirent la plus vive et la plus touchante piété. Il en est une surtout, imitation de l'*Ave Regina cœlorum*, qui est fort belle. Nous la donnerons dans un Recueil de prières qui pourra faire suite à cet ouvrage [2].

Les plus anciennes gravures que nous ayons, représentent, pour la plupart, la sainte Robe portée par deux anges. Nous en avons vu quelques-unes où la très-sainte Vierge est représentée tenant dans ses chastes mains le Vêtement de son divin Fils. Il y a dans l'église d'Argenteuil quelques sculptures, fort antiques, qui représentent la sainte Robe. Mais on n'y possède point d'anciens tableaux qui aient trait à ce sujet : ils ont sans doute été brisés dans les temps de tourmente et de pillage.

On admire à Munich, dans l'Église de tous les Saints qui offre tant de belles peintures, un tableau représentant cette scène magnifique de l'Apocalypse : « Je vis, dit le prophète, je vis le ciel ouvert. Il parut un cheval blanc, et celui qui le montait s'appelait le Fidèle et le Véritable, qui combat et qu juge avec justice. Ses yeux ressemblaient à la flamme du feu ; beaucoup de diadèmes brillaient sur sa tête. Il portait écrit un nom dont nul autre que lui n'a l'intelligence. Il était vêtu d'une Robe arrosée de sang ; il s'appelle le Verbe de Dieu. Les armées qui sont dans le ciel le suivaient sur des chevaux blancs et en vêtement de lin blanc et pur [5]. » Nous avons été bien aise de trouver ici notre glorieuse Tunique.

L'église d'Argenteuil possède depuis peu un tableau représentant, dans sa partie supérieure, la scène du Golgotha, et dans sa partie inférieure, le partage que font les soldats de la Robe et des vêtements de Jésus-Christ.

Ce tableau dû au talent et à la générosité d'un artiste chrétien, M. Digby, est surtout remarquable par le sentiment de foi et de piété qui en fait comme le cachet, ce qui est fort rare dans les tableaux religieux qu'on nous donne aujourd'hui, et ce qui fait, selon nous, le plus grand éloge des artistes qui ont le mérite de peindre aux yeux la foi qu'ils pratiquent par conséquent, et qui seule, après tout, inspire le vrai talent.

Robe sacrée! l'Église célèbre votre gloire dans ces cantiques, et les arts contribuent aussi à votre honneur ; nous nous en réjouissons, et nous remercions dans de grands sentiments d'amour, le Seigneur Jésus qui vous a portée, qui opère par vous tant de merveilles, et à qui soient louanges et bénédictions dans les siècles des siècles, ainsi qu'à la très-pure vierge Marie sa Mère.

CHAPITRE VIII.

Authenticité de notre sainte Relique, et vénération qui lui est due.

Si après cette histoire fidèle, nous pouvons le dire, de la Tunique de Notre-Seigneur Jésus-Christ, histoire dont nous touchons aux dernières pages, il se trouvait quelques esprits qui ne fussent pas entièrement satisfaits, nous avons la confiance que la récapitulation de nos preuves principales, achèvera de les convaincre et de détruire les moindres doutes qu'ils pourraient encore avoir.

Plusieurs fois, on se le rappelle, notre chère Relique a été soumise à l'examen d'hommes instruits et pieux, incapables de se laisser tromper et d'abuser les autres. Jetons donc un coup d'œil rapide sur ces principaux faits de notre histoire.

Il est évident pour quiconque veut être

juste et réfléchir, que les trois évêques, c'est-à-dire Grégoire, patriarche d'Antioche, Thomas, patriarche de Jérusalem, et Jean, patriarche de Constantinople, qui transportèrent solennellement la sainte Tunique de la ville de Japhat à la cité de David, n'accomplirent cette cérémonie que lorsqu'ils se furent assurés de la véracité de cette Relique, d'après ce qu'ils en connaissaient par eux-mêmes et par l'Écriture. On ne saurait supposer que des hommes aussi vénérables et aussi pieux qui se préparent à cette translation par un jeûne de trois jours, agirent, dans cette circonstance, sans réflexion et sans prudence.

On ne refusera pas non plus la même sagesse à Héraclius, qui, après les troubles des infidèles, remit notre Relique à Jérusalem, et la transporta deux fois à Constantinople, avec une dévotion digne des plus grands éloges, pour la préserver des ravages des ennemis du nom chrétien.

Nous en dirons autant de Charlemagne. Pourrait-on croire un seul instant que ce prince si éclairé, si pénétrant, et qui aimait à s'environner de tant de lumières, aurait reçu une Relique dont l'authenticité ne lui aurait pas été connue et suffisamment constatée ? Pourrait-on croire qu'il se serait empressé de la placer avec solennité dans le monastère de sa fille Théodrade, si sa véracité eût paru douteuse aux hommes éminents en vertu et en science dont il s'était entouré et dont il ne pouvait ignorer l'opinion.

Or, on sait comment nous avons établi cette donation de la sainte Tunique à Charlemagne, et de combien de témoignages dignes de foi et irrécusables nous l'avons environnée.

Et le présent d'une parcelle de cette Relique vénérée que le roi Charles le Chauve fit au roi Alfred-le-Grand, n'est-ce pas là une nouvelle preuve qu'à cette époque, l'authenticité de la Tunique fut reconnue et exaltée ?

Mais elle disparaît pour un temps aux regards des fidèles... Cependant Dieu veille sur ce dépôt sacré, et après qu'il eut permis qu'il fût retrouvé, c'est un prince de l'Église qui, en présence d'un grand nombre de prélats, en présence d'un roi de France,

Louis VII, et d'une multitude de peuple, reconnaît et constate l'authenticité de la Relique honorée depuis les temps les plus reculés : *A temporibus antiquis honore condigno reposita erat.* Certes, on ne pourrait dire que ces illustres personnages se firent illusion, et qu'ils cherchèrent à induire en erreur. Quand on veut tromper, on ne cherche pas la solennité et l'appareil d'une fête, et ceux qui veulent abuser ont des motifs pour le faire. Or, dans quel but et dans quel intérêt l'archevêque de Rouen et les autres prélats en présence desquels il découvrit la Robe de Notre-Seigneur Jésus-Christ, auraient-ils voulu tromper? et dans tous les cas, comment tant d'hommes pieux se fussent-ils entendus et eussent-ils été d'accord pour commettre cette blâmable action?

Et puis, comment expliquer le concours qui se fit immédiatement au lieu où était déposée la Tunique sacrée? Comment expliquer ce pieux voyage entrepris par des princes de l'Église pour obtenir leur guérison devant la Relique, et cette procession solennelle ordonnée par François Ier, et beaucoup d'autres circonstances que nous avons marquées, sinon parce qu'on était convaincu que c'était bien la Tunique du Sauveur, et que d'ailleurs l'Éternel manifestait déjà son authenticité par d'éclatants prodiges ?

Voudrait-on, pour plus tard, récuser la véracité de cette Relique ? Mais la translation qui en fut faite dans une magnifique châsse donnée par la duchesse de Guise, les soins minutieux que mit, pour accomplir cette cérémonie, le religieux délégué à cet effet, la reconnaissance des pièces, l'identité de la Relique établie alors, tout cela ne saurait-il suffire ?

Tant d'illustres pèlerins se rendant à Argenteuil pour honorer la sainte Relique, une Blanche de Castille, un saint Louis, un François Ier, un Henri III, un Louis XIII, une Anne d'Autriche, une Henriette d'Angleterre, un cardinal de Berulle, un P. de Condren, un cardinal de Richelieu, un cardinal de Fleury, un Ollier, un saint Vincent de Paul qui fonda un hôpital à Argenteuil, et tant d'autres que nous ne pouvons rappeler ici, ne confirment-ils pas par l'éclat de leur rang, de leurs talents, de leurs vertus, l'authenticité de la Relique ? et les grâces qu'ils remportent de ce lieu béni, ne prouvent-elles pas que Dieu la protégeait, et que le sacré Vêtement de son Fils y reposait réellement ?

Mais parcourons rapidement... Pourrait-on supposer que les auteurs qui ont traité de notre sainte Relique se sont abusés au point de ne rien examiner, de croire tout ce qu'on leur rapportait et d'ajouter foi à des témoignages peu certains ? Ne les avons-nous pas vu, au contraire, s'appuyer sur des autorités respectables, discuter les faits, invoquer les titres, les étudier, et les soumettre aux épreuves d'une critique pieuse et éclairée ? Jusque-là que l'un d'eux, Gabriel de Gaumont, mérita cette remarquable *Approbation*, en date du 24 décembre 1670, et signée par deux docteurs de Sorbonne et curés de Paris, l'un C. Patu, curé de Saint-Martial et l'autre Chapeles, curé de Saint-Jacques-la-Boucherie :

« La vénération que l'Église exige des fidèles pour les reliques des saints, disent ces docteurs, est un des principaux devoirs du christianisme ; parce que le culte qu'elle rend à ces athlètes généreux de la milice du Dieu vivant, est un signe de la gloire que ces âmes héroïques doivent recevoir dans le temps de la réunion de leurs corps. C'est pour cela qu'on ne saurait assez louer le zèle de ceux qui se sont appliqués à la recherche des saintes reliques, soit qu'ils aient ramassé leurs cendres précieuses, soit qu'ils aient conservé ce qui peut avoir servi saintement à leurs usages ; mais il faut avouer que s'il y a quelque préférence à donner à ceux que la Providence a destinés pour ces emplois de piété, il n'en est point qui méritent plus de reconnaissance que ceux qui s'attachent à nous proposer pour l'objet de notre culte et de notre vénération, ce qui a appartenu au Verbe incarné, ou ce qui a été employé à ses usages durant le temps de son séjour visible sur la terre ; de sorte que la *Dissertation sur la sainte Tunique de Notre-Seigneur* qui est conservée dans le prieuré d'Argenteuil, est un ouvrage digne d'une estime singulière, puisqu'il est tel qu'il doit faire dans le cœur de tout ce qu'il y a de chrétiens un renouvellement de joie, de respect et d'amour pour Notre-Seigneur, en vue de cette précieuse Relique, attendu les preuves solides par lesquelles on en a vérifié la possession.

Et, comme nous en avons fait la lecture avec une exactitude précise, nous en avons aussi été si satisfait en notre particulier, que nous regardons cet ouvrage comme un monument de piété, qui n'est pas moins considérable, que la statue qui, selon le rapport d'Eusèbe [1], fut érigée en l'honneur du Vêtement de Notre-Seigneur par cette femme de Césarée à qui la santé fut miraculeusement rendue par le simple attouchement de cette même Robe du Sauveur... [2]. »

Sans doute, ces auteurs nous ont offert quelques divergences. « Mais, dit un critique judicieux, rien n'est si commun que de voir les historiens, même les plus exacts, s'accorder sur la substance d'un fait, dont ils racontent diversement les circonstances, soit qu'ils ne s'appliquent pas tous également à les connaître et à les exposer, soit que les diverses relations d'après lesquelles ils écrivent en aient obscurci quelques-unes. Aussi est-il généralement reconnu qu'un fait important, sur lequel tous les historiens s'accordent, ne laisse pas d'être certain, malgré les différences qu'on remarque entre eux sur les détails et les circonstances de ce fait [3]. »

Sans doute encore, nous avons rencontré quelques contradictions. Mais sont-elles sérieuses, ou le moindrement plausibles? Et ne viennent-elles pas, le plus souvent, de la part d'hérétiques et d'hommes sans bonne foi aucune? Or, qu'attendre autre chose de l'incrédulité; « qu'attendre autre chose, dit Bossuet, de ceux qui se sont placés en dehors de l'unité, et qui ont déchiré impitoyablement le Vêtement sans couture du corps mystérieux de l'Église [4]. »

Après cela, combien de témoignages favorables et consolants nous avons recueillis? Combien d'autorités respectables sont venues confirmer les faits que nous avons groupés? Et les indulgences accordées par les souverains pontifes, les priviléges donnés par les premiers pasteurs, ne sont-ce pas là aussi des preuves bien grandes de l'authenticité de notre Relique? Car on n'accorde pas des faveurs spirituelles à ceux qui vénèrent une Relique qui ne serait pas reconnue; on n'autorise pas un culte qui ne reposerait sur aucune autorité, ni sur aucune tradition; et on peut dire ici « que l'autorité des pasteurs quand ils se sont expliqués, et les sentiments qu'il convient d'avoir d'une Providence bénignement attentive à tout ce qui fait partie d'un culte religieux, fournissent des motifs qui rassurent contre les difficultés des critiques [5]. »

Cependant la Tunique sacrée est exposée à mille dangers, et toujours la Providence permet qu'au milieu des vicissitudes de toutes sortes, elle nous soit fidèlement conservée... Après l'épreuve, peut-être la plus terrible à laquelle les reliques peuvent se trouver en butte, après l'époque de *la terreur*, notre Tunique nous est rendue, un pieux et savant ecclésiastique, qui depuis fut chargé du fardeau redoutable de l'épiscopat, est désigné par son évêque pour en constater l'identité ; il remplit cette mission avec toute l'attention désirable en une si sainte et si délicate entreprise, et, sur son témoignage, le Vêtement sacré est rendu à la vénération des fidèles...

Un peu plus tard un pasteur éclairé et prudent, aidé de ses pieux vicaires, et autorisé aussi par son évêque, examine attentivement les pièces qui concernent la Relique précieuse ; il examine la Relique elle-même et il a la consolation d'acquérir la certitude de son identité... Et le digne et saint évêque de Versailles qui avait encouragé cet examen, confirme tout ce qu'ont fait ses prédécesseurs en facilitant la pieuse réaction des fidèles envers la Tunique du Sauveur... Non que ce fût une dévotion nouvelle, comme nous l'avons remarqué, mais un élan nouveau, une ferveur nouvelle : tels on voit souvent d'antiques et saints pèlerinages longtemps abandonnés, refleurir pour le bien et le salut des âmes ; tel on vit le glorieux tombeau de l'illustre Radegonde, couvert de poudre et laissé en oubli, redevenir dans ces derniers temps, le rendez-vous d'une foule nombreuse de fidèles, et le lieu d'une grande distribution de grâces spirituelles et de bénédictions célestes [6]...

Et ce qui rend précisément notre Relique très-glorieuse, comme ce qui en fait le dernier et le plus éclatant caractère d'authenticité, ce sont les grâces sans nombre que le Seigneur accorde à ceux qui viennent avec foi et piété, le prier devant ce Vêtement béni. Dieu, en effet, n'emploie les prodiges que pour manifester la vérité. Or, comme nous sommes témoins des miracles que la bonté divine opère aujourd'hui comme dans les siècles passés, c'est évidemment la plus grande certitude que nous puissions donner de la véracité de notre Relique, c'est là une preuve invincible et irréfragable; car, dit un pieux auteur, « un seul miracle bien véritable et bien avéré a plus de force pour nous persuader que plusieurs raisons ; car les raisons se combattent et peuvent se détruire par d'autres raisons, mais un fait miraculeux porte une impression si puissante dans l'esprit qu'il est obligé de se rendre [7]. » Quand Dieu a parlé, qu'oserait donc opposer la pauvre raison humaine ?

Voilà les preuves générales qui établissent l'authenticité de notre sainte Relique, et on avouera que ces examens qui en ont été faits successivement jusqu'à nos jours, forment une chaîne bien solide de preuves et de témoignages puissants ; mais si nous descendons maintenant dans les détails, nous verrons que la Tunique que nous vénérons à Argenteuil, est conforme à ce qui en a été dit par les Pères et par les auteurs qui en ont traité, quant à la couleur, à la matière, à la tissure et à la forme.

La couleur. Nonnus, auteur grec qui écrivait au Ve siècle, dit, dans son Commentaire sur saint Jean, Chapitre XIX[11], que la Tunique de Jésus-Christ était de couleur *vineuse*. Nous avons vu (Livre Ier, chapitre III) d'après l'Écriture et les commentateurs, que la Robe de Notre-Seigneur était de couleur *brune foncée*, et que cette couleur était celle des pauvres et des plus humbles, ce qui convenait à un Dieu humilié qui dit de lui-même, « qu'il n'est pas un homme, mais un ver de terre et le rebut du peuple : *Ego sum vermis, et non homo : opprobrium hominum, et abjectio plebis*[8]; » et on se rappelle, sans doute, que les auteurs qui confirment l'Exaltation de notre Relique en 1156, parlent presque tous de sa couleur. Ainsi, Robert, abbé du mont Saint-Michel dit qu'elle était de couleur *rougeâtre*; Mathieu de Paris déclare que sa couleur était *sombre*; d'autre de couleur *rougeâtre brune*; et l'abbé Chastelain, chanoine de Paris, qui l'examina en 1672, écrit[9] qu'elle était d'une couleur de *rose sèche brune*.

On ne peut pas nier que ces couleurs

n'aient une grande identité entre elles. La diversité dans la manière de s'exprimer de chacun des auteurs n'y fait rien, puisqu'en définitive ils s'accordent tous sur le fond de la question, et qu'ils aboutissent à cette couleur *brune foncée* qui paraît être la véritable couleur de la Tunique sans couture, et qui a été reconnue dans les derniers examens qui en ont été faits, dans le rapprochement de divers fragments qui sont dispersés, et qui, par une permission divine, peuvent toujours servir à constater, par la confrontation, l'identité de notre Relique. Enfin c'est cette couleur *brune foncée* que nous avons reconnue nous-même, lorsqu'il nous a été donné de contempler, par le cristal de la châsse, le Vêtement de notre divin Maître.

Quant à la matière, il est très-facile de s'assurer encore aujourd'hui, et par la sainte Relique d'Argenteuil, et par les différents reliquaires, qu'elle est de laine, comme nous l'avons montré, Livre Ier, chapitre III. Nous en dirons autant de la tissure dont on peut également voir qu'elle n'est pas comme celle des autres étoffes, d'une chaîne et d'une trame, dit Gabriel de Gaumont [10], mais d'un seul fil, lequel commençait depuis le haut jusqu'en bas, ce que témoigne l'Évangile, et ce que nous avons montré à l'endroit que nous venons de citer.

Nous avouons qu'il est plus difficile maintnant de s'assurer de l'identité de la forme de cette Tunique, parce que nous n'avons plus le bonheur de la posséder dans son entier. Mais on ne saurait douter que la Tunique d'Argenteuil n'ait fourni des preuves de son identité avec la forme réelle que devait avoir le Vêtement du Sauveur, dans le temps qu'elle était encore entière, à la réserve toutefois du morceau qui en fut ôté pour le donner au roi Alfred, et qu'on la déployait pour la faire voir aux pieux pèlerins. En effet, on sait que Hugues, archevêque de Rouen, la découvrit en présence de nombreux et illustres témoins, et que Claude Boistard la déplia lors de la translation qu'il en fit dans la châsse de la duchesse de Guise. Or, à ces différentes époques, l'identité de cette Tunique avec celle de Jésus-Christ que nous avons décrite, Livre Ier, chapitre III, ne faisant aucun doute et des auteurs, entre autres Bernardinus de Bustis [11], et du Saussay [12], déclarent l'avoir vue, ou avoir entendu dire qu'elle était identique. Voudrions-nous donc, pour ce point et puisque nous ne pouvons le vérifier nous-même, ne pas nous en rapporter au témoignage d'hommes respectables ? Et que croirait-on en histoire si on n'ajoutait foi qu'aux faits que l'on pourrait confronter ?

Au reste, nous en avons toujours assez pour constater, aujourd'hui encore, l'authenticité de la Relique, puisque nous pouvons juger de la couleur, de la matière et de la tissure ; et n'eussions-nous même pas cette facilité, soit parce que le temps et les vicissitudes auraient détérioré la couleur ou l'étoffe, que nous posséderions toujours, suivant nous, d'assez fortes preuves de l'authenticité de ce Vêtement dans la transmission fidèle qui en a été faite de siècle en siècle jusqu'au nôtre. C'est pourquoi aussi le défaut d'intégrité dans notre Relique ne saurait diminuer en rien sa vérité, ni la vénération que nous lui devons, car la partie n'est-elle pas aussi précieuse que le tout, dès qu'il est bien reconnu et établi que cette partie est un reste de la Robe de Jésus-Christ ?

Il nous semble qu'il n'est guère possible d'amasser plus de témoignages en faveur d'un fait que nous n'en n'avons recueillis dans cette histoire. Il nous est prouvé que la Tunique de Notre-Seigneur nous est parvenue, qu'elle est conservée à Argenteuil depuis un temps immémorial, qu'elle y a presque toujours été vénérée, et que par elle, la divine Providence qui, dans ces temps-ci, ne fait pas plus défaut à son œuvre qu'autrefois, opère d'éclatantes merveilles. Que voudrions-nous de plus? Il y a des points d'histoire qui sont moins solidement établis et auxquels on ajoute cependant une foi entière. Il s'agit ici d'un Vêtement tissu par Marie, porté par le Sauveur, n'y a-t-il pas de quoi exciter notre amour et notre piété? Réfléchissons un instant.

Après son corps adorable, et la croix sur laquelle il est mort pour nous, Notre-Seigneur Jésus-Christ ne pouvait nous laisser rien de plus précieux et de plus vénérable que ses habits et surtout sa Tunique sans couture...

C'est elle qui fut le premier voile de son humanité sainte, et elle fut en quelque sorte une même chose avec lui, puisque c'était le toucher que de toucher le bord de son vêtement : « Qui m'a touché, *quis me tetigit?* » dit-il, à propos de cette femme qui, en touchant le bord de sa Robe, fut guérie d'une perte de sang [13]. C'est cette Tunique sacrée qui fut pénétrée de la sueur de sang que Jésus-Christ versa dans sa douloureuse agonie, et qui fut toute trempée du sang qui découlait de toutes les parties de son corps, lorsqu'on l'en revêtit après l'avoir déchiré à coups de fouet, comme l'avait prédit Isaïe. C'est cette Tunique que nous possédons, cette Tunique prédite par les prophètes et figurée dans les Écritures qui, ayant été l'instrument de notre salut, sans être l'instrument du supplice de Jésus, autrement que par la cruauté de ceux qui la lui ont arrachée, doit être l'objet de la compassion la plus chrétienne, en nous représentant un Dieu qu'on dépouille pour le faire mourir ; et parce qu'elle porte, dans le sang dont elle est teinte, les caractères de l'excessive charité que le Rédempteur a eu pour les hommes, elle doit être aussi l'objet du plus tendre et de plus fidèle amour que les hommes sont obligés d'avoir pour ce divin et adorable Sauveur [14].

Vénérons donc un Vêtement si digne de nos hommages. Témoignons à Jésus notre fidélité en nous attachant à sa Robe sainte. Imitons la foi de l'Hémorrhoïsse, cette foi qui lui mérita les éloges du Fils du Marie, et soyons assurés qu'en allant vénérer la Tunique sans couture nous serons agréables à Jésus, agréables à Marie, Reine des anges et des hommes, pourvu, bien entendu, que nous entrions dans les sentiments que doit nous inspirer une si sainte Relique, c'est-à-dire l'esprit de détachement et de charité, l'esprit de douceur et de mansuétude, l'esprit de sacrifice et d'amour, l'esprit d'immolation de nos passions pour la gloire du Sauveur, immolé sur la croix pour nos péchés !

Robe sainte et vénérée ! arrivé au terme de notre tâche, notre cœur éprouve quelque peine... Longtemps vous avez fait l'objet de nos méditations ; vous avez réjoui notre âme et excité notre amour pour le divin Maître que nous avons juré de servir à la vie et à la mort. Et maintenant il faut nous séparer de vous, ô Robe sainte !.. Notre peine est d'autant plus grande, que déjà nous avons eu à faire ce sacrifice. Homme tombé qui se souvient des cieux, et, à cause de cela, aspirant sans cesse après la paix, nous avions dressé notre tente près de vous, dans l'espoir de goûter quelque repos à votre ombre ; mais, infortuné voyageur sur cette terre douloureuse, il nous a fallu la transporter ailleurs. Cependant nous ne vous oublierons jamais. Toujours vous serez présente à notre mémoire. Heureux d'avoir été choisi pour raconter votre gloire parmi les hommes, nous irons souvent, après avoir supporté le poids du jour et de la chaleur, nous rafraîchir dans votre sanctuaire, pour nous rappeler les douces et suaves émotions goûtées pendant les veilles que nous vous avons consacrées ; nous irons, pour nous apprendre à nous revêtir de vous comme d'une cuirasse invincible, afin que les attaques de notre ennemi n'aient aucune prise sur nous, que nous repoussions avec courage ses coupables suggestions, et que nous méritions ainsi d'être revêtu du vêtement d'honneur et de gloire dans le ciel !

FIN

TABLE

NOTES ET CITATIONS.

INTRODUCTION (p. V).

¹ *Histoire de dom Mabillon et de la Congrégation de Saint-Maur,* par Émile Chavin de Malan, 1 vol. in-18 anglais, 1843, chez Debécourt.

² *Réflexion sur les règles et sur l'usage de la critique,* etc., t. 3ᵉ, édition de 1720. *Dissertation* VI, art. 10. — Cet excellent ouvrage est assez rare. Il se trouve à la Bibliothèque royale, sous le nº H. 823, A.-3.

³ *Idem, Ibid. Dissertation* VI, 2ᵉ partie.

⁴ Le *Nain de Tillemont,* t. 1ᵉʳ, note XIII, sur saint Jacques, in-4º.

⁵ Le P. Thomassin, *Traité des fêtes,* in-fol. Liv. II, chap. XX.

⁶ Bossuet, *Lettre sur l'adoration de la croix,* œuvres complètes, t. IX, p. 374, édit. in-4º de 1836, Chalandre, à Besançon.

⁷ *Notice historique et critique sur la sainte couronne d'épines de Notre-Seigneur Jésus-Christ, et sur les autres instruments de sa passion,* in-8º, 1828, *Préf.,* p. 10. Cet ouvrage est de M. l'abbé Gossin, supérieur au séminaire Saint-Sulpice.

⁸ *In loc. cit.*

⁹ *Traité des abus de la critique,* par le P. de Laubrussel, 2 vol. in-12, 1711, t. 2ᵉ, p. 263.
¹⁰ Voy. l'*Hist. de l'Église,* par Bérault-Bercastel, Liv. LXXII, édit. de 1835.

LIVRE PREMIER.

HISTOIRE DE LA SAINTE ROBE,
DEPUIS LES TEMPS LES PLUS RECULÉS JUSQU'A
LA MORT DE NOTRE-SEIGNEUR.

CHAPITRE PREMIER (p. 1ʳᵉ).

LA SAINTE ROBE FIGURÉE ET PRÉDITE DANS LES SAINTES ÉCRITURES.

¹ *Gen.*, chap. III, 15.
² *S. Jean,* chap. I, 1, 2.
³ Tertullien, *de Resurrect.*, cap. VI; saint Ambroise, cité dans d'Argentan, *Conf.* V, art. 2; Bossuet, 1ᵉʳ sermon sur la Nativité de la très-sainte Vierge.
⁴ *Apoc.*, chap. XXII, 13; *Epît. aux Rom.*, chap. X, 4.
⁵ *Voy.* dom Calmet, *Préface générale sur les Prophètes,* art. V.
⁶ *Ps.* CIX, 1, 5.
⁷ *Isaïe,* chap. VII, 14.
⁸ *Ezech.*, chap. XXXVII; *Ps.* XXIX, 7, 8.

⁹ *Ps.* LIV, LV, LXVIII, LXX, LXXXVII, XC, CVIII; *Isaïe,* chap. XXXI, chap. LXIII, et tous les prophètes.

¹⁰ Saint Augustin, *Serm*. Cet illustre docteur ajoute, après cette énergique expression, que « ni dans la loi primitive, ni dans la loi mosaïque, il ne voit rien de doux, s'il n'y lit le Sauveur Jésus. » Saint Paul avait dit avant saint Augustin : que Jésus-Christ est la fin et le terme de la loi, *finis legis Christus;* tout ce qui est n'a été fait que pour Jésus-Christ, et ne subsiste qu'en lui : *Omnia in ipso constant,* Rom., chap. X, 4; *Col.,* ch. I, 17; I *Cor.,* chap. X, 6, 11.

¹¹ *Gen.,* chap. XXXVII, 3.
¹² *Idem, ibidem,* 31 à 33.
¹³ *Ps.* XXI, 1, 6, 7, 8, 12 à 16.
¹⁴ *Idem,* 17.
¹⁵ *Isaïe,* chap. LXIII, 1, 2, 3 et 4.
¹⁶ *Jérém.,* chap. IV, 14, des *Lamentations.*
¹⁷ *Ps.* XXXIII, 7.
¹⁸ *Apoc.,* chap. XIV, 19-20.
¹⁹ *Ps.* XLIV, 3.

CHAPITRE II (p. 9)

INTÉRIEUR DE LA MAISON DE NAZARETH : LA SAINTE ROBE EST FAITE PAR MARIE.

¹ *S. Luc,* chap. II, 13, 14.
² *Idem, ibidem,* 51, 52.
³ *Hist. crit. et relig. de N.-D. de Lorette,* par M. l'abbé A. B. Caillau, 1843.
⁴ *S. Luc,* chap. II, 19, 51.

⁵ I *Cor.*, chap. xiii, 12; I *saint Jean*, chap. iii, 2.
⁶ *S. Luc*, chap. ii, 51.
⁷ Saint Bernard, *Serm.*
⁸ *S. Luc,* chap. ii, 44, 48.
⁹ *Prov.*, chap. xxxi, 13, 15, 18, 19.
¹⁰ I *Rois*, chap. ii, 19.
¹¹ *Prov.*, chap. xxxi, 19.
¹² Homère, *Odyssée.*
¹³ Pline, *Lib.* viii, *cap.* 48.
¹⁴ Quinte-Curce, *Lib.* v.
¹⁵ Suétone, *cap.* lxxiii.
¹⁶ *Hist. de sainte Radegonde, reine de France, au* vi*ᵉ siècle*, par M. de Fleury, Liv. ii, chap. v.
¹⁷ *Idem*, Liv. ii, chap. xi.
¹⁸ Egin., *vita Caroli magni.*
¹⁹ Euthym., *in Joan.*, cap., xix.
²⁰ *Comment. script.*
²¹ Lib. *Rex.*, Liv. i, c. iii, 9.
²² *In Joan.*, xix; *in Luc.*, xxiii; *in Math.*, xxvii.
²³ *Dict. de la Bib.*, art. *Vêtements*, édit. in-fol. de 1722.
²⁴ *Hom. de Pass. Christ.*, Hom. ii.
²⁵ *Ann.* de Baronius. — On pourrait s'appuyer encore sur d'autres autorités; mais à quoi bon accumuler tant de noms? Il y en a qui s'appuient pour ce point sur le livre de la *mystique Cité de Dieu*, par Marie d'Agréda, 2 vol. in-4°, traduit de l'espagnol par Crozet; mais cet ouvrage n'a pour nous aucune autorité. Voy. nos articles *Crozet* et *Cité mystique* dans l'*Encyclopédie catholique*. — Nous aimerions mieux, si nous voulions citer d'autres autorités, nous appuyer sur les *Révélations* de sainte Brigitte, in-fol. de 1500.

CHAPITRE III (p. 18).

LA SAINTE ROBE EST TISSUE SUR UN MÉTIER PAR LA TRÈS-SAINTE VIERGE : CE QU'ÉTAIT CE PRÉCIEUX VÊTEMENT.

[1] Salmas, *Vit. Aureliani*, c. XLVI; Casaub., *Exercit. in Baron.*, XVI, n° 117.
[2] Salmas, *in Achill. Tati*, p. 633, 634.
[3] Gérard Jean Vossius, *Harm. Evang.*, Lib. II, 6, 8, § 2.
[4] Merus, *in not. ad Jes.*, LIII, p. 153, 154.
[5] Chrysost., *in Joan.*, Hom. 85.
[6] Théoph., *ibidem*.
[7] Théoph. Cerameus., *Hom. in Pass. Domini*.
[8] Casaub., *contra Baron.*, XVI; Ferrar, *De re vesti.*, p. 1, Lib. III, c. XVI; Grot. Hicutrist. V.
[9] *In Joan.*, cap. XIX.
[10] Isidor de Peluse. Liv. I, *Epist.* 74.
[11] *De vestit. sacerd. Hebr.*, Lib. I, cap. XVI.
[12] Isidor, *Orig.*, Lib. XIX, c. XXII.
[13] Braun., *loc. cit.*; dom Calmet, *Comm. sur S. Jean*.
[14] Dom Calmet, *Comm. sur S. Jean*, chap. XIX, 23. *Dict. de la Bib.*, art. *Vêtements*.
[15] Fleury, *Mœurs des Israélites*, § X *des Habits*.
[16] Bible dite de *Vence*, t. XII, p. 30 et suiv., édit. in-8° de 1821.
[17] *Exod.*, XXXIX, 27.
[18] Joseph., *Antiq.*, Lib. III, c. 8.
[19] Philo., *Sep. de monarchie*.
[20] *Exod.*, *loc. cit.*
[21] *S. Jean*, chap. XIX, 23. — Dom Calmet, *Com-*

ment. sur S. Matth., chap. x, 10; Ibid., sur S. Marc, chap. xii, 38.

[22] IV Reg., chap. v.
[23] Lévit., chap. xvi, 4; Exod., chap. xxviii, 39.
[24] Voy. § x, des Habits.
[25] Chap. xxxviii, 32.
[26] Ecclés., chap. ix, 8.
[27] Antiq., Lib. viii, c. ii.
[28] S. Math., chap. vi, 28, 29.
[29] S. Jean, chap. xx, 12; Act., chap. i, 10.
[30] Dom Calmet, Dict. de la Bib., art. Vêtements; Fleury, Mœurs des Israélites, § x.
[31] Exod., chap. xxviii, 4, 5.
[32] Nomb., chap. xv, 38; Deut., chap. xxii, 12.
[33] S. Matth., chap. xxiii, 5.
[34] S. Marc, chap. xii, 38 ; S. Luc, chap. xx, 46.
[35] S. Marc, chap. xiv, 63 : vestimenta sua ; grec : Tunicas suas.
[36] Bible dite de Vence, loc. cit.
[37] S. Jean, chap. xiii, 4.
[37] (bis) Fleury, loc. cit.
[38] S. Jean, chap. xix, 23.
[39] Id., chap. xiii, 4.
[40] Id., chap. xix, 25 ; voir le Commentaire de dom Calmet.
[41] In Joan., Hom., 84.
[42] Isid., loc. cit.
[43] S. Matth., chap. xvii, 1, 2.
[44] Loc. cit.
[45] Panoplia sacerdotalis, in-fol., 1653, Parisiis. — Voir sur du Saussay, les Mémoires pour servir à l'histoire des hommes illustres dans la république des lettres, avec un catalogue raisonné de leurs ouvrages, par le P. Nicéron, t. 40, p. 36, in-12.

46 *S. Matth.*, chap. ix, 20, 21.
47 *S. Jean*, chap. xiii, 4, 5.
48 *S. Matth.*, chap. x, 10.

CHAPITRE IV (p. 30).

LA SAINTE ROBE GUÉRISSANT L'HÉMORROISSE ET PLUSIEURS AUTRES MALADES.

1 *Isaïe*, chap. lii, 7.
2 *Act.*, chap. x, 38.
3 *S. Matth.*, chap. ix, 18 à 23.
4 *Idem*, chap. xiv, 33.
5 *Idem, ibidem*, 34, 35.
6 *Hist. du peuple de Dieu*, par le P. Berruyer, édit. corrigée, in-8°, 1835, 2e part. Liv. vie, t. 1, p. 349.
7 S. Jérôme, *in Ruffin*, Lib. iii, p. 798. — Voy. le *Commentaire* de Sacy, sur *S. Matth.*, chap. xiv, 34, 35, t. 29, p. 513, édit. in-12 de 1697.

CHAPITRE V (p. 40).

LA SAINTE ROBE PARTICIPE A LA GLOIRE DE LA TRANSFIGURATION SUR LE THABOR, ET A SA PART DE COOPÉRATION DANS LE SACRIFICE SANGLANT DU CALVAIRE.

1 *De la connaissance de Jésus-Christ*, par l'abbé de S. Pard, 2e part., chap. vii. C'est l'abrégé du précieux et excellent livre *De la connaissance et de l'amour du Fils de Dieu Notre-Seigneur Jésus-Christ*, par le R. P. saint Jure.

² *S. Matth.*, chap. XVII, 1 à 6.
³ *Idem*, chap. XVI, 27, 28.
⁴ *Vid.* Theophyl. et S. Jérom. sur S. Matth., chap. XVII.
⁵ Chap. IX, 29.
⁶ Chap. IX, 3.
⁷ Dom Calmet, *Commentaire* sur saint Mathieu, chap. XVII, 2.
⁸ Voy. *Réflex. morales avec des notes sur le Nouveau Testament*, par le P. Lallemant, t. 1ᵉʳ, p. 355, édit. de Liége, 1793.
⁹ *S. Jean*, chap. XIX, 30.
¹⁰ *Idem, ibidem*, 24. Voir sur ce passage, *La vie du Sauveur du monde Jésus-Christ, tirée du texte des quatre Évangélistes, réduits en un corps d'Histoire, divisée en quatre parties, où dans la suite du Discours sont touchées les difficultés tant historiques que théologiques, avec les sentiments des saints Pères cités à la marge*, par le P. Bernardin de Montereul, 2 vol. in-4°, 1637, 4ᵉ partie, chap. XXV.
¹¹ *Apoc.*, chap. XXII, 13.

CHAPITRE VI (p. 48).

LA SAINTE ROBE FAITE PAR MARIE A GRANDI AVEC JÉSUS.

¹ *Apoc.*, chap. XIX, 13.
² *Isaïe*, chap. LXIII, 1.
³ *Vid. Gen.*, chap. XXXVII, 32.
⁴ *Id., ibid.*, 33.
⁵ Chap. VIII, 4.
⁶ S. Just, martyr, *Dial. cum. Tryph.* — Voy.

sur ce passage de saint Justin, *le Traité des abus de la critique en matière de religion,* cité plus haut, t. 1er, p. 372.

⁷ *Vid.* Grot., Bonfr., Jansen. et dom Calmet, *Dict. de la Bible,* art., *Vêtements des Hébreux.*

⁸ S. Just., *loc. cit.*

⁹ Dom d'Achéri faisait grand cas de cette *Chronique.*

¹⁰ Mathieu de Westminster a conduit sa *Chronique* depuis le commencement du monde jusqu'à l'an 1307. In-fol., imprimée à Londres en 1579.

¹¹ Voy. liv. I, chap. II, p. 16, note 22.

¹² Art. *Vêtements des Hébreux.*

LIVRE DEUXIÈME.

HISTOIRE DE LA SAINTE ROBE PENDANT LES PREMIERS SIÈCLES.

CHAPITRE PREMIER (p. 55).

LA SAINTE ROBE DE NOTRE-SEIGNEUR, PENDANT LES PREMIERS SIÈCLES DE L'ÉGLISE.

¹ *Histoire de la sainte Robe sans couture de Notre-Seigneur Jésus-Christ,* chap. VII, édit. de 1677.

² S. Grégoire de Tours, au *Liv. de la Gloire des martyrs.*

³ Voy. l'ouv. du R. P. Jean Eudes : *Le cœur*

admirable de la très-sainte Mère de Dieu, édit. in-8° de 1834, Liv. Ier, chap. v, sect. 1re.

[4] *Rom.*, chap. xi, 34.
[5] *Sag.*, chap. ix, 16.
[6] *S. Luc.*, chap. xxiii, 34.

CHAPITRE II (p. 67).

LA SAINTE ROBE VÉNÉRÉE OSTENSIBLEMENT DANS UNE VILLE DE GALATIE AU VIe SIÈCLE.

[1] Liv. i, n° 8.
[2] Liv. ii, chap. ii, et chap. xix; Liv. ii, de l'*Hist. Tripart.*
[3] Édit. de 1667, petit in-12. Paris.
[4] *Hist.* déjà citée, chap. viii. — On peut voir l'article *Galatie* dans le grand *Dictionnaire* de La Martinière, édit. de 1739, in-fol.

CHAPITRE III (p. 74).

DE LA VILLE DE GALATIE LA SAINTE ROBE EST TRANS-PORTÉE A ZAPHAT, ET DE LA ELLE EST SOLENNEL-LEMENT TRANSFÉRÉE A JÉRUSALEM.

[1] Voy. l'*Hist. crit. et relig.* de Notre-Dame de Lorette, par M. l'abbé A. B. Caillau, 1843, in-8°.
[2] *Hist. Franc.*, Liv. x, cap. xxiv.
[3] Dans sa *Chronique* qui commence à l'an 381 où finit celle d'Eusèbe, et va jusqu'à l'année 1113. Anvers 1608, in-8°. Voir de curieux détails sur Sigebert et sa *Chronique* dans l'*Ami de la Relig.*, t. 106, p. 266 et suiv.
[4] *Chron.* en 760.
[5] *De Gest. Franc.*, *Lib.* iii, Cap. lxxviii.

6 Herm., *in Chron.*; Sig., *in Chron.*, *ad an.* 593.
7 *Hist.* déjà citée, chap. IX.
8 *S. Matth.*, chap. XVII, 19.
9 Aimoin, Herman, Sigebert, l'abbé Conrad, etc.
10 S. Greg. Tur., *de Glor. Marty. Lib.* I, *cap.* VIII.
11 *Ibid.*
12 *S. Matth.*, chap. XXIII, 37.

CHAPITRE IV (p. 80).

DANS QUEL LIEU LA SAINTE TUNIQUE FUT-ELLE DÉPOSÉE A JÉRUSALEM ?

1 *Ubi suprà.*
2 Liv. VIII, chap. XX.
3 Voy. la *Dissertation* de Gabriel de Gaumont.
4 *Idem, ibidem.*
5 Voir Liv. V, chap. VII, *la liturgie* de la sainte Robe.
6 *Cérémonial Français*, t. 2, p. 941. — Voir Liv. IV, chap. II, p. 199.
7 *Ps.* CXVII, 24, 25.
8 Chap. X, de son *Hist. de la sainte Robe.*
9 *Ann.* — Les *Annales* de Zonare vont jusqu'à la mort d'Alexis Commène en 1118, 2 vol. in-fol., 1686 et 1687.
10 In-12 de 1667, p. 6 et 7.

CHAPITRE V (p. 89).

DE JÉRUSALEM, LA SAINTE ROBE EST EMPORTÉE EN PERSE : ELLE EST RAPPORTÉE DANS LA CITÉ SAINTE ET TRANSFÉRÉE DEUX FOIS A CONSTANTINOPLE.

1 Feller, *Dict. Hist.*, art. *Chosroès* et *Héraclius.*

² *Id.* — *Hist. des Fêtes de l'Église*, in-12, 1782, p. 224 et suiv., 365 et suiv.
³ *Idem.*
⁴ *Dict. Hist.* de Feller, art. *Héraclius.*

CHAPITRE VI (p. 96).

LA SAINTE ROBE EST CONSERVÉE A CONSTANTINOPLE JUSQU'AU COMMENCEMENT DU IX ͤ SIÈCLE.

¹ *Conc. de Trente,* Sess. xxv ͤ.
² 1 *Pet.*, chap. III, 15.
³ 1 *Cor.*, chap. XIII, 4, 5.
⁴ *Ps.* LXVII, 36.
⁵ *Cant. des cant.*, chap. IV, 7.
⁶ *Idem*, chap. IV, 8, 9.

LIVRE TROISIÈME.

HISTOIRE DE LA SAINTE ROBE DEPUIS CHARLEMAGNE JUSQUES ET Y COMPRIS SON EXALTATION, EN 1156.

CHAPITRE PREMIER (p. 103).

DE CONSTANTINOPLE LA SAINTE ROBE PASSE DANS LES GAULES; CHARLEMAGNE; MONASTÈRE D'ARGENTEUIL.

¹ *Ps.* CXVII, 23; — *Exod.*, chap. VIII, 19.
² Cité dans Feller, *Dict. Hist.*, art. *Charlemagne.*
³ Egin., *Vit. Car.* On sait qu'Eginhard était le

secrétaire de Charlemagne, et qu'il fut à même de bien connaître les actions de sa vie.

⁴ *Dict. Hist.* de Feller, art. *Charlemagne.*

⁵ Godescard, *Vies des Saints*, 28 janvier, édit. de 1835.

⁶ Voy. à ce sujet des détails intéressants donnés par le R. P. Arthur Martin, dans l'*Ami de la religion*, n°ˢ 3828 et 3832.

⁷ *Hist. de Nav.*, par André Favien, Liv. II°.

⁸ Egin., *Vit. Car.*

⁹ Dom Gerberon a donné en tête de l'*Hist. de la sainte Robe*, un *Abrégé de l'Hist. du monastère d'Argenteuil*. Voir aussi l'*Hist. du Dioc. de Paris*, par l'abbé Lebeuf, édit. de 1755, t. 4, p. 2 et suiv.

¹⁰ *S. Luc.*, chap. I, 48; Voir Liv. V°, chap. III, sur *Notre-Dame d'Humilité*.

¹¹ Liv. LXVII, § XXII et § LXII, édit. in-12, continuée par le P. Favre, avec les *tables* de Rondet.

¹² *Hist. du Dioc. de Paris*, 4° part. *Argenteuil.*

CHAPITRE II (p. 112).

IRÈNE DONNE LA SAINTE ROBE A CHARLEMAGNE; CE PRINCE EN FAIT PRÉSENT A SA FILLE THÉODRADE, QUI LA PLACE DANS SON MONASTÈRE D'ARGENTEUIL.

¹ Eginhard; *Hist. de Charl.* par Gaillard, 2 vol. in-12, et toutes les vies modernes de ce grand empereur.

² *Hist. du peuple de Dieu*, par le P. Berruyer, édit. in-8° de 1835, corrigée, t. 4, p. 267 et suiv.

³ *Ps.* XXIII.

⁴ *Apoc.*, chap. XIX, 13.

⁵ Voy. le *Commentaire* de dom Calmet, sur le *Ps.* XXIII, 7.
⁶ *Ps.* LXVII.
⁷ *Hist. du peuple de Dieu*, déjà citée, p. 270.
⁸ *Ps.* CXXXI, 13.

CHAPITRE III (p. 125).

LA TRADITION QUI NOUS APPREND QUE DE CONSTANTINOPLE LA SAINTE ROBE VINT DANS LES GAULES, ET QUE CHARLEMAGNE LA DONNA A SA FILLE THÉODRADE, EST FONDÉE.

¹ Voy. *Vie du roi Robert*, par Helgaudus, réuni avec *celle de Louis IX*, par Guillaume de Nangis.

² *In Chron.*, an 800.

³ *In Chron.*, même époque.

⁴ Pratocelus est plus connu sous le nom de *du Préau, Vid. Eleuchus*, coleg., 1605, in-4°.

⁵ Sous l'an 804.

⁶ *Hist. de Nav.*, Liv. II.

⁷ *Descript. des curiosités des Églises de Paris*, 1759, in-8°, p. 11.

⁸ *Idem, ibidem.* Ce reliquaire s'est trouvé égaré dans les ravages des Normands et des infidèles.

⁹ Nous avons vu d'anciennes gravures qui représentent cette touchante scène d'intérieur de la maison de Nazareth. Voy. Liv. Iᵉʳ, chap. II, Liv. V. chap. VII.

¹⁰ *In Chron. Car.*

¹¹ Dans sa *Chronographie* qui commence où finit celle de Syncelle, et qui va jusqu'au règne de Michel Curopalate, in-fol., 1655. Les PP. Goar et Combefis ont annoté cet ouvrage.

[12] *Hist. des Fêtes de l'Église*, in-12, 1782, p. 225 et suiv.
[13] *Hist. de sainte Radegonde, reine de France, au VIe siècle*, par M. Edouard de Fleury, in-8°, 1843. Liv. II, chap. VII.
[14] *Hist. des Fêtes de l'Égl.*, à l'endroit cité; *Hist. de sainte Radegonde*, id., ibid.
[15] Voy. les deux ouvrages ci-dessus, aux endroits cités.
[16] Voy. sa *Dissertation sur la sainte Robe*.
[17] *Hist. du Diocèse de Paris*, t. 4, 4e partie, p. 11 et suiv.
[18] *Ps.* CXXXI, 6; II *Paral.*, chap. II; III *Reg.*, chap. V.
[19] *Ps.* CXXXI, 14, 15.

CHAPITRE IV (p. 134).

DES RELIQUES QUI FURENT ENVOYÉES PAR L'IMPÉRATRICE IRÈNE AVEC LA SAINTE ROBE, ET PARTICULIÈREMENT DE CELLES DE SAINTE CHRISTINE.

[1] Voy. *Hist. du Diocèse de Paris*, par l'abbé Lebeuf, t. 4; *Dissertation sur la sainte Robe*, par Gabriel de Gaumont; *Hist. de l'abbaye royale de Saint-Denis*, par dom Michel Félibien, religieux bénédictin de la Congrégation de Saint-Maur, in-fol., de 1706; *Le Trésor sacré, ou inventaire des saintes reliques et autres précieux joyaux qui se voient en l'Église et au Trésor de l'Abbaye royale de Saint-Denis en France*, par dom Germain Millet, religieux bénédictin de la Congrégation de Saint-Maur, 1 vol. petit in-12, 1640. Paris.

[2] *Hist. du Diocèse de Paris*, par l'abbé Lebeuf,

t. 4, p. 12. — Nous avons eu entre les mains le *procès-verbal* de cette donation d'une parcelle du bois de la vraie Croix, qui fut placée longtemps dans une petite croix, posée elle-même sur la châsse où était enfermée la Robe sans couture. Ce procès-verbal a été dressé le 15 mai 1696, par Arnoul de Loo, prieur de l'abbaye de Saint-Germain-des-Prés de Paris et de celle de Saint-Denis, et chargé par dom Claude Boistard, supérieur-général de la Congrégation de Saint-Maur, de retirer cette précieuse parcelle du trésor de Saint-Denis, pour la donner aux religieux du monastère d'Argenteuil.

[3] Ughelli, *Hist. Sacr.*, t. 5.

[4] *Pinius, Act. Sanctor*, t. 5, *Julii*, p. 495.

[5] Cité par Feller, dans son *Dict. hist.*, art. *sainte Christine*. Alban-Butler ne donne que quelques lignes sur cette sainte, 24 juill.; Baillet s'étend davantage, *Voy*. t. 5, édit. in-4°, 1739.

[6] Voy. *Instruct. et Mand.* de Mgr l'évêque de Rodez, in-8°, 1842, t. 2, p. 81.

[7] *Histoire du diocèse de Paris*, t. 4, p. 9 et 13.

[8] *Hist. de Navarre*, Liv. II.

[9] Cette BULLE, qui fut trouvée dans le coffre qui renfermait les reliques de sainte Christine, est conservée avec le MANDEMENT de l'évêque de Paris, de 1294, aux Archives de l'église d'Argenteuil.

[10] Ant. des 1res Vêpres de *la Fête des saintes Reliques*.

[11] Ce *Procès-verbal* est conservé aux Archives d'Argenteuil; *Histoire du diocèse de Paris*, t. 4, p. 13.

[12] *Ps.* LXVII, 36; *Ps.* XXXIII, 21, 23.

[13] Ce *Procès-verbal* est daté du 23 octobre 1841,

et est déposé, avec les autres pièces, dans la châsse de sainte Christine.

[14] *Eccl.*, chap. 1, 2; *Imit. de J.-C.*, Liv. 1er, chap. 1.

CHAPITRE V (p. 143).

LA SAINTE ROBE SOUS LE RÈGNE DE CHARLES LE CHAUVE; NOUVELLE PREUVE QU'ELLE FUT DONNÉE PAR CHARLEMAGNE A ARGENTEUIL; UNE PARCELLE DE CETTE RELIQUE EST HONORÉE EN ANGLETERRE.

[1] *Hist. de la Robe sans couture*, par dom Gerberon, chap. XIII; — *Dissertation* de Gabriel de Gaumont; — On peut consulter une *Histoire anonyme* de ce prince, que dom Bouquet a insérée dans le t. 7 de la *Collection des Historiens de France*, et on trouvera des exemples de semblables dons de reliques faits par Charles le Chauve.

[2] *Dissertation sur la sainte Tunique*, par Gabriel de Gaumont; *Histoire de l'Abbaye royale de Saint-Denis*, par dom Félibien, déjà citée.

[3] *In chron.*, Matth. West. — Voy. principalement sur ce point la *Dissertation* de Gabriel de Gaumont, où il a parfaitement traité cette partie de l'Histoire de notre sainte Relique.

[4] *Apoc.*, chap. XVII, 14.

CHAPITRE VI (p. 151).

DÉSASTRE DU MONASTÈRE D'ARGENTEUIL; LA SAINTE ROBE EST CACHÉE DANS UNE MURAILLE; DESSEINS PROVIDENTIELS.

[1] *Hist. de France, depuis les origines gauloises*

jusqu'à nos jours, par Amédée Gabourd, t. 1er, p. 295, 296, 2e édit., 1843.

[2] *Etudes historiques,* de M. de Châteaubriand, vie *Etud.,* Mœurs des barbares.

[3] *Hist. crit. et relig.* de Notre-Dame de Lorette, par M. l'abbé A. B. Caillau, 1re partie, chap. III; — *Voy.* p. 63 du présent ouvrage.

[4] *Sag.,* chap. IX, 17.

[5] *Ps.* CXXXVI, 1.

[6] *Ibid.,* 5.

[7] *Ibid.,* 6.

[8] *Ibid.,* 7.

[9] II *Tim.,* chap. I, 14.

CHAPITRE VII (p. 159).

LE MONASTÈRE D'ARGENTEUIL EST RÉTABLI; NOTRE SAINTE RELIQUE DEMEURE TOUJOURS CACHÉE.

[1] T.4 ; *Voy.* aussi l'*Hist. du dioc. de Paris,* de l'abbé Lebeuf, t. 4, p. 5.

[2] *Abrégé de l'hist. du monastère d'Argenteuil,* 1677, p. 5. On peut voir aussi l'*Hist. de l'Abbaye royale de Saint-Denis,* par dom Félibien, in-fol.

[3] *Hist. du diocèse de Paris,* par l'abbé Lebeuf, t. 4, chap. sur Argenteuil.

[4] *Hist. ecclés.,* liv. LXVII, § LXII.

[5] *Abrégé de l'hist. du monastère d'Argenteuil,* p. 7, 8.

CHAPITRE VIII (p. 166).

EXALTATION DE LA SAINTE ROBE DE NOTRE-SEIGNEUR JÉSUS-CHRIST, EN 1156.

[1] IV *Reg.,* chap. XXII, 10, 11, 12; II *Paral.,* chap. XXXIV, 14 et suiv.

² *Ps.* LXVI, 13.

³ Nous donnons ici le texte de la charte de Hugues, dont nous avons donné la substance dans le corps de notre ouvrage (pages 168, 169).

« Universis catholicæ Ecclesiæ fratribus reverendis, Hugues Rothomagensis, Ecclesiæ humillimus sacerdos, salutem et gratiam divinæ propitiationis.

« Ad omnium volumus notitiam pervenire quod nos, supernæ pietatis instinctu apud Argentoilum convenientes, adjunctis humilitati nostræ multis authenticis et reverendiss. Personnis Arch. Senonensi Theob., Par Roberto Carnotensi, Aurelianensi Retensi, Antisiod, Cathalaunensi, Ebroacensi, Meldensi, Silvanectensi episcopis, Sanctis abbatibus quoque venerabili od abbate S. Dionysii, L. S. Germani, God latiniocensi, Ferrariensi, Fossutensi, S. Faronis, S. Maximini, S. Maglorii, Pontissarensi, Mariniacensi, aliis etiam quam pluribus, Cappam pueri Domini Jesu quæ in ejusdem thesauris ecclesiæ *à temporibus antiquis honore condigno reposita* erat, ad fidelium salutem, humiliter inspeximus, et palam eduximus et veneratione solemni debitum ejus magnificentiæ reverentiam exhibentes, illam desiderio et devotioni populorum studio pietatis obtulimus.

« Aderat ibidem supereminens et sublimis præsentia illustris Regis Francorum Ludovici, cum proceribus et optimatibus Palatinæ dignitatis, maximâ consistente frequentiâ vulgi.

« Ob insigne igitur gratiæ cœlestis, illud videlicet indumentum quo sese humanatâ induere sapientiâ dignata fuit : et ob sanctissimam præscriptorum Patrum præsentiam : Deo propitio, salubri dispositione decretum est, ut omnibus ibidem venientibus, supernæ miserationis gratiam poscentibus merces et fructus suæ devotionis in indulgentiâ veniæ compensetur. Quicumque igitur hoc præsenti anno in loco prænominato in honorem dominicæ Vestis propriam servitutem et devotionem obtulerint : Nos omnibus illis de clementiæ cœlestis plenitudine confisi, si peccatis gravibus et maximis impliciti fuerunt, unius anni pœnitentiam relaxamus : qui verò levibus, id est, venialibus detinentur, medietatem pœnitentiæ remittimus, oblita peccata modo simili condonamus. Annis vero singulis à festivitate sanctissimi Dyonisii usque ad octavas ejusdem, loci ipsius et sacratissimæ Vestis venerationem piè invisentibus xl dies suæ pœnitentiæ remittimus et indulgemus.

« De parvulis qui baptisati, vel sine baptismi remedio infra vii annos per negligentiam parentum mortui sunt, totam pœnitentiam parentibus eorum remittimus, exceptâ feriâ vi in hebdomadâ ; in quâ etiam die si ad ecclesiam pœnitens perexerit, qualem in caritatem presbyter dederit, talem habeat. Si verò infirmus fuerit aut mulier prægnans, vel debilis, quæ jejunare non possit, dicat septies Pater noster, et opere pio bonum exerceat quod potuerit.

« Omnibus autem hæ et quæ justa sunt conservantibus, sit pax et salus Domini nostri Jesu Christi. Amen. Actum est anno Verbi Incarnati MCLVI. Felicis memoriæ Adriano, papâ VI feliciter. »

Dom Gerberon cite le texte de cette charte à la fin de son *Histoire de la sainte Robe de Notre-Seigneur*, édit. de 1677, p. 121. Gabriel de Gaumont la donne également dans sa *Dissertation sur la sainte Tunique,* in-12, 1667; mais il la cite dans son texte, et il la fait suivre de la traduction. Nous avons, au chap. ix du Liv. iii, éclairci les quelques difficultés que pourrait présenter cette Charte. Nous ajouterons un mot à ce que nous avons dit; c'est au sujet de ces mots : *Cappam pueri Domini Jesu,* dont se sert l'archevêque Hugues. On a vu, p. 181, que *Cappa* peut signifier *Tunica.* Ainsi, à cet égard, il n'y a plus de difficulté; mais, dira-t-on peut-être, cette expression : *Tunique de Jésus enfant,* ne donnerait-elle pas à entendre que le prélat n'a trouvé qu'une petite tunique qui servit à Jésus enfant? Nous répondrons seulement que puisque la pieuse tradition rapportait que la Tunique de Jésus avait *crû à mesure qu'il croissait,* Liv. 1er, chap. vi, cette même Tunique, quoique grandie, était toujours de fait la tunique que Marie avait tissue pour Jésus enfant, et qu'ainsi l'archevêque Hugues peut bien dire : *Cappam pueri Domini Jesu.*

4 *Ps.* xliii, 1.

5 Robert, abbé du mont Saint-Michel, *Continuation de la Chronique de Sigisbert,* an 1156, p. 774.

6 Sinnichius, *loc. cit.* (Liv. 1er, chap. ii).

7 *Fleurs de l'Hist.* sous l'an 1156, p. 43.

8 *Hist. d'Angl., sub. Steph. Reg. ad an.* 1156.

9 J. Bromp., *in Chron. ad an.* 1157.

10 *Hist. de Nav.,* Liv. ii.

11 *In Chron. ad an.* 1156. Voir Moréri sur ces auteurs. *Dict. Hist.,* dernière édit.

12 *Hist. de Fr.* de Froissart, Liv. iii, chap. 51.

13 *Hist. Eccles.,* Liv. lxx, § xvii édit. t. 15, in-12, déjà citée.

14 *Hist. crit. et relig. de Notre-Dame de Lo-*

rette, par M. l'abbé A. B. Caillau, 2ᵉ part., chap. ıı, § ıı.

¹⁵ *Ps.* XLIII, 1, 2.

CHAPITRE IX (p. 177).

ÉCLAIRCISSEMENTS DE QUELQUES POINTS DU CHAPITRE PRÉCÉDENT.

¹ *Dissertation sur la sainte Tunique*, in-12, 1667.

² Voy. Godescard, *Vies des Saints*, t. 4, édit. de 1835, p. 96.

³ *Cont. Chron. Sig. ad an.* 1156, p. 774.

⁴ *Hist. de la Robe sans cout. de Notre-Seigneur Jésus-Christ*, in-12, 1677, p. 43, chap. xı.

⁵ *Hist. de sainte Radegonde*, déjà citée, Liv. ıı, chap. 11.

⁶ Voy. *Vie de S. Junien*; voy. aussi la *Vie de Henri II*, par Roger de Hoveden.

⁷ *Conc., coll. max.*, par le P. Labbe, in-fol.

⁸ T. 2, p. 144, édit. de 1825.

⁹ *Ps.* LXXVI, 13, 14.

¹⁰ *Cité de Dieu*, Liv. xxıı, chap. vııı.

¹¹ Voy. Godescard, *Vie des Saints*, 3 août et 26 décembre, t. 8, p. 55 et suiv.; t. 12, p. 343, édit. de 1835.

¹² *Annales de philosophie chrétienne*, 3ᵉ série, t. 8, p. 325 et suiv.

¹³ *Compte-rendu de la discussion relative à la découverte du cœur de saint Louis, dans la sainte chapelle de Paris*, Voy. le *Correspondant*, t. 4, p. 54 et suiv. — Nous avons, Liv. ıı, chap. 1ᵉʳ, rappelé la découverte de la vraie Croix; on peut

encore prendre pour exemple la découverte du *Titre de la Croix* qui resta caché pendant environ mille ans, et dont parle le P. Nicquet, *Lib.* I, *cap.* XXVI. Voir aussi l'*Hist. du Bas-Empire* de Le Beau, t. 7, Liv. XXXI, n° 11 ; et la *Notice historique et critique sur la sainte couronne d'Épine*, etc., déjà citée, p. 42 et suiv.

[14] *Judith*, chap. IX, 4, 5.

LIVRE QUATRIÈME.

HISTOIRE DE LA SAINTE ROBE,
DEPUIS SON EXALTATION JUSQU'A LA FIN DU XVIIIe SIÈCLE.

CHAPITRE PREMIER (p. 189).

LA DÉVOTION ENVERS LA SAINTE ROBE REFLEURIT ; DE SAINTS PERSONNAGES VONT LA VÉNÉRER.

[1] Voy. l'intéressant ouvrage intitulé : *L'Année de Marie ou pèlerinages aux sanctuaires de la Mère de Dieu*, par MM. D. et B., 2 vol. in-12, 1842.

[2] *Hist. de la Robe sans couture*, chap. XII.

[3] *Tableau chron. et hist. des évêques et archevêques de Paris, depuis saint Denis jusqu'à M. de Quélen*, in-8°, 1840.

[4] Liv. XXII, chap. VIII.

[5] 1re part., chap. VIII.

[6] *S. Luc*, chap. II, 15.

CHAPITRE II (p. 197).

COMMENT LA SAINTE ROBE EST HONORÉE DANS LES XIVᵉ, XVᵉ ET XVIᵉ SIÈCLES.

[1] *Hist. de la Robe sans couture de Notre-Seigneur Jésus-Christ*, chap. xii; *Hist. de l'abbaye royale de Saint-Denis en France,* par dom Michel Félibien, in-fol. 1706, Liv. vii, p. 384.

[2] Recueil curieux, in-4°, et publié ensuite par Denis Godefroy, son fils, en 2 vol. in-fol.

[3] *Panoplia sacerdotalis, Chron. ad an.* 1156.

[4] Dans sa *Chronique* sur la même année.

[5] Chap. xii, p. 55, édit. 1677. On peut voir également l'*Hist. du Diocèse de Paris,* par l'abbé Lebeuf, t. 4.

[6] *Mémoires*, t. 1ᵉʳ.

[7] *Grand Dict. Géograph.* art. *Argenteuil*, 6 vol. in-fol. 1739 et années suivantes.

[8] *Carthag.*, Lib. xxii, Hom. 22, *de Pass.*; *Chr. arcano.*

[9] *Comment. sur S. Jean,* chap. xix, 23.

[10] *Commentarii in Evangelicam historiam et acta apostolorum,* t. 10, tract. xvii, xviii, p. 316, éditione colonicâ Agrippineâ, anno 1604.

[11] *Cant. des cant.,* chap. i, 3.

[12] *Id., ibid.,* 11.

[13] *Id.,* chap. iv, 10.

[14] *Id., ibid.,* 11.

CHAPITRE III (p. 203).

RAVAGES DES HUGUENOTS, HONNEURS RENDUS A NOTRE SAINTE RELIQUE, SA TRANSLATION DANS UNE CHASSE PLUS RICHE, EN 1680.

[1] *S. Matth.,* chap. viii, 20.

² *Hist. de France*, depuis 1550 jusqu'en 1577. 4 vol. in-8°, Liv. XII, p. 25.

³ *Hist. du Diocèse de Paris*, t. 4, p. 22, 4ᵉ part.

⁴ *Dissertation sur la sainte Tunique de Notre-Seigneur Jésus-Christ*, par Gabriel de Gaumont; et l'*Hist. de la Robe sans couture*, par dom Gerberon.

CHAPITRE IV (p. 211).

DU PÈLERINAGE D'ARGENTEUIL. — HONNEURS QUE CONTINUE A RECEVOIR NOTRE RELIQUE.

¹ *Apoc.*, chap. XIX, 16.

² Voy. la savante et intéressante *Vie de M. Olier, fondateur du séminaire de Saint-Sulpice, accompagnée de Notices sur un grand nombre de personnages contemporains*, par M. l'abbé Fayen, 2 vol. in-8°, 1841, t. 2, p. 453; l'auteur donne une *Note sur le pèlerinage d'Argenteuil*, même vol., p. 494.

³ *Hist. ecclés.*, Liv. VII, chap. XIV.

CHAPITRE V (p. 217).

DES AUTEURS QUI ONT SPÉCIALEMENT ÉCRIT SUR LA SAINTE ROBE, ET DE QUELQUES ÉCRIVAINS ADVERSAIRES DE CETTE RELIQUE.

¹ Cité dans l'*Hist. de la Robe sans couture de Notre-Seigneur Jésus-Christ*, par dom Gerberon, chap. XII.

² *Dict. géog.*, par La Martinière, art. *Argenteuil*.

³ Liv. LXXXII et LXXXIII, qui contiennent beaucoup de détails sur dom Gerberon. — Voy. aussi

les *Mémoires pour servir à l'histoire ecclésiastique pendant le* XVIII*e siècle*, t. 1er, p. 143, et t. 4, p. 46.

⁴ *Dict. hist.*, art. *Gerberon*, édit. in-fol. de 1759.

⁵ *Dict. hist.*, art. *Gerberon*. Cet article est contraire à tout ce que de savants et graves auteurs disent des ouvrages et du savoir de ce bénédictin.

⁶ *Notice historique sur la sainte Relique d'Argenteuil*, par Melle G. Milon de Villers, in-18 de 14 pages, 2e édit., 1843.

⁷ Voy. *Dict. hist.* de Moréri, art. *Argenteuil*.

⁸ Dom Calmet, *Dict. de la Bible*, art. *Vêtement des Hébreux*.

⁹ *Histoire des auteurs sacrés et ecclésiastiques*, t. 17, p. 16 et 17.

¹⁰ *Id.*, *Ib.* — C'est dans le ve Livre de sa *Chronique* que Frédégaire parle de l'*Invention* de notre sainte Relique. L'abbé de Marolles a traduit en français le ve Livre de cette *Chronique*, avec sa continuation.

¹¹ Voy. *Réflexions critiques sur les Légendes*, dans notre *Mémorial Catholique*, t. 2, p. 201 et suiv., 321 et suiv.

¹² Voy. Baillet, *Discours sur la vie des Saints*, nos 1, 2.

¹³ *Id.*, *Hist. des fêtes mobiles de l'Eglise*, semaine sainte, art. II, § XXXVI, *de la Robe sans couture portée par Notre-Seigneur, et donnée au sort le jour de sa mort*, t. 9, p. 267 et suiv., édit. in-4° de 1739.

¹⁴ *Id.*, *Ib.*, § XXXVII, XXXVIII.

¹⁵ *Id.*, *Ib.*

¹⁶ *Dissertation sur la sainte larme de Vendôme*, in-12, 1751, chap. XVI, p. 175. — Nous engageons

nos lecteurs à lire le chap. VIII de l'*Histoire de dom Mabillon*, par M. Émile Chavin de Malan, p. 423 et suiv., où cet écrivain estimable réduit à leur juste valeur les assertions de Jean-Baptiste Thiers, contre la sainte larme de Vendôme.— On peut consulter *la Bibliothèque des auteurs ecclésiastiques du* XVIIe *siècle*, t. 5, p. 125, in-8°, 1708.

[17] *Ps.* XXVI, 12.

CHAPITRE VI (p. 235).

CONFRÉRIE EN L'HONNEUR DE LA SAINTE ROBE ; INDULGENCE ; CONFIRMATION DES FAITS PRÉCÉDENTS ; GUÉRISONS MIRACULEUSES.

[1] *Hist. de la Robe sans couture de Notre-Seigneur Jésus-Christ*, chap. XIII, p. 62, 63, édit. de 1677.

[2] *S. Matth.*, chap. IX, 21.

[3] *Voy.* dom Gerberon, chap. XVI, p. 139 et 140, de l'édit. de 1838; Gabriel de Gaumont rapporte aussi, dans le corps de sa *Dissertation*, quelques exemples de guérisons miraculeuses.

[4] *S. Matth.*, chap. IX, 22.

CHAPITRE VII (p. 248).

ÉPOQUE DE LA RÉVOLUTION ; CE QUE DEVIENT LA SAINTE ROBE PENDANT CE TEMPS DE CRUELLE ÉPREUVE.

[1] Nommé M. Ozet.
[2] *Cant. des cant.*, chap. II, 11.
[3] *Id., Ib.*, 14.

LIVRE CINQUIÈME.

HISTOIRE DE LA SAINTE ROBE,
DEPUIS LA FIN DU XVIIIe SIÈCLE JUSQU'A L'ÉPOQUE PRÉSENTE.

CHAPITRE PREMIER (p. 255).

RÉTABLISSEMENT DU CULTE DE LA SAINTE ROBE.

1 On pourrait être étonné de ce que ce fut un ecclésiastique étranger à la paroisse d'Argenteuil qui fit les démarches nécessaires auprès du cardinal Caprara, pour la rénovation du culte de la sainte Robe, plutôt que le curé même de cette paroisse. Mais d'abord rien n'autorise à croire que l'abbé Robin était étranger à cette église, et on peut bien penser qu'il en était peut-être vicaire ; ensuite le curé, étant sans doute âgé, put bien déléguer un fondé de pouvoir ; mais tout cela n'a aucune importance. — L'*Exposé* de l'abbé Robin, en date du 29 avril 1804, dont nous avons donné la substance, se conserve aux archives d'Argenteuil.

2 Voici le *texte* de la *Décrétation* du cardinal Caprara, accordée à la requête de l'abbé Robin :

« Parisiis, 29 aprilis 1804.

« De speciali et expressâ apostolicâ auctoritate à SS. Pio Papâ VII, nobis benignè concessâ, remittimus preces arbitrio et prudentiæ R. Episcopi Versalliensis cum facultatibus necessariis et opportunis ad hoc, ut si ita in Domino expediens judicabit confraternitatem de quâ in precibus canonicè restituat, et ad intro scriptum Parochialem, Ecclesiam transferat una cum omnibus Indulgentiis et gratiis spiritualibus quæ illi antea clargitæ fuerant; ad quem effectum Indulgentius contentas in exemplo typis impresso litterarum apostolicarum sanctæ memoriæ Innocentii Papæ X, sub datum Romæ, apud sanctum Mariam Majorem, anno 1653, quinto die julii, iisdem modo et formâ servatis qui conditionibus in eis contentis confirmamus contrariis, quibuscumque non obstantibus. Ad eumdem verò episcopum spectabit de intro scriptæ Reliquæ authenticitate cognoscere, antequam publica venerationi iterùm exponatur.

« *Signé* : S. B., cardinal légat. »

On connaît l'Ordonnance épiscopale que l'évêque de Versailles rendit, le 18 mai de la même année, en exécution de cette *Déclaration,* p. 260, 261.

[3] *Voy.* l'article que nous avons donné sur M. Cottret, dans l'*Encyclopédie Catholique.*

CHAPITRE II (p. 266).

SUITE DU PRÉCÉDENT; LE CULTE DE LA SAINTE ROBE REÇOIT UNE NOUVELLE IMPULSION.

[1] *Ps.* LXXVI, 11.

[2] *Histoire de la Robe sans couture de Notre-Seigneur Jésus-Christ, conservée depuis plus de dix siècles dans le monastère de l'église d'Argenteuil,* par Auguste Follet, in-12 de 139 pages, 1842. Ce n'est qu'une compilation assez médiocre des ouvrages de dom Gerberon et de Gabriel de Gaumont.

[3] *S. Jean,* chap. XIX, 24. — Voy. dans le *Mémo-*

rial *Catholique*, t. 3, p. 117 et suiv., un article intitulé : *Un pèlerinage à Argenteuil. La sainte Robe de Notre-Seigneur.*

CHAPITRE III (p. 272).

NOTRE-DAME D'HUMILITÉ.

[1] *Les grandeurs de la très-sainte Vierge Marie, Mère de Dieu,* par le R. P. d'Argentan, chap. XVI, § IV, t. 3, p. 71, édit. de Valence, 1837.

[2] *S. Luc,* chap. I, 48.

[3] Le R. P. d'Argentan, ouvrage cité, *Id., Ib.,* p. 37.

[4] *Voy.* Godescard, *Vies des Saints,* 6 juin, t. 6, p. 99 et suiv. de l'édit. de 1835.

[5] *Voy.* notre *Tableau des fêtes de la Reine du ciel,* 2e édit., 1842, chap. XV.

[6] *Ps.* XLIV, 10.

[7] *Id., Ib.,* 11.

[8] *Id., Ib.,* 15.

CHAPITRE IV (p. 280).

COMMENT NOTRE SAINTE RELIQUE EST HONORÉE APRÈS LE NOUVEL ÉLAN QUI A ÉTÉ DONNÉ A SON CULTE.

[1] *Concile de Poitiers,* tenu en 1100, XII, can. — Il y eut longtemps, parmi les reliques de l'Abbaye royale de Saint-Denis, une parcelle de la sainte Robe de Notre-Seigneur, comme nous l'apprend *Le Trésor sacré ou inventaire des saintes Reliques et autres précieux joyaux qui se voient en l'église et au Thrésor de l'Abbaye royale de Saint-Denis,* en France, par dom Germain Millet, 1640, p. 89. Qui a donné cette parcelle à la royale Abbaye? A-t-elle été détachée du morceau qui fut donné

par Charles le Chauve au roi Alfred le Grand? Nous ne saurions répondre d'une manière précise à ces questions.

[2] *S. Matth.*, chap. v, 5.
[3] *Id.*, chap. ii, 11.
[4] *Ps.* xliv, 14.
[5] *Id., Ib.*, 20.

CHAPITRE V (p. 292).

SUITE DU PRÉCÉDENT ; GUÉRISONS MIRACULEUSES ; BREF DE SA SAINTETÉ GRÉGOIRE XVI.

[1] *Hist. crit. et relig.* de Notre-Dame de Lorette, par M. l'abbé A. B. Caillau, *introd.*, p. 1, 2.
[2] *Rom.*, chap. i, 20.
[3] S. Augustin, *Cité de Dieu*, Liv. xxii, chap. viii.
[4] *Vie de saint Vincent de Paul,* etc., par Louis Abelly, évêque de Rodez, édit. de 1839, t. 2, p. 557.
[5] *Ps.* lxxiii, 10.
[6] Nous avons appris, par une circonstance tout à fait Providentielle, qu'un homme pieux travaillait à un ouvrage de ce genre. Nous formons des vœux pour qu'il le publie bientôt. En attendant, on peut voir d'excellentes réflexions à ce sujet qu'un de nos amis, M. Maxime de Montrond, nous a communiquées, et que nous avons insérées dans le *Mémorial Catholique*, livraison de septembre 1843, autrement t. 3, p. 134 et suiv.
[7] *Voy.* nos de septembre 1843, p. 152 et suiv.; d'octobre, p. 189 et suiv.; de décembre, p. 363 et suiv.; de janvier 1844, p. 289 et suiv. Nous avons entre les mains beaucoup de faits pieux et édifiants que nous publierons successivement dans

notre *Recueil*, qui a seul, au reste, le privilége de donner les relations de guérisons que l'on adresse à M. le curé d'Argenteuil, et qu'il veut bien nous remettre, pour l'édification des pieux dévots envers la Tunique de Notre-Seigneur.

⁸ *Tob.*, chap. xii, 7.

⁹ *Brief account of the relic venerated as the seamless tunic of our Lord Jésus Christ, wich is preserved in the parish church of Argenteuil.*

¹⁰ *Discourse adressed to the catholic congregation at Cannington in the county of somerset, june 25 1843. By the rev. Andrew Byrne.*

¹¹ Nous croyons inutile de donner ici le *texte* latin du Bref de sa sainteté Grégoire XVI, dont nous avons offert la traduction. L'original se trouve aux archives de l'église d'Argenteuil.

¹² *S. Matt.*, chap. ix, 20 à 23.

¹³ *Ps.* xcvii, 1, 2.

¹⁴ *Ps.* xcv, 1.

¹⁵ *Id., ibid.*, 3.

CHAPITRE VI (p. 306).

LA SAINTE TUNIQUE SANS COUTURE N'EST NI A TRÈVES NI A ROME, MAIS A ARGENTEUIL.

¹ Dom Calmet, *Dict. de la Bible,* art. *Vêtements des Hébreux.* — *Annales de Trèves,* par Browerus, t. 1ᵉʳ, Liv. iv, n° 11.

² *Histoire de la sainte Robe sans couture,* chap. xiv, p. 72, édit. de 1677.

³ Gabriel de Gaumont dans sa *Dissertation sur la sainte Tunique de Notre-Seigneur,* petit in-12, 1667.

⁴ Eusèbe, *Hist. eccles., Lib.* ii, *cap.* xxii.

⁵ *S. Jean,* chap. xix, 23.

⁶ *Id., ib.,* 24.
⁷ *Grand Dictionnaire géograph.,* art. *Trèves.*
⁸ *Histoire des Fêtes mobiles de l'Église,* déjà citée, t. 9 de la *Vie des Saints,* de Baillet, p. 27, in-4°.
⁹ *Voy.* sur cette édition du *Dictionnaire de la Bible,* de dom Calmet, par Jean-Dominique Mansi, prêtre de Lucques, l'*Hist. crit. et rel. de Notre-Dame de Lorette,* par M. l'abbé A.-B. Caillau, p. 243 et suiv., 1843.
¹⁰ Gabriel de Gaumont, dom Cellier.
¹¹ *Apoc.,* chap. xix, 13. — *Voy.* sur la tunique de saint Jean l'évangéliste, l'*Histoire des auteurs sacrés et ecclésiastiques,* par dom Remi Cellier, in-4°, t. 17, p. 243.

CHAPITRE VII (p. 325).

LITURGIE, PRIÈRES, TABLEAUX EN L'HONNEUR DE LA SAINTE ROBE.

¹ Il y a eu une célèbre abbaye sous le nom de Saint-Père, au diocèse de Chartres.
² Nous nous proposons de donner prochainement un petit volume du format de celui-ci, et qui contiendra des prières et des méditations à l'usage des pieux pèlerins d'Argenteuil; nous l'intitulerons : *Neuvaine en l'honneur de la Sainte Robe de Notre-Seigneur Jésus-Christ,* in-18.
³ *Apoc.,* chap. xix, 11, 12, 13.
NOTE sur la liturgie de la sainte Robe. — Il paraît bien certain que la messe votive dont nous avons parlé au chap. VII du Liv. V, fut faite peu après la Translation de notre sainte Relique par Charlemagne ; et un ancien GRADUEL d'Argenteuil,

qui donne cette messe en l'honneur du Vêtement du Sauveur, entre la Fête de saint Laurent et celle de l'Assomption de la très-sainte Vierge, montre assez que cette Translation a été faite le 12 ou le 13 août. Voy. *Hist. du diocèse de Paris,* par l'abbé Lebeuf, t. 4, p. 9, et *Dissertation sur la sainte Tunique de Notre-Seigneur Jésus-Christ,* par Gabriel de Gaumont, petit in-12, 1667.

CHAPITRE VIII (p. 357).

AUTHENTICITÉ DE NOTRE SAINTE RELIQUE, ET VÉNÉRATION QUI LUI EST DUE.

[1] Euseb., *Hist. ecclés.,* Liv. vii, chap. xviii; Sozomène, Liv. v, chap. xxi.—Eusèbe nous apprend, dit dom Calmet, que l'Hémorroïsse était de Césarée de Philippe, et qu'après sa guérison elle fit dresser dans cette ville une statue de Jésus-Christ pour conserver la mémoire de la grâce qu'elle en avait reçue. Eusèbe avait vu la statue, au pied de laquelle il croissait une plante qui, étant parvenue à la hauteur de la frange qui était au bord du manteau du Sauveur, contractait une vertu de guérir les maladies. (*Commentaire sur S. Matth.,* chap. ix, ℣. 20.)

[2] *S. Matth.,* chap. ix, 20 à 22.

[3] *Notice historique et critique sur la sainte couronne d'Épines de Notre-Seigneur Jésus-Christ, et sur les autres instruments de sa Passion qui se conservent dans l'église métropolitaine de Paris,* in-8°, 1828, p. 12. — Nous sommes étonné que l'auteur de cet ouvrage n'ait pas parlé de la sainte Robe, dont il a dû cependant avoir plus d'une occasion de faire mention ; car, comment disser-

ter sur les reliques de Notre-Seigneur, et ne rien dire de la Tunique sans couture? En lisant ce livre, nous avons vu les différents points dont l'auteur a traités, et qui touchent de bien près à notre vénérée Relique.

[4] *Lettre sur l'adoration de la croix, œuvres complètes*, t. 9, p. 374 et suiv., édit. in-4° de Chalandre, à Besançon, 1836.

[5] *Hist. de l'Église gallicane*, t. 13, Liv. XXIX, p. 422, édit. in-12 de 1826.

[6] *Hist. de sainte Radegonde*, etc., Liv. III, chap. V.

[7] *Le cœur admirable de la très-sainte Mère de Dieu*, etc., par le R. P. Jean Eudes, in-8°, 1834, t. Ier, *Introd.*, p. 7.

[8] *Ps.* XXI, 7.

[9] *Voyages manuscrits*; — *Hist. du diocèse de Paris*, par l'abbé Lebeuf, t. IV, p. 8; — *Gall. christiana*, t. 7, col. 510, 511.

[10] *Dissertation sur la sainte Tunique de Notre-Seigneur.*

[11] *Mart., Sermon.* III, part. 3.

[12] *Panoplia sacerdotalis, Cleric.,* Liv. I, c. 4.

[13] *S. Luc,* chap. VIII, 45.

[14] Dom Gerberon, *Hist. de la Robe sans couture*, chap. Ier, édition petit in-12, 1677.

Nous ajouterons ici quelques mots sur les auteurs qui ont traité de notre sainte Relique (Liv. IV, chap. V). On pourrait peut-être nous objecter le petit nombre d'auteurs contemporains; mais nous dirons d'abord qu'il suffit d'en avoir cité quelques-uns pour détruire l'objection, car le nombre ne fait rien, et un seul suffirait. Ensuite nous répondrons, avec un critique, qu'un fait peut être regardé comme appuyé sur le témoignage d'auteurs contemporains, lorsqu'il est raconté par des écrivains qui ont conversé avec les témoins oculaires, ou qui ont composé d'après leurs dépositions ou leurs ouvrages. C'est ce que prouve le pape Benoît XIV dans son *Traité de la canonisation des Saints* (*Lib.* III, *cap.* x, n° 5), par plusieurs raisonnements et par l'exemple de Denys d'Halicarnasse. Or, on ne peut nier que les auteurs sur lesquels nous nous sommes appuyé n'aient écrit sur des documents contemporains, et qu'ils n'aient formé ainsi une tradition dont on ne pourrait facilement rompre la chaîne; c'est la conviction que nous avons acquise dans cette étude des faits qui concernent la sainte Tunique de Notre-Seigneur Jésus-Christ, à qui soit gloire et amour !

FIN DE LA TABLE DES NOTES ET DES CITATIONS.

Impr. de H. Vrayet de Surcy et Cie, rue de Sèvres, 37.

LA
SAINTE ROBE
DE NOTRE SEIGNEUR JÉSUS-CHRIST

RECHERCHES RELIGIEUSES ET HISTORIQUES

SUR CETTE RELIQUE

ET SUR LE PÈLERINAGE D'ARGENTEUIL

PAR

M. L.-F. Guérin.

PARIS
AU BUREAU DU MÉMORIAL CATHOLIQUE,
RUE CASSETTE, 20.
ET A LA SACRISTIE D'ARGENTEUIL.

LE MÉMORIAL CATHOLIQUE

REVUE MENSUELLE

SPÉCIALEMENT DESTINÉE AUX PERSONNES PIEUSES
ET AUX BIBLIOTHÈQUES PAROISSIALES, ETC.

Ce Recueil, qui va commencer sa QUATRIÈME ANNÉE, a reçu l'accueil le plus favorable de plusieurs Évêques, d'un grand nombre d'ecclésiastiques et de pieux fidèles.

Il a pour BUT SPÉCIAL DE FAIRE CONNAITRE LE CATHOLICISME par les OEUVRES QU'IL INSPIRE, et contient des Articles apologétiques de la Religion ; l'Analyse des ouvrages se rapportant à l'Église; des Notices sur les Pères, les Docteurs, les Saints; des Articles d'art chrétien; des Légendes ; des renseignements sur les missions et les progrès du catholicisme ; des Notices sur les institutions catholiques, les associations pieuses; les nouvelles religieuses, les faits édifiants, etc.

Comme on le voit, par les matières dont il traite, le *Mémorial Catholique* donne l'histoire la plus intéressante des BIENFAITS DU CATHOLICISME dans les sciences, dans les lettres, dans les arts, et surtout dans l'ordre de la charité, que seul il possède, et que seul il sait mettre en pratique.

Le *Mémorial* paraît du 15 au 20 de chaque mois, par livraisons de deux à trois feuilles d'impression, avec couverture imprimée, et formant à la fin de l'année un beau volume in-8°.

On ne peut pas s'abonner pour moins d'un an, lequel commence au 15 juin et finit au 31 mai de l'année suivante.

PRIX DE L'ABONNEMENT :

10 fr. par an, pour Paris et les Départements ;
12   pour l'Étranger.

Bureau à Paris, chez M. P.-J. CAMUS, Libraire,
20, rue Cassette.

Impr. DE H. VRAYET DE SURCY ET Cᵉ, rue de Sèvres, 37.